蘇州全書

乙編

《蘇州全書》編纂出版委員會 編

·吳門園墅文獻

古吳軒出版社
蘇州大學出版社

圖書在版編目（CIP）數據

吳門園墅文獻 / 范廣憲輯. -- 蘇州：古吳軒出版社：蘇州大學出版社，2023.6
（蘇州全書）
ISBN 978-7-5546-2154-7

Ⅰ. ①吳… Ⅱ. ①范… Ⅲ. ①古典園林-文獻- 匯編-蘇州 Ⅳ. ①K928.73

中國國家版本館CIP數據核字（2023）第098552號

責任編輯 黄菲菲
裝幀設計 周 晨 李 璇
責任校對 戴玉婷

書　　名 吳門園墅文獻
輯　　者 范廣憲
出版發行 古吳軒出版社
地址：蘇州市八達街118號蘇州新聞大厦30F　電話：0512-65233679
蘇州大學出版社
地址：蘇州市十梓街1號　電話：0512-67480030
印　　刷 常州市金壇古籍印刷廠有限公司
開　　本 787×1092　1/16
印　　張 44
版　　次 2023年6月第1版
印　　次 2023年6月第1次印刷
書　　號 ISBN 978-7-5546-2154-7
定　　價 320.00元

《蘇州全書》編纂工程

總主編

曹路寶　吳慶文

學術顧問（按姓名筆畫爲序）

王芳　王宏　王堯　王鍔　王紅蕾　王華寶　王爲松　王衛平
王餘光　王鍾陵　朱棟霖　朱誠如　任平　全勤　江慶柏　江澄波
汝信　阮儀三　杜澤遜　李捷　吳格　吳永發　何建明　言恭達
沈坤榮　沈燮元　武秀成　范小青　范金民　茅家琦　周秦　周少川
周國林　周勛初　周新國　胡可先　胡曉明　姜濤　姜小青　韋力
姚伯岳　馬亞中　袁行霈　華人德　莫礪鋒　徐俊　徐海　徐雁
徐惠泉　徐興無　唐力行　陸振嶽　陸儉明　陳子善　陳正宏　陳尚君
陳紅彥　陳廣宏　黃愛平　黃顯功　崔之清　張乃格　張志清　張伯偉
張海鵬　葉繼元　葛劍雄　單霽翔　程章燦　程毅中　喬治忠　鄔書林
賀雲翱　詹福瑞　趙生群　廖可斌　熊月之　樊和平　劉石　劉躍進
閻曉宏　錢小萍　戴逸　韓天衡　嚴佐之　顧薌

《蘇州全書》編纂出版委員會

前言

中華文明源遠流長，文獻典籍浩如烟海。這些世代累積傳承的文獻典籍，是中華民族生生不息的文脉和根基。蘇州作爲首批國家歷史文化名城，素有『人間天堂』之美譽。自古以來，這裏的人民憑藉勤勞和才智，創造了極爲豐厚的物質財富和精神文化財富，使蘇州不僅成爲令人嚮往的『魚米之鄉』，更是實至名歸的『文獻之邦』，爲中華文明的傳承和發展作出了重要貢獻。

蘇州被稱爲『文獻之邦』由來已久，早在南宋時期，就有『吳門文獻之邦』的記載。宋代朱熹云：『文，典籍也；獻，賢也。』蘇州文獻之邦的地位，是歷代先賢積學修養、劬勤著述的結果。明人歸有光《送王汝康會試序》云：『吳爲人材淵藪，文字之盛，甲於天下。』朱希周《長洲縣重修儒學記》亦云：『吳中素稱文獻之邦，蓋子游之遺風在焉，士之嚮學，固其所也。』《江蘇藝文志·蘇州卷》收録自先秦至民國蘇州作者一萬餘人，著述達三萬二千餘種，均占江蘇全省三分之一强。古往今來，蘇州曾引來無數文人墨客駐足流連，留下了大量與蘇州相關的文獻。時至今日，蘇州仍有約百萬册的古籍留存，入選『國家珍貴古籍名録』的善本已達三百一十九種，位居全國同類城市前列。其中的蘇州鄉邦文獻，歷宋元明清，涵經史子集，寫本刻本，交相輝映。此外，散見於海内外公私藏家的蘇州文獻更是不可勝數。它們載録了數千年傳統文化的精華，也見證了蘇州曾經作爲中國文化中心城市的輝煌。

蘇州文獻之盛得益於崇文重教的社會風尚。春秋時代，常熟人言偃就北上問學，成爲孔子唯一的南方弟子。歸來之後，言偃講學授道，文開吳會，道啓東南，被後人尊爲『南方夫子』。西漢時期，蘇州人朱買臣負薪讀書，穹窿山中至今留有其『讀書臺』遺迹。兩晉六朝，以『顧陸朱張』爲代表的吴郡四姓涌現出大批文士，在不少學科領域都貢獻卓著。及至隋唐，蘇州大儒輩出，《隋書·儒林傳》十四人入傳，其中籍貫吴郡者二人；《舊唐書·儒學傳》三十四人入正傳，其中籍貫吴郡（蘇州）者五人。文風之盛可見一斑。北宋時期，范仲淹在家鄉蘇州首創州學，並延名師胡瑗等人教授生徒，此後縣學、書院、社學、義學等不斷興建，蘇州文化教育日益發展。故明人徐有貞云：『論者謂吾蘇也，郡甲天下之郡，學甲天下之學，人才甲天下之人才，偉哉！』在科舉考試方面，蘇州以鼎甲萃集爲世人矚目，清初汪琬曾自豪地將狀元稱爲蘇州的土産之一，有清一代蘇州狀元多達二十六位，占全國的近四分之一，由此而被譽爲『狀元之鄉』。近現代以來，蘇州在全國較早開辦新學，發展現代教育，涌現出顧頡剛、葉聖陶、費孝通等一批大師巨匠。中華人民共和國成立後，社會主義文化教育事業蓬勃發展，蘇州英才輩出、人文昌盛，文獻著述之富更勝於前。

蘇州文獻之盛受益於藏書文化的發達。蘇州藏書之風舉世聞名，千百年來盛行不衰，具有傳承歷史長、收藏品質高、學術貢獻大的特點，無論是卷帙浩繁的圖書還是各具特色的藏書樓，以及延綿不絶的藏書傳統，都成爲中華文化重要的組成部分。據統計，蘇州歷代藏書家的總數，高居全國城市之首。南朝時期，蘇州就出現了藏書家陸澄，藏書多達萬餘卷。明清兩代，蘇州藏書鼎盛，絳雲樓、汲古閣、傳是樓、百宋一廛、藝芸書舍、鐵琴銅劍樓、過雲樓等藏書樓譽滿海内外，彙聚了大量的珍貴文獻，對古代典籍的收藏保護厥功至偉，亦於文獻校勘、整理裨益甚巨。《舊唐書》自宋至明四百多年間已難以考覓，直至明嘉靖十七年（一五三八），聞人詮在蘇州爲官，搜討舊籍，方從吴縣王延喆家得《舊唐書》『紀』和『志』部分，從長洲張汴家得《舊唐書》『列傳』部分，『遺籍俱出宋時模板，旬月之間，二美璧合』，于是在蘇州府學中槧刊，《舊唐書》自此得以彙而成帙，復行於世。清代嘉道年間，蘇州黄丕烈和顧廣圻均爲當時藏書名家，且善校書，『黄跋顧校』在中國文獻史上影響深遠。

蘇州文獻之盛也獲益於刻書業的繁榮。蘇州是我國刻書業的發祥地之一，早在宋代，蘇州的刻書業已經發展到了相當高的水平，至今流傳的杜甫、李白、韋應物等文學大家的詩文集均以宋代蘇州官刻本爲祖本。宋元之際，蘇州磧砂延聖院還主持刊刻了中國佛教史上著名的《磧砂藏》。明清時期，蘇州成爲全國的刻書中心，所刻典籍以精善享譽四海，明人胡應麟有言：『凡刻之地有三，吴也、越也、閩也。』他認爲『其精，吴爲最』，『其直重，吴爲最』。又云：『余所見當今刻本，蘇常爲上，金陵次之，杭又次之。』清人金埴論及刻書，仍以胡氏所言三地爲主，則謂『吳門爲上，西泠次之，白門爲下』。明代私家刻書最多的汲古閣、清代坊間刻書最多的掃葉山房均爲蘇州人創辦，晚清時期頗有影響的江蘇官書局也設於蘇州。據清人朱彝尊記述，汲古閣主人毛晉『力搜秘册，經史而外，百家九流，下至傳奇小説，廣爲鏤版，由是毛氏鋟本走天下』。由於書坊衆多，蘇州還産生了書坊業的行會組織崇德公所。明清時期，蘇州刻書數量龐大，品質最優，裝幀最爲精良，爲世所公認，國内其他地區不少刊本也都冠以『姑蘇原本』，其傳播遠及海外。

蘇州傳世文獻既積澱着深厚的歷史文化底藴，又具有穿越時空的永恒魅力。從范仲淹的『先天下之憂而憂，後天下之樂而樂』，到顧炎武的『天下興亡，匹夫有責』，這種胸懷天下的家國情懷，早已成爲中華民族精神的重要組成部分，傳世留芳，激勵後人。南朝顧野王的《玉篇》，隋唐陸德明的《經典釋文》、陸淳的《春秋集傳纂例》等均以實證明辨著稱，對後世影響深遠。明清時期，馮夢龍的《喻世明言》《警世通言》《醒世恒言》，在中國文學史上掀起市民文學的熱潮，具有開創之功。吴有性的《温疫論》、葉桂的《温熱論》，開温病學研究之先河。蘇州文獻中藴含的求真求實的嚴謹學風、勇開風氣之先的創新精神，已經成爲一種文化基因，融入了蘇州城市的血脉。不少蘇州文獻仍具有鮮明的現實意義。明代費信的《星槎勝覽》，是記載歷史上中國和海上絲綢之路相關國家交往的重要文獻。鄭若曾的《籌海圖編》和徐葆光的《中山傳信録》，爲釣魚島及其附屬島嶼屬於中國固有領土提供了有力證據。魏良輔的《南詞引正》、嚴澂的《松絃館琴譜》、計成的《園冶》，分别是崑曲、古琴及園林營造的標志性成果，這些藝術形式如今得以名列世界文化遺産，與上述名著的嘉惠滋養密不可分。

維桑與梓，必恭敬止；文獻流傳，後生之責。蘇州先賢向有重視鄉邦文獻整理保護的傳統。方志編修方面，范成大《吴郡志》爲方志創體，其後名志迭出，蘇州府縣志、鄉鎮志、山水志、寺觀志、人物志等數量龐大，構成相對完備的志書系統。地方總集方面，南宋鄭虎臣輯《吴都文粹》、明錢穀輯《吴都文粹續集》、清顧沅輯《吴郡文編》先後相繼，收羅宏富，皇皇可觀。常熟、太倉、崑山、吴江諸邑，周莊、支塘、木瀆、甪直、沙溪、平望、盛澤等鎮，均有地方總集之編。及至近現代，丁祖蔭彙輯《虞山叢刻》《虞陽説苑》，柳亞子等組織『吴江文獻保存會』，爲搜集鄉邦文獻不遺餘力。江蘇省立蘇州圖書館於一九三七年二月舉行的『吴中文獻展覽會』規模空前，展品達四千多件，並彙編出版吴中文獻叢書。然而，由於時代滄桑，圖書保藏不易，蘇州鄉邦文獻中『有目無書』者不在少數。同時，囿於多重因素，蘇州尚未開展過整體性、系統性的文獻整理編纂工作，許多文獻典籍仍處於塵封或散落狀態，没有得到應有的保護與利用，不免令人引以爲憾。

進入新時代，黨和國家大力推動中華優秀傳統文化的創造性轉化和創新性發展。習近平總書記强調，要讓收藏在博物館裏的文物、陳列在廣闊大地上的遺産、書寫在古籍裏的文字都活起來。二〇二二年四月，中共中央辦公廳、國務院辦公廳印發《關於推進新時代古籍工作的意見》，確定了新時代古籍工作的目標方向和主要任務，其中明確要求『加强傳世文獻系統性整理出版』。盛世修典，賡續文脉，蘇州文獻典籍整理編纂正逢其時。二〇二二年七月，中共蘇州市委、蘇州市人民政府作出編纂《蘇州全書》的重大決策，擬通過持續不斷努力，全面系統整理蘇州傳世典籍，着力開拓研究江南歷史文化，編纂出版大型文獻叢書，同步建設全文數據庫及共享平臺，將其打造爲彰顯蘇州優秀傳統文化精神的新陣地，傳承蘇州文明的新標識，展示蘇州形象的新窗口。

『睹喬木而思故家，考文獻而愛舊邦。』編纂出版《蘇州全書》，是蘇州前所未有的大規模文獻整理工程，是不負先賢、澤惠後世的文化盛事。希望藉此系統保存蘇州歷史記憶，讓散落在海内外的蘇州文獻得到挖掘利用，讓珍稀典籍化身千百，成爲認識和瞭解蘇州發展變遷的津梁，並使其中藴含的積極精神得到傳承弘揚。

觀照歷史，明鑒未來。我們沿着來自歷史的川流，承荷各方的期待，自應負起使命，砥礪前行，至誠奉獻，讓文化薪火代代相傳，並在守正創新中發揚光大，爲推進文化自信自强、豐富中國式現代化文化内涵貢獻蘇州力量。

《蘇州全書》編纂出版委員會

二〇二二年十二月

凡例

一、《蘇州全書》（以下簡稱「全書」）旨在全面系統收集整理和保護利用蘇州地方文獻典籍，傳播弘揚蘇州歷史文化，推動中華優秀傳統文化傳承發展。

二、全書收録文獻地域範圍依據蘇州市現有行政區劃，包含蘇州市各區及張家港市、常熟市、太倉市、崑山市。

三、全書着重收録歷代蘇州籍作者的代表性著述，同時適當收録流寓蘇州的人物著述，以及其他以蘇州爲研究對象的專門著述。

四、全書按收録文獻内容分甲、乙、丙三編。每編酌分細類，按類編排。

（一）甲編收録一九一一年及以前的著述。一九一二年至一九四九年間具有傳統裝幀形式的文獻，亦收入此編。按經、史、子、集四部分類編排。

（二）乙編收録一九一二年至二〇二一年間的著述。按哲學社會科學、自然科學、綜合三類編排。

（三）丙編收録就蘇州特定選題而研究編著的原創書籍。按專題研究、文獻輯編、書目整理三類編排。

五、全書出版形式分影印、排印兩種。甲編書籍全部采用繁體竪排；乙編影印類書籍，字體版式與原書一致；乙編排印類書籍和丙編書籍，均采用簡體横排。

六、全書影印文獻每種均撰寫提要或出版説明一篇，介紹作者生平、文獻内容、版本源流、文獻價值等情況。影印底本原有批校、題跋、印鑒等，均予保留。底本有漫漶不清或缺頁者，酌情予以配補。

七、全書所收文獻根據篇幅編排分册，篇幅適中者單獨成册，篇幅較大者分爲序號相連的若干册，篇幅較小者按類型相近原則數種合編一册。數種文獻合編一册以及一種文獻分成若干册的，頁碼均連排。各册按所在各編下屬細類及全書編目順序編排序號。

吳門園墅文獻

據蘇州圖書館藏鈔本影印。

范廣憲 輯

提要

《吳門園墅文獻》四卷，范廣憲輯。

范廣憲（一八九七—一九七六），字子寬，號君博，以號行，别署龜歲、鸚哥、比珠詞人等。江蘇吴縣人。早年加入南社，與鄭逸梅、趙眠雲創辦《游戲新報》，與族侄范烟橋等發起組織星社，後與包天笑、屈伯剛等結霜社。熱心實業及公益活動。工文章，善小説，能制謎，又能書畫，書工行楷，尤擅魏碑。究心地方文獻，熟悉掌故。編著有《吳門竹枝詞彙編》《吳門坊巷待輶吟》等。

是書凡四卷，卷一談叢，撰録蘇州古城及附郭長洲、元和、吴三縣歷代園墅，包括历史名園、名人故宅、書樓莊齋等，凡二百四十八條，排序不按年代或地域，最早者東晉顧辟疆園，最晚者城東動物園，原爲昌善局丙舍，一九五四年改建。其『醉潁堂』條載藝圃『池中荷花尤爲著名，其種爲太平天國軍人從湘移植』，頗有價值。偶有不屬於園墅者，如閶門外上津橋塊之郝將軍賣藥處等古迹，亦予以收録。卷二文藪，輯存歷代園墅專記或游記，自北宋蘇舜欽《滄浪亭記》起，至一九四四年退思老人程廷恒《荆園記》止，計五十六篇，多爲名家之作，如文徵明、歸有光、宋犖、彭啟豐、沈德潛、錢大昕、袁學瀾、俞樾等皆有大作，留存名園史料。卷三詩籟，卷四清韻，收録蘇州園林題詠及與蘇州園林有關之韻文。作者大多爲晚清後人，如俞樾、鄭文焯、張榮培等，所反映晚清、民國時期蘇州園墅情狀、園主交游情況，尤有史料價值。

是書約完成於二十世紀五十年代，未曾刊印。本次影印以蘇州圖書館所藏鈔本爲底本，原書高二十九厘米，廣二十一厘米。

吳門園墅文獻卷一

勾吳　范廣憲君博輯

談叢

顧辟彊園

相傳東晉時王獻之入會稽經吳門先不識主人值辟彊方集賓友酣宴園中而獻之游歷既畢指麾好惡傍若無人辟彊勃然曰不足齒之傖爾使驅其左右出門獻之獨坐輿上展轉顧望而僕從不至遂移時蓋獻之之肆辟彊之隘也查該園為顧辟彊所築見於題詠者甚衆唐時顧況嘗假以居郡守贈詩云辟彊東晉日竹樹有名園年代更多主池塘復裔孫李白詩云柳深陶令宅竹暗辟彊園又陸羽詩云辟

疆舊林園怪石紛相向陸龜蒙詩云吳之辟疆園在昔勝概敵皮日休詩云更葺園中景應為辟疆園據說址在西米巷中郡署東偏舊有五顯廟繼為府廨後半為大覺寺明代郡守況鍾曾在此間憑弔撰成辟疆館記碑因改為況公祠現已更名西美小學矣講起吳中園林史上最古者當以辟疆園為首叙今園雖廢而名猶存蘇州既稱花園之城不得不參考載籍探摭舊聞流風未泯則此園庶幾有取也事有缺畧猶當刊補其詩文別為吳中園林清韻云

任晦園

為有唐涇尉任晦所建或云即顧辟疆園據任兆麟

記載寶在潘儒巷任敬子祠旁東為任氏園因建祠一面至周迴橋南元時潘元紹為別宅明屬徐姓徐某受木樨多種桂樹並築桂花廳墻壁析柱盡刻木樨宅屢易主程觀察廉桂陳刺史晉戴太史孫瑩先後居之今以任祠拆遷另闢新路所謂任晦園早無痕跡可尋讀皮陸詩有深林曲沼危亭幽砌而任君棄涇縣尉歸居其間不勝感慨係之矣

按任晦仕為涇縣尉退居里中有深林曲沼危亭幽砌池中又為島嶼修篁嘉木掩映隈奧晦資高放寡合好奇樂異喜文學名理之士得顧辟疆舊園以居云

二

南園

自廣陵王錢元璙帥中吳好治林圃於是釃流以為沼積土以為山島嶼峯巒出於巧思求致異木名品甚多比及積歲皆為合抱亭宇臺榭值景而造所謂三閣八亭二臺龜首旋螺之類名載圖經蓋舊物也錢氏去國此園不毁宋長洲宰王禹偁詩云他年我若功成後乞取南園作醉鄉乃玩而愛之之至也或傳祥符中作景靈宮購求珍石郡中嘗取於此以貢京師其間樓榭歲久摧圮吕濟叔嘗作熙熙堂厥從守將亦加修飾所存之亭有流杯四照百花樂豐慈雲風月之目每春縱士女游覽以為樂在大觀東蔡

京罷相欲東還詔以南園賜之京即以詩贈親黨云八年帷幄竟何如更賜南園寵太師堪笑當時王學士功名未見便吟詩京遂以無功名誚禹偁不知元之雖終被黜其名與天地同不朽元長居相位廿載又處師垣之尊至今雖三尺之童唾駡不已其賢不肖為何如也

金谷園

相傳為廣陵郡王錢元璙所築地址在三太尉橋西闐其諸子各治園第此橋之西巷蓋其三子文惲所營治也今皆為居人占籍焉據九國志云元璙治蘇州頗以園池花木為意叙南園東圃及諸別第奇卉

異木名品千萬今其遺迹多在居人之家其崇岡清池茂林珍木或猶者此園殆亦諸別第之一歟

滄浪亭

在城南四周積水數十畝傍有小山高下曲折與水相縈帶門前石橋相通相傳舊為廣陵王錢元璙池館或云為中吳軍節度使孫承佑別墅至宋慶曆五年公元一千零四十五年為蘇長史舜欽所得傍水構亭取名滄浪歐陽修曾有詩云清風明月本無價可惜只賣四萬錢從此著名長史卒為浦城章子厚惇相國所有纍石叠山雄觀一時紹興間復歸韓蘄王世忠改名韓園由元至明幾成廢墟迨嘉靖時改

為僧居妙隱庵望衡對宇當時奉安胡可泉纘宗郡守將妙隱庵改建為韓蘄王祠文瑛和尚亦在大雲庵旁築滄浪亭清康熙間漢軍鑲藍旗人王純嘏新命撫蘇又建蘇公祠繼有商邱宋牧仲犖家宰復構亭山巔增建自勝軒觀魚處步碕諸勝道光七年長樂梁茝林章鉅中丞重加修葺咸豐十年兵燹廢同治十二年巡撫張振軒樹聲復興滄浪亭並構明道堂五百名賢祠靜吟亭看山樓即心石屋翠玲瓏館清香館聞妙香室面水軒諸勝民國歲次丁丑秋中中日事變起蘇地淪陷亭館傾圮及辛巳春崇明高冠吾釀資議葺鳩工庀材歷時兩月費三萬五千餘

元而成公元一千九百五十三年由蘇州市人民政府重點修建收歸市有以迄於今

五畝園

在城西北隅西大營門據謝綏之家福五畝園小志云為漢張長史植桑地惟查長史姓名有張肱張霸張業張宏張嘉諸說未知孰是宋熙甯間公元一千零六十八年至一千零七十七年止梅宣義始就其地築臺治園紹聖中公元一千零九十四年至一千零九十七年止太師章質夫楶又拓地營造桃花塢別墅多栽桃李郡人籍此游春明末要縣諸生呂貞九歲後築采香庵小桃源於其中庵介梅章兩家別

業雲逸能詩結吟梅社以延客社中梅子采南章子
詠華效流觴曲水故事庵其庵前雙魚放生池以通
五畝別業之雙荷花池桃塢別業之千叉潭當建炎
庚戌二月廿六日兀朮陷城雲逸猶駕瓜皮艇容與
楊柳隄畔守堞兵散招之使渡雲逸奮起令結寨守
兩日忽慨然曰毋苦衆生也自投雙魚池死兵遂潰
兀朮遂踞寨宴諸酋於天半樓而章婢碧桃紅豆相
繼隨詠華殉難三月朔始出閶門去初三日諸軍凱
旋寨中慶雲庵旃檀庵報恩寺楊柳樓臺張家祠劉
家祠梅園章園孫園蔡莊以寇巢燬婦女二萬餘人
以從寇籍蔡隆興倡義瘞河中男屍五千餘女屍十

一萬一千餘暴露男屍六萬二千餘女屍二萬五千餘火化男女骨十五萬七千餘贖田營妓二千三百餘人周宣撫陷以通冦駙於市里人於蔡莊築庵祀之宋末某公主流徙平江遂歸軍官張聿然即世傑族子既鼎革隱居築采香庵於東荷池畔公主削髮為尼改名静順道人結茅於西荷池側嗣有梅氏姊妹為達魯花赤所逼毁容依之築庵於寄茅故址清修梵行未一年同時化去瘞於庵西鴛鴦亭址元季張士誠據吳城屯軍於演武場關大營門至正廿六年十一月癸卯明將徐達圍平江達軍葑門常遇春軍虎邱郭子興軍婁門華雲龍軍胥門湯和軍閶門

王弼軍盤門張温軍西門康茂才軍北門耿炳文軍
城東北仇成軍城西南何文煇軍城西北四面築長
圍因之不能下廿七年二月徐達檄俞通會兵通與
吳軍戰於滅渡橋擒桃花塢中流矢死六月士誠親
帥鋭士突圍出西門搏戰將奔常遇春軍遇春分兵
北濠絕其後而別遣兵與戰士誠大敗人馬溺死沙
盆潭者甚衆九月平江圍急辛巳明諸將破葑門常
遇春破閶門入士誠被擒乙丑至建康自縊死吳地
平居民安堵如故改平江路曰蘇州府以在城四隅
分隷吳長洲兩縣吳轄西南西北二隅長洲轄東南
東北二隅置江南行中書省以制之吳良自江陰移

六

守本府洪武元年朱元璋怒蘇民爲張士誠守盡籍其功臣子弟莊田入官後惡富民豪並坐罪没入田產皆名官田並須官民田賦凡官田畝税五升三合民田減二升重租田八升五合五勺没官田一斗二升其後連年水災雖議蠲緩而重額不改知府金綱爲民請減田賦竟賜死建文二年二月詔曰國家有惟正之供而江浙賦獨重蘇松官田準私租起科時以懲一時頑民豈可爲定則以重困一方宜悉與減免畝不得過一斗行之未久成祖朱棣盡革建文之政而賦額復重至宣德正統間始屢詔減蘇松浮糧巡撫周忱知府況鍾之力也嘉靖間夏介若碑記云

桃花塢吴門最勝處也臺榭花竹園林蔬圃號稱極盛入大營門數百步過雙魚池遠西而進有地一方深廣二畝餘四圍流水界絶塵境又塢中最勝處里人陳蒙輩建周神祠於上明季婁縣諸生呂貞九些築小桃源於采香庵後為退隱地會鼎革出家為黄冠清順治辛卯居清真觀禱雨遣祟靡不驗己亥入妙高峯辟穀經年游終南歸居靈巖甲辰五月望手書一詩而逝乾嘉間廢為菜圃有梅姓者來自江右訪祖墓於園西人始識其舊址掘地得五畝園桃花塢碑記十餘種皆宋賢撰著又得觀音峯百靈臺諸怪石高逾尋丈葉氏遂購其地於呂小築園亭仍宋

明時梅塢更好軒雙荷花池碧藻軒寄茅廬拜石堂桃花塢旃檀庵桂香精舍走馬樓鴨欄橋漁家衖楊柳堤采香庵小桃源諸故稱祝元文為作碑記道光時葉氏子好結客日游宴其中人稱葉家花園咸豐初公元一千八百五十一年家以中落鬻於潘氏十年庚申遭兵燹光緒十五年公元一千八百八十九年以其地捐歸文昌宮輪香局後面有翁媪墓翁姓童媪氏李以保守園址有功乃葬之尚有七人墓據虎穴聞見錄云庚申之難何姓一家因其女不肯為人屈辱闔門七口皆投井而死哀哉與翁媪墓同時築之謝家福作墓誌

同樂園

為宋代朱勔所築俗稱朱家園在盤門內孫老橋元至正中為盧山陳汝秩汝言昆仲購得取杜詩名園依渌水句更為渌水園有來鴻軒清冷閣蘿徑等名明高季廸啓為之序明末崇禎間其址為吳縣張世偉孝廉所得改闢泌園閉戶著書完成耿耿孤忠所寄託之異齋集清季宣統中有崇明童友蓮葉庚退隱寓蘇與其妻祝梅君唱隨其中尤喜骨董金石兼擅書畫曾收集古鏡百餘面構百鑑樓乃著睫巢鏡影一卷但雲烟遷忽滄桑瞬變令過其地便生人琴之感矣

隱圃

在靈芝坊即今范莊前爲宋時蔣希魯堂太守所築有巖扃水月庵煙蘿亭風篁亭香巖峯皆極登臨之勝嘗宴賓客以詩篇爲樂范貫之師道龍圖賦詩贈之按堂宜興人第進士真宗時授大理寺丞累遷樞密直學士知平江府清修純飭遇事不卼好學工文辭延譽後進至老不倦士人翕然稱之以禮部侍郎致仕歸休於此著有吳門集

范家園

在雍熙寺後宋無外居士范周所建周爲贊善大夫純古長子文正公之從孫負才不羈工詩詞不樂仕

進方臘事變州民團結士流亦不免周率學舍諸生冠帶夜巡以火燈籠題詩其上守將見詩亟為罷去園中所遺石刻范家園三大字為郡守李大異所書後移置文王書院之右完好如初近因拓寬道路已被損斷不知遷往何處矣

藏春園

在閶丘坊巷宋時信安郡王孟仁仲忠厚所築有靜寄堂清心亭萬卷堂其匾額皆為孝宗趙春御書按仁仲為咸寧郡王彥獬子哲宗孟后之兄宣和中官至將作少監靖康初權衛尉卿高宗趙構立授徽猷閣待制使北迎后以臺諫論列易武袟后崩以祔廟

恩授鎮海軍節度使判平江改浙東安撫使封信安郡王判紹興府除樞密使忠厚遠避權勢不以私干朝廷秦檜心忌之諷言路論列罷為醴泉觀使檜死召還授保寧軍節度使提舉秘書省卒

樂圃

圃為五代時吳越廣陵郡王錢元璙金谷園遺址宋鄉賢朱伯原長文增築之元時為長洲張子宜適所明成化間又為杜東原所有萬曆間長洲申汝默時行宰輔致仕後又購得之有賜閒堂鑑曲亭招隱榭諸勝嘗賦詩云棲遲舊業理荒蕪徙倚叢篁據槁梧為圃自安吾計拙歸田早荷聖恩殊山移小島成愚

谷水引清流學鑑湖敢向明時稱逸老北牕高枕一愁無又有園居詩云樂圃千年跡蕭齋五畝身逢萬常謝客花竹總宜人清曠懷長統風流屬季真臨溪時獨釣吾自老絲綸其二云拔老身猶健探幽興未闌花神催爛漫竹使報平安茂樹禽聲合高樓蝶夢殘不知人世上何處有風湍至清康熙時公元一千六百六十二年至一千七百二十一年靜寧慕拱極天顏巡撫江南在此建築別墅俗稱慕家花園後歸河南席椿太守不久太倉畢秋帆沅尚書割其東部改名適園金匱錢梅溪泳經歷曾為輯樂圃小志二卷贈之尚書殁後家產入官無托足之地一家眷屬

十

畫住圃中可慨也已有女史胡智珠題壁一絶云清池峭石古亭臺深鎖園扉晝不開此日恰逢揺落後花時悔我未曾來現其裔孫依然居住因已造家廟例不入官近晤尚書後裔志颺茂才云園廢不治纍石猶存其間有停雲石最著名為明文待詔停雲館舊物苟能政府收歸固所願焉

獅子林

在城東北隅潘儒巷今畫禪寺法堂後牆外元至正間公元一千三百四十年至一千三百六十七年僧天如惟則延朱德潤趙善良倪元鎮徐幼文共商疊成而元鎮為之圖取佛書獅子座而名之近人誤以

為倪雲林所築非也明時尚屬寺中清初鞠為民居荒廢已久乾隆廿七年公元一千七百六十二年高宗弘曆南巡始門關雜草築衛墻垣其中有獅子峯含暉峯吐月峯立雪堂卧雲室問梅閣指柏軒玉鑑池冰壺井修竹谷小飛虹大石屋諸勝湖石玲瓏洞壑宛轉上有合抱大松五株又名五松園後為休寧黄小華軒殿撰第宅改名涉園每當春二三月百花齊放合城士女出游宛如張擇端清明上河圖也黄氏家衰園亦荒蕪久之莫能售迨至民國元年公元一千九百十二年始歸玉峯李平書鍾珏擬修葺而未果復歸我邑鉅商貝潤生仁元囊有諸勝悉循故

十一

址重建新楹復舊觀也公元一千九百五十三年由本市人民政府負責修整開放游覽不負人民之願望矣

孫園

在桃塢西孫氏莊房在馬宋末李侍郎殉國難族子茂苑年尚少誤為皇孫被掠去後隨韋太后歸屢上封事請雪國恥忤旨削職遂之吳構隱園中顏其室日鍼鐔座酒酣耳熱作普天同憤錄冀激昂忠義之氣因近誣蟣將興大獄時茂苑已死其孫堯臣集金人亡國事作普天洩憤錄以求解流傳宮禁得官未就奉毋載酒日徜徉於柳隄荷蕩之間鼎革後自經

死私謚孝烈按孫園之名唐時元微之寄白樂天詩云孫園虎寺隨宜看不必遙遙羨鏡湖又清松陵凌磬生泗詠孫園云辟疆東晉日孫園盛唐時贋刻況公記何如元九詩流風餘韻由來舊矣

廢園

在桃花塢明永樂元年公元一千四百零三年養真老人沈均遯跡之所有鎖煙亭鏡心池聞香室環翠軒棲鶴樓諸勝園居雜詠云落木蕭蕭一廢園妙無風景耐盤桓主人若識無中趣纔見先天理數原蒼松翠柏自春秋長使幽人供卧游金谷園中桃李艷歲寒時節著花不清初歸謝氏乾隆初謝怡堂改築

十二

來蘇堂賦雪草堂書葉軒諸宇又在樓鶴舊址構望炊樓今謝家子孫凌替園廢可想但其地猶稱沈家衖云

靜庵

在仁美坊今名南顯子巷為宋右史上官元之漁酉所居中有采菊堂董槐為記按元之嘉定進士端平中知池州先事為防江圖及金人入寇知有備引去紹定淳祐中兩忤時相閒居十九年晚遷起居舍人極言無隱卒為當道所忌以集英殿修撰致仕

萬華堂

在資壽寺後藍家巷今改鈕家巷為開封藍敏誠師

稷

提刑所居植牡丹至三千株多得洛中名品如玉盆白景雲紅瑞雲紅勝雲紅間金之類無不有之後以游宦不能愛護惟勝雲紅存焉

萬卷堂

在帶城橋南為宋史志道正志侍郎所居據施氏叢鈔云正志揚州人紹興進士陳康伯薦於朝除樞密院編修引孫權築濡須塢故事乞築和州城壘及舒揚防守荆襄事宜高宗視師江上上恢復要覽五篇車駕駐建康正志言三國六朝形勢與今日不同要害無事則都錢塘有事則幸建康詔下集議從之後歸老姑蘇造此宅及對門花圃佳處號漁隱淳熙初

十三

落成費百五十萬緡僅一傳不能保園廢先售宅索價十萬緡孫支伶丁後得一萬五千緡售與常州丁卿昆季紹定末丁析而為四其從提舉趙汝櫄占為百萬倉和糴場惟吴門補乘藝文引江都縣志作正克字志道留佚參攷

葑溪草堂

在葑門内姜家衖後改韓衙前今呼天賜莊為明長洲韓永熙雍御史所居溪流環繞宅東有園永熙嘗與徐武功有貞祝參政顥馮副憲定劉僉憲珏聯句傳為韵事按雍為正統進士授御史巡撫江西踔厲風發景泰時擢廣東副使尋巡撫江西有才望天順

中歷官兵部右侍郎憲宗朱見深立坐累貶官會廣西猺獞為寇改左僉都御史贊理軍務直擣大藤峽破賊三百二十四砦威震南方遷左副都御史提督兩廣軍務丁憂歸復以右都御史涖故任致仕卒正德間追謚襄毅有襄毅文集

東莊

在葑門内天賜莊東為明長洲吳孟融所治由元季迨明初世居其間其仲子原博寬貴後朝士聞翁賢競為文詠莊名乃著李東陽曾撰東莊記畧云蘇之地多水葑門之内吳翁之東莊在焉菱濠滙其東西溪帶其西南兩港旁達皆可舟而至也由櫈橋而入

十四

則為稻畦折西南為桑園又西為果園又南為菜圃又東為振衣臺又南西為折桂橋由艇子浜而入則為麥邱由荷花灣而入則為竹田區分絡貫其廣六十畝而作堂其中曰續古之堂庵曰拙修之庵軒曰耕息之軒又作亭於南池曰知樂之亭亭成而莊之事始備經名之曰東莊因自號東莊翁莊之為吳氏居數世矣由元季迨於國初鄰之死徙者十八九而吳乃歸然獨存翁少喪其先君徙而西既重念先業不敢廢歲拓時葺謹其封濬課其耕藝而時作息也翁仲子原博以狀元及第入翰林為修撰獲以其官封翁朝士與修撰君游者聞翁賢多為東莊之詩詩

成而莊名益著原博從子奕增建看雲臨渚二亭後為徐參議廷祼所有公安袁宏道稱其畫壁攢青飛流界練水行石中人穿洞底巧瑜生成幻若鬼工千蹊萬壑游者幾迷出入

竹軒

在葑溪金光美所構有記

桐園

在甫橋王世材所築長洲祝允明有記

陸績宅

在臨頓里孫吳時吳人陸公紀績太守所居績自鬱林太守罷歸無裝舟輕不可越海取巨石為重至姑

蘇置其門號爲鬱林石子孫世保其居唐史書之陸龜蒙始亦居此幽居賦云陸子居全吳東距長洲故苑一里又云地接虎丘門臨鶴市皮日休云不出郭郭曠若郊墅即其地也

七檜堂

在天慶觀東宋時長洲葉少卿參所築參嘗守吳既謝事因居此間以佚老其子清臣登禁從參猶及見之范仲淹嘗贈之以詩

五柳堂

在臨頓里宋時永康胡正思稷言主簿所居正思少受學于宋祁復受經于胡瑗以特奏補官歷山陰丞

自以不能究其所施遂乞致仕以清貧終

中隱堂

在大酒巷宋時邵武龔會之宗元所居取白樂天詩大隱住朝市小隱入丘樊不如作中隱隱在留司間乃作中隱堂與屯田員外郎陳適太子中舍陳之奇游從極文酒之樂皆耆德碩儒挂冠而歸者吳人謂之三老

按大酒巷今名大井巷

元絳宅

在帶城橋東宋時錢塘元厚之絳所構厚之天聖進士累遷翰林學士拜參知政事後罷知潁州以太子

十六

太保致仕歸老吴門知州張祐因以其地命名袞繡坊淳熙初都丞徐本中為浙江提刑樂其風土意欲歸老偶得厚之故宅葺治之寧宗趙擴御題其扁曰歲寒堂竟以江東運使奉祠歸自號歲寒居士又作草堂其旁

醒心亭

在葑門内宋熙寧間曹儫履中所葺原有土阜對峙水際雖巨浸弗没因號浮墩後避諱改名浮邱相傳此地昔有雙松竦然參天建炎之難有潰兵欲伐之隕石如雨令放生池即其地也

成齋

在醋庫巷宋時郡人黄景祥雲授經時所名也甯宗趙擴在嘉邸大書以賜其子由偉以授雲時雲為淮西總所酒官淳熙八年由魁天下郡守邊立狀元坊

方惟深宅

在城東宋時方子通惟深所居子通本籍莆田父龜年為屯田郎卒葬長洲家焉授興化軍助教歸隱故廬部使守帥恒即其廬訪之

蓬齋

在長洲縣東北宋時進士周朝宗沔所居與方子通為鄰

紅梅閣

十七

在小市橋宋時吳縣吳應之感殿丞所構有姬曰紅梅因以名閣又作折紅梅詞傳誦于一時令其地即吳殿丞巷也

柯九思宅

在城東胭脂橋元時仙居柯敬仲九思所居與虞集趙孟頫為友工詩善畫仕致奎章閣學士

聽雪齋

在天宮里元時西夏鄔密公所構陳基記見續吳都文粹按吳郡志天宮坊迎春巷平江圖繪天宮坊即跨今員嶠巷西口則天宮里即員嶠巷也惟鄔密公不知何許人可補流寓傳之闕

三辰堂

在葑門明工部主事顧餘慶所構鄞縣岳季方正修撰書額長洲吳原博寬修撰記

嚴訥宅

在南倉橋西明常熟嚴敏卿訥尚書所居孫貢生桓構困學齋讀書其中長洲文文起震孟書額

陳祚宅

在葑門外明吳縣陳永錫祚僉事所居祚為永樂辛卯傳臚擢河南布政司參議坐事落職洪熙初起為監察御史彈擊不避權勢累官福建按察使僉事有威惠以疾歸卒年七十有四著有小學辨惑初居甘

節坊後遷此地至今猶呼陳僉事巷

仰瞻宅

在葑門外明長洲仰瞻寺丞所居瞻於永樂中由虎賁衛經歷遷大理丞以忤王振謫戍大同景泰初召為右寺丞執法愈堅在任者多不悅移疾歸老此間今其地名仰家莊

邢量宅

在葑門外明長洲邢用理量所居量以醫卜自給性狷介與人無將迎足跡不出里門長日或不舉火客至相與清坐而已其學無所不通朝士有欲過之者固謝不納孫參亦居此後棄去其地今名邢家衖

錢邦彥宅

在望信橋西七塔寺前巷今稱錢衙前明尚書錢邦彥所居

王敬臣宅

在兵馬司橋東明長洲王以道敬臣所居性至孝其學以慎獨為先尤以標立門户為戒萬曆中徵授國子博士辭不行詔以所授官致仕著有俟後編卒後門人私謚仁孝先生其地亦名大儒巷以留紀念云

朱存理宅

在葑門外明長洲朱性甫存理處士所居性甫博學工文著有經子鈎元吳郡獻徵錄名物寓言鐵網珊

湖野航漫錄旌孝錄鶴琴隨筆等書正德間以布衣終其地今名朱家衖

朱凱宅

在葑門外明長洲朱堯民凱所居工詩畫與同里朱存理齊名人稱兩朱先生有堯民集句曲紀游詩

吳之佳宅

在善教橋東北明長洲吳公美之佳給諫所治公美為萬曆庚辰進士任襄陽知縣以治行徵授刑科都給事中時禮科都給事中以請豫教元子得罪之佳疏救與張棟葉初春並斥時稱吳中三諫其宅今名吳衙場

宋學朱宅

在新造橋東明長洲宋用晦學朱巡按所居用晦崇禎辛未進士為御史疏劾楊嗣昌田惟嘉時論壯之巡按山東方行部清兵攻濟南急聞驚馳還與布政張秉文等分門死守援兵不至城陷死之

丁元復別業

在十郎巷明長洲丁仲心元復參議所建其址舊為楊和王別墅元復為隆慶辛未進士除信陽令具有德政拜南京山西道監察御史尋出為四川僉事遷浙江布政使參議因病乞歸卒年八十有五著有片玉齋稿別業後改元和署今為市校矣

二十

唐岳宅

在葑門内明千户唐岳所居其地因岳得名今稱唐家巷岳世居獅子口後捨宅改為萬壽庵次子華分居婁門亦名唐家巷

卧雪齋

在葑門上塘新造橋西明長洲袁重其駿所居駿少孤傭書以養貧甚母節不能旌乃徵海内詩文曰霜哺篇至數百軸又倩名母看花圖數幅題詠徧海内凡過吳門者無不知有袁孝子也

亦園

在葑門新造橋清長洲尤展成侗侍講所築高宗弘

曆御書賜額鶴栖堂園曰亦園中有十景曰南園春曉草閣涼風葑溪秋月寒村積雪綺陌黄花水亭菡萏平疇禾黍西山夕照層城煙火滄浪古道又有構青亭水哉軒皆自記

教忠堂

在濶街頭巷清長洲沈確士德潛尚書所構内懸御賜詞宗耆碩道存風雅鶴性松身學有本源蓬瀛人瑞諸扁額又有九賚閣在葑門外竹墩莊賜序賜詩亦佛龕供御賜金佛按德潛號歸愚乾隆己未進士年已六十七高宗弘曆稱為名士召對論歷代詩源流升降大賞之命值上書房擢禮部侍郎予告歸原

二十一

銜食俸弘曆懷舊詩以德潛與陳群並稱東南二老年九十七卒有五朝詩別裁古詩源西湖志纂竹嘯軒詩鈔歸愚詩文鈔

紅豆書莊

在城東南冷香溪之北清長洲惠元龍周惕庶常所築先是東禪寺有紅豆樹相白鴿禪師所種老而朽復萌新枝周惕移一枝植階前生意郁然因自號紅豆主人僧睿目存為繪紅豆新居圖周惕自題五絕句又賦紅豆詞十首屬和者二百餘家四方名士過吳門必停舟車訪焉傳子及孫六十年來鐵幹霜皮有參天之勢庚申兵燹樹被伐遺址僅存

網師園

在帶城橋南濶階頭巷東口清宋魯儒宗元康訪購得宋時史氏萬卷堂故址重治別業因其巷曰網師者本名王思即以網師自號並顏其園蓋託於漁隱之意兼取巷名音義相同也越卅載後歸於嘉定瞿遠村添築梅花鐵石山房小山叢樹軒濯纓水閣蹈和館月到風來亭雲岡屋竹外一枝軒集虛齋諸勝改名瞿園亦曰蘧園嘉慶戊寅四月錢梅溪偕范芝巖潘榕皋吳槐江諸子看園中芍藥其花之盛可與揚州尺五樓相埒范有詩云看花車馬聲如沸誰問尚書舊第來蓋其西數十步即前大宗伯沈歸

二十三

愚舊宅旋歸天都吳氏同治時又為中江李香巖鴻裔廉訪所有易名蘇東鄰蓋與蘇子美滄浪亭相近而結鄰也宣統三年復歸滿人達將軍尋即移歸杭縣張廣建錫鑾更名逸園後築琳瑯館道古軒殿春簃蘿月亭諸勝別饒風趣其間尤以十二生肖疊石象形為他處所無今已收歸市有矣

葑水園

在葑門外清檢討馮勗所築堂曰含青亭曰紅香晚歲建碑亭勒御製詠鶴詩於石

青芝小堂

在葑溪上清新樂令張艮思所居舊為明韓襄毅公

雍

故宅艮思葺而居之長洲李碩夫布衣有記

王芑孫宅

在新造橋衖清長洲王念豐芑孫典簿所治中有寫韵軒漚波舫自為之記按芑孫號惕甫一號鐵夫又號楞伽山人乾隆戊申舉人官華亭教諭性簡傲容游公卿間不肯從諛人以為狂詩灑然以瘦戛然以清與法式善張問陶輩相唱和書仿劉鏞尤負重名有淵雅堂詩文集

墅莊

在城南清比部朱愚溪所築長洲李碩夫果布衣有記

二十三

傳經堂

在飲馬橋南清長洲宋謹涵照所治謹涵號喜墨康熙戊戌進士選庶士以撰文忤旨放還旋薦修三禮病卒有禮經彙解史閒息軒雜文等書子邦綏字逸才號況梅乾隆丁己進士由編修累擢湖北巡撫以摸稜瞻徇革職尋起用官至廣西巡撫查出軍田十二萬畝餘戍守有資高宗頗嘉之後官户部侍郎卒孫思仁字譪若號汝和為山東糧道引疾歸性孝友居處儉約善奕嗜吟工畫蘭竹好鑒古精篆刻兼通星卜堪輿能决人窮通休咎年七十有八著有藁餘存稿廣輿吟　太平便覽雲礽至今居之

懷劬閣

在南園清孝子丁宏度建載家乘

葑湄草堂

在葑門鷺鷥橋清長洲李碩夫果處士所居碩夫先居大石頭巷後遷居于此自有記

繭園

在葑門蘇家巷東清長洲彭南屏翰孫所築南屏讀葛洪神仙傳有園客者濟陰人種蠶得繭大如瓮繅訖客忽仙去因以名園

退園

在井儀坊巷清吳縣吳清如嘉淦農部所築嘉淦舊

二十四

居通和里後移居皮墅里之朝元衖再遷於西麒麟巷三遷於采蓮巷自京師歸遷定井儀坊巷皆名其堂曰儀宋自為之記咸豐庚申園燬嘉淦避亂海外懷思故居補作園記二篇

雙塔影園

在官太尉橋西清元和袁文綺學瀾諸生所居其先世為宋京西提刑觀察使袁珣從高宗南渡遷吳元孫樞為郡馬元兵南下殉節五世孫通甫易隱居吳淞之濱築靜春堂於蛟龍浦之赭墩九傳至洪愈於明隆萬間為南尚書祠墓俱在赭墩子姓繁衍族聚成村父蓮塘部曹學瀾出嗣堂伯靜安去莬集枯以

孤孽自處劬苦于學補元庠弟子員旋授詹事府主簿庚申遭變衣村舊宅荒蕪播遷海上同治四年始還定鮮溪新宅自為記

小讀書堆

在城南清元和顧抱冲之逵諸生所居抱冲藏書甚富為嘉慶時吳中大藏書家著有一瓻錄

匠門書屋

在長元學宫之東清長洲張日容大受檢討所築初大受父慶孫以名孝廉教授里中大受鄉舉後久不第讀書于此韓宗伯菼題其居曰孝廉船又有讀書亭潮生閣其地以近古匠門故又稱匠門書屋自為

之記有匠門書屋文集

戴顒宅

在城北劉宋時高士戴仲若顒所治初顒偕弟勃隱於桐廬并善琴勃卒以桐廬僻遠乃游吳下士人共為築室聚石引水植林開澗以居之乃述莊周大旨著逍遥篇注禮記中庸篇永初元嘉中屢徵不就尋卒至唐司勳郎中陸滂嘗居之又山人陸去奢樓亭亦在其地相傳即今北禪寺

許台宅

在臨頓路東唐光禄大夫許台所治景福五年捨為天宫寺

金士衡宅

在平江路胡廂使橋北明太僕金士衡所居初隨父
應徵參政居于甫里衆安橋南後移寓于此
顧其志宅

在苑橋巷明長洲顧其志大司馬所治
龔元祥宅

在中營基巷明長洲龔子禎元祥教諭所居崇禎初
為霍山教諭與訓導姚允恭友善寇陷鳳陽元祥偕
縣令守禦寇至令遁元祥駡寇死子炳衡並被殺允
恭斂其屍畢亦死之
飛英堂

二十六

在平江路徐家衖北口明長洲陸起頑世廉所構崇禎庚辰以薦授廣州府通判多善政南中累遷光祿卿歸隱里門二十載著述甚富年八十五卒其當名為趙宧光所書

韓世能宅

在北街今名韓衙潭子河頭左右皆有跨街牌坊明長洲韓存良世能宗伯所治世能隆慶戊辰進士選庶吉士授編修與修世宗穆宗實錄官至禮部左侍郎以疾歸世能恬于榮利奉使朝鮮册封楚藩餽遺一無所受有雲東拾草

玉蘭堂

在婁門接待寺東明長洲蔣龍江若來所居有玉蘭五株甚古因以名堂若來為育馨從子善騎射膂力絕人巡撫張國維異其才檄自行伍以把總擢游擊累遷浙江總兵與朱大典守金華城陷若來召妻妾子女痛哭曰天子不可為矣吾以匹夫受大明天子恩國亡與亡死復何憾若輩盡為俘奈何王夫人曰臣既死君妻敢不死夫妾妾人言亦如是傳與祖曰父為忠臣兒輩願為孝子二女與媳趙氏曰願吾門全忠孝節義也乃積薪縱火闔門燔死若來顧視灰燼提刀而出巷戰經日殺四十餘人自刎死載桐菴文稿

二十七

有懷堂

在婁門内直街清長洲韓元少菼所居初其祖治始居此有閑雲堂寒碧齋紺雪齋兵燹後菼重修築有勼軒歸愚巵閣斗室臨流構敞宇遥望西山作盧墓圖懸室中高宗弘曆御題有懷堂額賜焉

留卧園

在婁門内清長洲汪武曹份編修所治份康熙癸未進士官編修為文辭氣雄邁未第時與同里何焯評選有明以來諸家制義又增訂四書大全名重一時有遄喜齋集

薛家園

在婁門外下塘清薛宗濂築中有月波樓錦香亭諸勝

涉園

在婁門新橋巷東清郡人陸闇亭錦太守所築園不甚廣東近城垣有小鬱林觀魚檻吾愛亭藤花舫浮紅漾碧諸勝又有吟窩陸宣公墓柏重青碑後為崇明祝氏別墅

偶園

在婁門新橋巷東清湖州沈仲復秉成中丞購得於祝氏重加營構改名偶園後為顧宗潮上舍所得今歸常州鉅商劉國鈞近已改為工人宿舍矣

二十八

華陽新築

在北街華陽橋畔清元和韓桂舲崶尚書所居繪華陽新築圖中有種梅書屋極軒敞崶字旭亭號禹三乾隆丁酉拔貢以刑部七品小京官累擢至刑部尚書精於律法中正和平為秋官之最有還讀齋集

寶鐵齋

在大儒巷仁孝里清元和韓元芝崇所居

王佐聖宅

在大儒巷明長洲王克仲佐聖明府所治佐聖為王敬臣入室弟子萬曆癸卯舉人授青浦教諭崇禎十四年遷遵義令苗民時出剽掠佐聖晝夜捍拒竟被

害有緘庵詩鈔

鄭敷教宅

在懸橋巷明長洲鄭士敬敷教教授所居敷教為光宙子崇禎庚午舉人與楊廷樞齊名時人語曰前有朱張後有鄭楊丁丑舉賢良方正以毋老辭隱居教授學深於易有易經廣義學庸大意鄉黨考吾猶及集詩文集年七十卒門人私謚貞獻先生

百宋一廛

在懸橋巷清吳縣黃堯圃丕烈主事所居丕烈一字紹武號復翁又號佞宋居士乾隆戊申舉人官分部主事喜藏書得宋槧木百餘種嘉慶七年遷居于此

構專室儲書名之曰百宋一廛刊士禮居叢書為收藏書所重並著有蕘言印須集今歸潘氏松麟義莊蟻街齋其故址也

敦華河房

在任蔣橋後河清教諭丁鋐即其父開鄞諸生墓傍建為為廬墓所載丁氏家乘丁氏家祠在懸橋巷

紅豆樹館

在婁門內柳貞巷清長洲陶甯求樑侍郎所居樑號鳧鄉著有紅豆樹館集

月滿樓

在城東北隅清元和顧景嶽宗泰知府所居工詩文

文酒之會無虛日有月滿樓集

止園

在東白塔子巷清乾隆間郡人沈世奕太史所築中有懷雲亭未及卅載而售與周勗齋太守周復拓而廣之頗有幽趣改名樸園有一峰名歸雲其峭其東為蔣氏種梅亭春時百花齊發羣艷爭芳係樂安全盛時四十八第之一後歸潘氏為古香亭

西園

在西花梅巷清吳縣潘順之遵祁編修所居吳嘉淦有記

鷗隱園

在城西清吳縣潘功甫曾沂舍人所居中有廣榭曰清華池館饒花木之勝與吳嘉淦農部朱綬孝廉沈傳桂孝廉王嘉祿茂才韋光黻茂才彭蘊章相國嘗結詩社於此維時遠近爭目為吳門七子

養閒草堂

在西百花巷清吳縣潘季玉曾瑋觀察所構何紹基有記

遂園

在申衙前清長洲申勖菴揆孝廉將祖時行舊第擴建遂園並築來青閣養鶴作伴每宴客雙鶴迎門魏禧有記

蔣揖宅

在中衙前清長洲蔣方槎揖比部得於申氏舊址重葺廳樓疊石為山畚上有清泉流出聲瀫瀫然因取東坡試院煎茶詩中字題曰飛雪其從兄恭棐為之記旋歸太倉畢秋帆沅尚書繼為仁和孫智治士毅相國所得

環秀山莊

在中衙前清道光末年公元一千八百五十年工部郎中汪藻吏部主事汪堃購於孫氏建立宗祠顏曰耕蔭義莊並築別業曰環秀山莊聞諸故老當畢尚書宅之入官也孫士毅相國售諸官顧隱其姓縣人

信筆署以汪終為汪氏所得從前更徙及茲而定亦云奇矣中有問泉亭補秋舫半灣秋水一房山諸勝其間叠石為山匠心獨運雖僅一堆拳石恍如萬壑千巖大有尺幅千里之勢傳為乾嘉時常州名手戈裕良所堆成最近由人民政府重行修葺飛雪泉淤塞已久亦經疏濬開放游覽聞不遠矣

董國華宅

在慕家花園清吳縣董琴南國華方伯所治其址初為海寧陳廣陵元龍相國所居繼為谷州尉志斌宅國華買其舊第時人稱為東園主人畢秋帆西園主人董國華庚申劫後變作啜茶之肆

遂園

在慕家花園清末宣統間雲南劉詠臺大令購于董氏舊宅重新修葺改名遂園中有綠天深處映紅軒客閒堂逍遥室琴舫諸勝至民國二十六年又歸東山葉氏矣

李鴻宅

在西城橋東與中相府近明孝廉李欽文鴻所治鴻為時行埒故吳中有快活李大郎傢伙丈人嘗之諺後其宅售諸吳尚書一斐堂中磚墜其下洞然視之有石椁旁有小碑云古吳要離之墓堅瓠集載要離墓在十廟西或云在西城橋非無稽也

朱典宅

在申衙前清順治間樂圃裔孫朱典太史由陽山徙此為申時行舊址購得其半至今呼為陽山朱衙是也

按吳門表隱載陽山朱鳴虞所居朱氏富甲三吳鳴虞與典是否一人待考

楊廷樞宅

在梵門橋衙俗稱楊衙前明吳縣楊維斗廷樞解元所居廷樞與徐汧等志尤相契廷樞既負重名咸指目之當事者執而言慰廷樞嫚罵不已臨刑猶大聲曰生為大明人死為大明鬼卒年五十三門人私謚

忠文先生

心矩齋

在樂市街俗稱學士街清長洲蔣香生鳳藻所居香生雅好觚翰嗜書成癖在閩納交周星詒魏錫曾因以通目錄金石學留心搜訪多歸插架星詒絓誤遺戍貲以三千金星詒盡以所藏閩垣未經兵燹前明徐興公渤謝在杭肇淛及近時帶經堂陳氏遺書歸之遂蔚成大藏書家

野竹齋

在杉瀆橋南俗稱三多橋清姑餘山人沈辨之與文所居辨之藏書甚富因築齋以儲之

賚硯齋

在金獅子巷清長洲何屺瞻焯編修所居以嘗得陶隱居賚硯故名焯康熙癸未特賜進士官編修坐事逮問尋免罪其學長於考訂名重一時學者稱義門先生

五柳園

在金獅巷清吴縣石執如韞玉康訪所居得於何氏賚硯齋舊址重加修葺更名五柳園改金獅巷為經史巷後德清俞樾曾寓于此

半園、

在倉米巷清季初由德清俞蔭甫樾太史所居旋讓

溧陽史偉堂杰方伯鳩工庀材題名半園中有半園草堂安樂窩還讀書齋風廊月榭君子居不繫舟待月樓四宜樓雙蔭軒三友亭挹爽軒諸勝定遠方佛生澤久廣文曾結隱社于此今為公廨矣

李果宅

在大石頭巷清長洲李碩夫果處士所治中有菜圃種學齋悔廬觀槿軒諸勝後移居葑門鷺鷥橋別築葑湄草堂

西樓

在通和坊温將軍廟西明名姬穆素徽美所建今已廢圮

窳櫎

在鎮撫司前清季祥符周季貺星詒知府所居季貺少籍華膴收藏甚富精於目録之學四部甲乙如別黑白著有窳櫎詩稿質瑞瓜堂詩鈔

王穉登宅

在長春巷明長洲王伯穀穉登徵士所居中有南有堂尊生齋諸勝伯穀原籍武進移居吳門十歲能詩名滿吳會吳門自文徵明後風雅無定屬伯穀嘗及徵明門遥接其風擅詞翰者三十餘年同時山人布衣以詩鳴者十數伯穀為最萬曆中徵收國史未上而史局罷卒年七十餘有吳郡丹青志奕史吳社編

之園

在長春巷清光緒門公元一八七五年至一九零八年由浙人宦者集資公築俗稱全浙會館頗有水石花木之勝現為公廨矣

袁洪愈宅

在流化坊即馬醫巷明吳縣袁抑之（洪愈）所居抑之嘉靖丁未進士授中書舍人擢禮科給事中累遷至湖廣參政所在以清節著嚴嵩敗召為南太僕少卿遷太常引疾歸萬曆中復起故官以南吏部尚書致仕卒謚安節

曲園

在馬醫巷本吳縣潘世恩舊第同治十二年公元一千八百七十三年德清俞蔭甫樾太史購得築三十餘楹中有樂知堂春在堂認春軒艮宧達齋曲池曲水亭回峰閣諸勝自南至北長十三丈又自西至東廣六丈有餘長亦僅三丈其形曲故名題曲園自為記

荆園

在馬醫科巷東口傳係有明長洲文彥可從簡舊宅旋歸陸氏俗稱陸家牆門清末售於平阿田紹白庚太守舊有荆園之名民國丁卯冬崑山程守初廷恒開府得之田曹兩氏基地共五畝餘重加修葺仍名

荆園園雖不大而曲折得宜結構有法守初風格高邁一時名士皆從之游文酒之樂余亦輒來相招焉

鶴園

在韓家巷初為華陽洪鷺汀觀察所築牓曰鶴園乃斤斧之役未竟鷺汀不欲有其叢於民國癸亥年公元一千九百二十三年讓與吳江龐屈廬其孫蘅裳國鈞茂才復事增葺既宅於兹改字鶴緣緣與園音相諧也松陵金天羽為之記後歸上海嚴裕棠鉅商解放後獻給人民政府今為蘇州市政治協商會會議之所矣

聽楓園

在小市橋東舊為退樓老人諏古觴詠地也清歸安朱古微（祖謀）侍郎寓居高密鄭叔問（文焯）曾為相陰陽楝時日旦舉家詞人吳應之故事詞以張之一時傳為佳話

守中堂

在郡廟東長安術清康熙九年春里人朱厚寰倡緣道士李模建葛芝有遂為千載乘雲之人敢忘三年築室之義刻於楹桂載百城煙水

鴛鴦樓

在四通橋西秀野堂側舊為戚氏書樓裨官所云戚子卿者後居姬穆素徽（美）居之故名穆鴛鴦樓其西

樓則在通和坊也載嚴德門錄参吳門表隱

吳雲宅

在因果巷清吳縣吳玉松雲太守所治雲先居虎邱築聚遠樓旋讓王氏移居于此

賢行齋

在大雲坊今呼大成坊宋大雲翁林虙所築處屏置朝章不入州縣先達稱其高坊名大雲誌不忘焉

按林虙字德祖號大雲翁官至少卿

顧家園

在天慶觀橋南東巷今稱碧鳳坊明高士顧碧川元振弟鳳川元新所築原籍金陵世襲都指揮千户成

三十七

化中避禍來吳築小園與人詩酒唱酧無虛日後鳳川返里碧川思之不置疾亟時猶囑治葬地營貽穆二穴後人建坊紀念以名之

綠水園

在碧鳳坊為布衣朱襄僑居于此清池峭石窈若深山不知在城市間矣

按朱襄字贊皇無錫人康熙時諸生幼有詩名能作擘窠書弱冠游京師館于紅蘭主人邸主人緼端禮為上賓酷愛其詩酬唱幾帙兼精易理晚年僑寓于吳以卒

秋聲館

在顔家巷為郭梅峰轍所居

按郭轍字季蘇長洲人監生書學顔平原有秋聲館帖行世年九十三而卒兵燹後石多散失從曾孫某搜羅殘缺別有浙中門人宓某取所藏遺墨刊石流傳名曰傳琴堂法書

鄭思肖宅

在條坊巷連江鄭所南初名某以大學上舍應博學宏詞科侍其父來吴寓條坊巷宋亡改名思肖字憶翁皆寓意示不忘宋也作心史一卷癸未三月與所作咸淳集一卷大義集一卷　興集二卷併入鐵函投承天寺井中時距德祐之亡已九年矣崇禎戊寅

十一月八日承天寺後山房僧達始因旱浚井啟而得之計藏之時至是又三百五十六年不濡不減完好如新又有釋氏施食心法一卷太極祭煉一卷謬餘集一卷文集一卷自叙一百二十圖一卷并其父震翁山集一卷傳於世今訪故宅即樂草庵址焉庵旁尚有碎石

古柏軒

在條坊巷今呼為調豐巷清吳縣楊文叔繩武編修所居文叔為先咎子康熙癸巳進士官編修秉志節通經術大學士王掞深重之館閣大著作多出其手丁憂歸遂不出有古柏軒集文章鼻祖李果有記

孫岳頒宅

在竹條橋即北新局址今草橋東清康熙間吳縣孫雲韶岳頒祭酒賜第里人誤稱松鶴板場即其地也據孫氏譜傳云當年聖祖玄燁曾賜扁有五一曰寶慎堂一曰尊經服教一曰垂露毫端一曰讀書養氣一則墨雲堂也該堂係建第時所賜故名尤著又有御書楹帖兩一曰表裡常交正動靜自弗違一曰鐵畫銀鈎古帖恒留千載蹟龍光鳳藻名香常對一編書又云祭酒通籍後室無媵妾家絕管絃政事之暇惟焚香讀書及臨池選韵筆歌墨舞而已天語褒嘉洵實錄也晚號二知居士天眷益隆溫旨獎其書法

三十九

秀媚蒼古以元宰而後一人許之其遭際承恩可謂盛矣卒于官賜塋在梅灣福壽山乾隆九年十二月諭葬相傳地有百畝之廣因子姓貧薄祭掃弗時日漸侵削葬未百年已僅存窀穸矣迨道光初族孫曉庵照偕其兄燿子均泊北郭顧震濤婁關莫頎等訪得其地墓碣猶存照力任祭掃之事復慮歲久之無徵也因乞津里朱昂之繪梅灣訪墓圖丹徒嚴太史保庸為之記遍乞吳中名公鉅卿之作以存文獻并拓徐相國本所表墓碣附裝圖尾傳留掌故云

春錦園

在王府基後起樓元末張士信選三吳良家女八千

餘人充內使時宮闕未備故居此載楊儀壟起雜事

公園

在王廢基宋時為平江府署元時為張士誠太尉府燬于火公園為其遺址一部分由法人竺他摩所設計成為現代形式之園林園中建築物不多東邊玉帶河填平開成馬路中央建一圖書館由上海鉅商奚萼銘所捐資而成未幾被日寇焚燬解放後由園林管理處重加佈置煥然一新矣

庸齋

在醋庫巷清歸安楊見山峴太史寓居峴號庸齋晚號藐翁咸豐舉人曾權知常州府研精隸書於

漢碑無所不窺故落筆神明變化又工古文有庸齋文集遲鴻軒詩鈔

陳鑑宅

在烏鵲橋北明蓋州陳鑑所居鑑正統戊辰進士官翰林學士使朝鮮還歷祭酒禮部侍郎有皇華集

朱祖文宅

在袞繡坊明長洲朱完夫祖文諸生所居完夫一字叔經自號三復居士少負氣節與周順昌善周以閹禍被逮完夫間行詣都奔走稱貸迨周櫬歸哀慟病死有北行日譜

東齋

在槐樹巷清吳縣吳伊仲翌鳳諸生所居翌鳳號枚菴嘉慶時諸生少好學手抄書數千百卷多藏書家所未見工詩所撰吳梅村詩集箋注能正舊注之失又有與稽樓叢稿唐詩選懷舊集卯須集燈牕叢錄等書卒年七十有八

朱綬宅

在孔副使巷即有明少司空孔鏞墨池園之一隅清元和朱仲環綬孝廉所居綬又字仲潔號酉生道光辛卯舉人以詩古文有聲大江南北有三正堂詩文集詞集及清詞選其初世居縣橋巷後居移幽蘭巷

四十一

蔣子延繪圖以贈越二載始定居焉蔣霞竹爲繪第二圖皆自記之

掃葉莊

在南園俞家橋初俞叟石磵隱居注易於此後爲蘇州薛生白雪徵君所居沈歸愚有記今歸長洲陳碩甫奐徵君碩甫號師竹晚號南園老人少師事金壇段若膺玉裁孝廉治毛詩說文補縣學生員入都與王念孫引之父子游所學益邃後主杭州汪遠孫家潛心著述咸豐初舉孝廉方正有毛詩傳疏毛詩說毛詩音詩義類鄭氏箋考證等書

可園

在滄浪亭對面一名近山林相傳最初為長洲沈歸愚德潛鴻博讀書處至道光間長樂梁閣中章鉅中丞重加修葺中有挹清堂濯纓處坐春舫諸勝并為之記丁亥春涇縣朱玉存珔宮贊來主吳中正誼書院講席題曰可園添築博約堂學古堂思陸亭浩歌亭等處清末改為存古學堂鼎革後為圖書館現已復為學校矣

高啟宅

在夏侯里今為夏侯橋明初長洲高季迪啟太史所居家本北郭與王行輩十人卜居相近號北郭十友張士誠據吳啟避于吳淞江之青丘自號青丘子洪

武元年召用歸郡守魏觀嘗同史館因徙居于此焉

宋克宅

在南宫里元長洲宋仲温克同知所居自號南宫生少任俠周流無所遇益以氣自豪杜門染翰日費千紙遂以善書名天下張士誠擢致之不就洪武初官鳳翔同知卒

竹山堂

在南石子街清吴縣潘桐生祖同所居性好觴詠善詩及宋元樂語蓄書至四萬餘卷皆手自鈎校分部而處有竹山堂隨筆

小獅林

在白塔子巷為宋時鄭景兆虎臣舊宅中多美石後歸褚氏鑿池得古硯因名天硯堂諸生元圭孝友能文以六壬著名載吳門表隱

鄭虎臣宅

在鶴舞橋東宋時會稽尉鄭景兆虎臣所治居第甚盛號鄭半州父為賈似道所害德祐初似道謫授高州團練副使循州安置虎臣自請監押殺之於木綿庵所著文都文粹綜輯頗富

梅園

在安齊王廟西明初諸暨楊廉夫維楨詩人寓居門人張識種梅于此天啟初長洲顧大任得之建小吟

香閣繼爲詩人范起鳳結社後屬費氏其閣俗呼酒釀樓載北園小志

管園

在北園崇甫卷今稱油車卷明管正心所築

城東動物園

在二門口原爲昌善局丙舍素有花木水石佈置甚饒幽趣池中蓄有巨龜每在春夏之交游人投餅浮出水面爭食別有閒逸之樂其他池塘滿植芙蕖開花時清香撲鼻令人心醉於一九五四年改建是園更形喧闐矣

朱梁宅

在虎邱山漢朱梁仕為吳郡太守遂居于此載姑蘇志

王氏別館

在虎邱山為吳内史王元琳珣所築時戴逵潛諧之與珣游處積旬後珣為尚書僕射上疏請召逵為國子祭酒逵名益顯此事載諸晉書其別館與弟珉捨為東西一寺至今不廢

何求宅

在虎邱山齊高士何求所建弟點允亦隱于此

史德義宅

在虎邱山唐咸亨初崑山史德義諫議築以琴書自

適或騎牛帶瓢出入塵野高宗李治聞其名召赴洛陽稱疾歸天授初擢朝散大夫

陸羽寓舍

在虎邱山北唐竟陵陸鴻漸羽隱居于此查陸羽一名疾字季疵不知所生或言有僧得諸水濱既長以易自筮得蹇之漸曰鴻漸於陸其羽可用為儀乃以陸為氏名而字之上元初隱居苕溪自稱桑苧翁又號竟陵子久之詔拜太子文學徙太常寺太祝不就杜門著書或獨行野中誦詩擊木慟哭而歸嗜茶著茶經三篇貞元末卒鬻茶者祀為茶神

李紳寓舍

在虎邱唐李公垂紳拾遺本趙人徙家于吳遂寓居焉查公垂為元和進士擢翰林學士與李德裕元稹同時號三俊穆宗李恒召為右拾遺被李逢吉所排出為江西觀察史旋改户部侍郎武宗李炎時累官尚書右僕射門下侍郎卒謚文肅有追昔游集

都官書院

在虎邱為宋時邵武龔會之宗元讀書處查宗元天聖進士為句容令適伏發姦如神楊紘持使節行部號深酷至境曰龔君已治我往從為擾耳遂不入縣境官至都官員外郎致仕居崑山作中隱堂與程適陳之奇皆以耆德稱吳人謂之三老有武邱居士遺

四十五

稿

通幽軒

在虎邱西庵宋時河南尹彥明焞處士寓舍查焞少師事程頤嘗應舉發策有誅元祐諸臣議焞不對而出終身不就舉靖康初用种師道薦召至懇辭還山賜號和靖處士紹興初召為崇政殿說書兼侍講時金人來議和焞上疏非之不報乞致仕有論語解門人問答和靖集

壽樂堂

在虎邱宋季呂浩叟築浩叟嘗使元軍抗詞不屈宋亡授淮東宣慰使不就隱此朱德潤有記

張雨寓舍

在虎邱西原僧房元時錢塘張伯雨雨處士隱此查雨一名天雨工書畫善詩詞與趙孟頫楊載虞集為文字交嘗居茅山著茅山志自號句曲外史有句曲外史集

小隱堂

在虎邱半塘明時長洲湯子重珍貳尹別業珍與王寵兄弟讀書石湖治平寺十五年為蔡羽文徵明所推重年四十餘應歲貢除崇德縣丞工詩文有廸功集

任孜宅

四十六

在虎邱山塘明時任懋善孜太守僦居孜後更名敏避宋任遵聖同名也著有山塘竹枝詞傳于世

居節宅

在虎邱山塘明時居士貞節所遯栖節號商谷從文徵明游善書畫客故隸織局織監孫隆召之見不肯往隆怒以逋帑拘繫破家僦居半塘吟詠自若以窮死工諸史著有牧豕集

韓氏山莊

在虎邱明時長洲韓永熙雍御史別業查雍正統進士授御史巡按江西踔厲風發景泰時擢廣東副使尋巡撫江西有才望天順中歷官兵部右侍郎憲宗

朱瞻基立坐累貶官會廣猺獞為寇改左僉都御史贊理軍務直擣大藤峽威震南方遷左副都御史提督兩廣軍務丁憂歸後以右都御史涖故任致仕卒正德間追謚襄毅有襄毅文集

玉涵堂

在虎邱山塘橋西明嘉靖間長洲吳南夫一鵬所居其别業在酈季子巷

半偈庵

在虎邱半塘寺旁明時長洲王伯穀穉登所居查穉登原籍武進移居吳門十歲能詩名滿吳會吳門自文徵明後風雅無定屬穉登嘗及徵明門遙接其風

四十七

擅詞翰之席者三十餘年同時山人布衣以詩鳴者十數禕登為最萬曆中徵修國史未上而史局罷卒年七十餘有吳郡丹青志奕史吳社編

山塘小隱

在虎邱明時萊陽姜如須垓行人寓舍垓與兄埰明亡卜隱虎邱與葉襄金俊明任大任諸宿老相過從

諫草樓

在虎邱山塘清初萊陽姜學在實節處士構為其父埰之影堂樓東有思敬居改過軒巾箱閣則為實節讀書處實節號鶴澗僑居吳縣工詩書畫有焚餘草

塔影園

在虎邱便山橋南明長洲文基聖肇祉錄事建初名海湧山莊鑿池及泉池成而塔影現因更以塔影名園旋為長洲顧云美所得按府志云便山橋俗名望山橋實係誤傳蓋望山橋在雲巖寺之西面隔一白公堤與便山橋判然二橋一在寺內一在寺外塔影園既在便山橋之南則塔影橋當即便山橋後人因塔影園之名跡故改其名為塔影橋耳

雲陽草堂

即塔影園原址明季長洲顧云美苓諸生構明亡苓重為葺理別築松風寢照懷亭椅竹山房諸勝自為之記栖息其中而終老焉

近峯别業

在虎邱旁明弘治間長洲皇甫世庸（録）太守所築其宅第在城内孔副使卷查録為長洲人字世庸號近峰弘治丙辰進士授都水主事出知順慶府時藍鄢寇起蔓延全蜀録預為設備郡賴以全被劾歸以著述游覽為事有明記略近峯間居下障紀談蘋溪集容臺集果山集

靖園

在虎邱雲巖寺左其地舊為塔影園故址清光緒間築俗稱李公祠内祀合肥李少荃（鴻章）宰輔園中花木亭臺頗擅幽趣辛亥鼎革後亭榭半已就荒現已

改為虎邱中學矣

塔影園

在虎邱東南隅清乾隆時長洲蔣子宣重光所構俗稱蔣園有寶月廊香草廬浮蒼閣隨鷗亭諸勝其地為程東義故居蔣氏有之蓋襲塔影之名非舊址也沈德潛有記

吟嘯樓

在虎邱青山橋西清程東義所築臨堤高敞畫舫明燈皆集其下東義能文好客著有紅豆詠梨雲集

一榭園

在虎邱斟酌橋一云在東山浜北初為蘇州薛生白

雪徵君別業後為薛文清公祠嘉慶三年公元一千七百九十八年震澤任兆炯太守購祠廢址改建按吳門補乘云任氏購薛六郎墳庵改築六郎乃生白之子也才而不壽卜葬于此

憶歡園

在虎邱東山濱之北清陽湖孫淵如星衍觀察就一榭園舊址改築更名憶歡園中有授書堂後為其大母許太君節孝祠其左即孫武子祠

臯溪漁舍

在虎邱斟酌橋清長洲蔣樹存深知州別墅其後孫恭棐為記

則學草堂

在虎邱二程夫子祠旁清御史程梓園所居葉燮有記

西溪别墅

在虎邱山下塘甫里先生祠之側清　陸豫齋肇域所築錢大昕有記

聚遠樓

在虎邱山塘清吳縣吳玉松雲太守别業玉松在日極盡舫笙歌之樂未幾歸王氏咸豐庚申後廢

挹秀樓

在虎邱山塘清光緒初元吳縣亢樹楠就聚遠樓廢

五十

址重新營構改名挹秀其兄樹滋有記

校詞讀書齋

在白堤星橋清元和諸生戈載所築載為孝子宙襄子世居楓橋梓裔並有文行道光十二年公元一千八百三十二年移於此間

藝芸書舍

在閶門外山塘清長洲汪閬源士鍾觀察藏書處堂宇軒敞樹石蕭森堂中懸楹聯種樹似培佳子弟擁書權拜小諸侯閬源性好藏書郡中藏書家自康雍之間碧鳳坊顧氏賜書樓蔣氏後嘉慶時以黄丕烈百宋一廛周錫瓚香嚴書屋袁廷檮五硯樓顧之逵

小讀書堆為最後盡歸之嘗編藝芸精舍宋元本書目摹刻宋本孝經義疏儀禮單疏劉氏詩説郡齋讀書志諸書讐對精審舉世珍之咸豐庚申以前書已散失經史佳本輒為聊城楊以增所得兵燹後遂蕩然無存矣

邱南小隱

在虎邱頭山門南道之東清長洲汪苕文琬編修別業内有圓石光潤可鑒故又名二十四石圓其佳處有乞花場山光塔影樓諸勝聖祖玄燁南巡召見行宮賜御書懸于邱南之堂今則別業已廢名蹟無存迨民國十五年由蘇州總商會改建商團紀念碑林

旋更名雲集山莊茲以園林管理處開渠築橋爭光名勝此地適當衝要遂成河埠矣按茗文第宅另在閶門外陸宅巷有城西草堂旁爲茗華書屋晚居堯峯别業改爲編修祠

讀書望田樓

在楓橋鎮之南孫武子橋俗名孫溪爲朱處士昆玉鼎鎔所築耕讀其間優游杖履日與鄉鄰耆碩詩酒唱酬里人稱二朱先生着有望田樓集没葬金山之麓童子門下至今呼爲朱家山唐杜牧題二朱先生詩云我愛朱處士三吴居中央䆉稏百頃稻西風吹半黄我昔造其室羽儀鸞鶴翔交横碧流上竹映琴

書床出俗無近語堯舜禹武湯觀此詩知處士之賢也

蓼庵

在閶門外林家巷明吳縣周景文順昌選事所居又有霜英堂按景文號蓼洲萬曆癸丑進士授福州推官捕治税監高寀爪牙不少貸天啟中歷文選員外郎署選事力杜請寄抑僥倖清操嚼然乞假歸以忤魏忠賢為其黨所誣陷斃獄中崇禎初謚忠介有燼餘集其墓在白蓮涇馬家墩地廣一頃二十畝一云在麻布浜

西園

張孝祥書其扁曰古江村

在閶門之西宋時洛人趙再可思别業其宅在城内九勝巷有和致堂再爲紹興進士孝宗趙眘問恢復大計思對合眘意命守台州治聲翕然官終中大夫

宋通宅

在閶門外急水橋東雙闌干西元時長洲宋文傑通所居按文傑號彦英元統間以督征有功獲侯封食邑萬户繼隱居不出壬辰兵起盡施家資保障一方明洪武四年辛亥以賢良屢徵不赴卜宅於此今有木梁名宋家橋

葉唐夫宅

在閶門外江村橋明洪武間　葉唐夫先生所居
其江村詩云家住夕陽江上村一灣流水繞柴門種
來松樹高於屋借與春禽養子孫見夷白齋詩話

讀書房

在虎邱西明時長洲邢麗文　參處士築初麗文居于
乃祖量處即葑門外邢家衖後棄士誅茅於此間

陸完宅

在閶門外今稱陸宅巷為明長洲陸仝卿完尚書所
居按完為成化丁未進士歷官兵部侍郎進太子少
保兵部尚書有才智急功名善交權勢宸濠明異志
輦鉅金遺完求復護衛完遂為請舉朝譁然改吏部

五十三

尚書袁濠反完司寇論死議功謫戍福建靖海衛清季時巷内牌坊尚存云

郝將軍賣藥處

在閶門外上津橋明時晉甯郝太極所居天啟中奢安之變守霑益有功國變後乃客吳隱於醫顧炎武亭林有詩贈之曰曾提一旅制黔中水藺諸酋指顧空入楚庸頻猶未老過秦扁鵲更能工風高劍氣蛉川外水沸茶聲鶴澗東橋畔相逢不相識漫將方技試英雄清光緒間合江李紫璈超瓊邑令勒碑橋下並題詩云上津橋下水澐澐藥市風清遠莫聞路近留園花舫織無人解弔郝將軍

城西草堂

在閶門外陸宅巷清長洲汪苕文琬編修所構旁為苕華書屋其地俗傳為前明正德中尚書陸完故居云

勺湖

在閶門東粵人方還所築長洲沈歸愚德潜有記

萱園

在閶門外下津橋東清周謹所居乾隆元和志作萱圃

小停雲館

在江村橋清處士王岡齡庭魁所構岡齡能畫藏弃

名跡頗多最愛文氏翰墨故以小停雲名其館後歸袁氏

毛家園

在閶門外下津橋義慈巷明時吴縣毛貞甫珵所建中有礪庵因以為號貞甫為成化丁未進士授南京工科給事中旋出參議山東陞浙江參政致仕林居十年言官數論薦起南京鴻臚寺卿陞太僕進南京右副都御史改撫治鄖陽廵撫乞歸卒年八十有二園西即其宅也牌坊今廢

養素園

在閶門外楓橋下塘清醫士陳莘田所構今隔數十

餘年己成瓦礫場無有知其處者

江村草堂

在閶門外江村橋西為隱士譚廷銓所居廷銓安貧力學恭兄甚篤子文炳善承父志有詩文集行世

程文煥宅

在楓橋鎮清康熙間孝子程文煥所居於四十五年重建江村橋以利行人為梓桑造福口碑載道又在吳邑西脊山麓營構廬墓之所顔曰逸園右臨太湖左有茶山石壁諸勝每當梅花開時探幽尋詩者必到此處也

松鶴堂

在楓橋寒山寺前清吴縣殷斐仲所居吴江葉星期燮有記

漁隱小圃

在閶門外江村橋清吴縣袁又愷廷檮得諸王氏小停雲館原址改葺顏曰漁隱小圃袁枚王昶皆有記中有貞節堂竹柏樓紅蕙山房楓江草堂吟暉亭五硯樓夢草軒錦繡谷銀藤簃水木清華榭洗硯池繫舟柳江徛小山叢桂館芙蓉徑挹爽臺稻香廊漢學居等十八景

思適齋

在楓橋清元和顧千里廣圻所築由歙縣程瑶田書

顧千里號澗蘋嘉慶諸生受業於吳縣江聲穎敏博洽通經學小學尤精校讐孫星衍張敦仁黃丕烈胡克家秦恩復吳鼒輩先後延主刻書每一書刻竟必綜其所正定者為考異或校勘記於後人稱精確其持論謂凡天下書皆當以不校校之嘗以邢子才日思誤書更是一適語自號思適居士有思適齋集卒後其孫河之亦居於此

廣居

在閶門外寒山寺東清孝子元和戈小蓮宙襄所居

小蓮幼工辭章以母老絕意仕進隱居其間左圖右史前花後竹校讀之餘繼以詩酒其心泰然自足其

身亦若寬然有裕遂取孟子之意名之曰廣居自為記

冷香别館

在楓江清吳縣惠磐卿所居磐卿高祖士奇家於葑門冷香溪後遷滸墅磐卿卜宅楓江與戈載為鄰名其室以誌先澤見翠薇花館集

一枝園

在楓橋清金壇段懋堂玉裁孝廉寓居中有經韻樓懋堂一字若膺乾隆舉人官巫山知縣引疾歸師休寧戴震講求古義尤精小學有説文解字注六書音均表周禮漢讀考儀禮漢讀考古文尚書撰異毛詩

詁訓傳經韻樓集等書

頤志堂

在閶門外洞涇橋清嘉定王鳳喈鳴盛光祿所居鳴盛號禮堂又號西莊晚號西沚乾隆　進士累官内閣學士兼禮部侍郎左遷光祿寺卿告歸居此卅載鍵户讀書絶不與當事交接治經以漢人為師撰尚書後案專宗鄭注亡逸者采馬融王肅注補之又撰十七史商榷蛾術編詩學盛唐古文亦負重名有耕養齋集西沚居士集卒年七十有八

顧佩韋宅

在閶門外江村橋明吴縣顧佩韋義士所居初吏部

五十七

主事周順昌乞假里居數詬詈魏忠賢忠賢聞而惡之遂誣順昌命逮入京順昌有德于鄉人比逮者至衆咸憤怒毆斃提騎巡撫毛一鷺飛章告吳人反已而言縛得倡亂者為佩韋及馬傑沈揚楊念如周文元等五人乃論大辟臨刑延頸就刀曰為周吏部死何恨監司張孝流悌而斬之吳人感其義合葬于虎邱旁題曰五人之墓

三瑞堂

在楓橋宋時孝子姚諄所居有園亭頗足雅致家世業儒以孝稱其先墓嘗有甘露靈芝麥雙穗之異故以名堂蘇東坡來蘇嘗訪之且為賦詩

孫武子宅

在楓橋西南孫武子橋側春秋吳時孫武所居今其地俗呼孫家橋是也

水月亭

在閶門外馬鋪橋清周香巖錫瓚所築為其藏書處也

緲雲別墅

在閶門外江村橋清查某購諸袁氏故圃改葺別墅題曰緲雲門對郊原有樓翼然菜花盛放可以遠眺俗名菜花樓每當暮春三月主人必設筵觴詠簡邀文人墨客而為雅集

唐家園

在桃花塢後五畝園西今寶華庵北明宏治間為吳縣唐伯虎寅解元所治中有夢墨亭檢齋諸勝伯虎晚年課佛於桃花庵悔其少時所作瘞於庵之北戲表其塚曰此即六如之墓實瘞文冢也今好事者目為唐六如葬處且為胡纘宗墓碑以實之其墓乃在横塘王家村也況是庵與宅本非一處庵在寥家巷而宅在庵北載明小志清順治初公元一千六百四十四年雲間沈明生徙蘇得之構亭臺植竹木有池曰長寧跨池作亭曰蓉鏡又有夢墨樓六如亭明生精岐黄當時稱國手

準提庵

在寥家巷明天啟間楊端孝奉準提象於桃花庵因易今名蓮峰上人嘗卓錫於此作準提庵八詠有跳唐樓度雲橋瘞文塚然燈塔培蓮室擊竹軒醉月灣諸勝清高宗弘曆南巡御製桃花塢詩云春日桃花滿塢披六如圖尚有遺詩長歌擬仿樂天白白俗謂他信過之桃花塢為唐寅舊居自題桃花庵長歌其意欲仿香山詩昔人即有白俗之譏若寅詩則更俗而近於俚矣遂增闢天章閣即桃花仙館之樓道光時圮改建平屋唐寅桃花庵歌刻石尚存壁間也按孫星衍桃花庵碑云吳郡西北有桃花塢方志稱為

宋樞密章楶别業明唐解元寅築居於此後人遂誤庵為宅矣今考桃塢别墅及唐解元宅皆在桃花庵北也兹特更正以釋群疑

停雲館

在德慶坊巷今名曹家巷明長洲文徵明璧待詔舊居人慕其高風遂以館名橋今所謂三條橋中之一也吳中傳為佳話

懷星堂

在日華里即今三茅觀巷為明長洲祝枝山允明通判所構按祝字希哲又稱枝指生弘治壬子舉人官至應天府通判未幾致仕玩世自放工詩善書有前

閶記九朝野記蘇材小纂集略懷星堂集

小漆園

在小曹家巷爲明嘉靖間長洲張伯起鳳翼孝廉所構池亭樹石其有幽緻縣令江盈科嘗題詩壁間至今石刻備存時吳中皇甫四子沖涍汸濂俱有才名張氏弟兄三人鳳翼燕翼獻翼繼起吳人語曰前有四皇後有三張

真趣園

在鄺季子巷今名李繼宗巷爲明嘉靖間長洲吳南夫一鵬尚書所治山塘有閣老廳北濠有蘭花亭蓮花堰等勝跡清雍正初邑人趙成秩得之重加修葺

六十

俗名趙園中有梅花亭拜石軒諸勝後為戲園元和袁文綺學瀾姑蘇竹枝詞云袍笏登臺勸客觴歌樓舞館枕山塘人間富貴原如夢閣老廳高作戲場即指此也

拙政園

在婁門內北街迎春坊明嘉靖中御史王敬止獻臣以道觀廢址及大宏寺基地改構御史歿後其子好樗蒲一夕失之歸於徐少泉故吳中有花園今之戲實昉之此後人於清朝之十年賤售與海甯陳素菴之遴閣老僅得二千金未幾陳緣事宅盡入官以駐防兵圈封為將軍府園內有連理寶珠山茶一樹吳

梅村祭酒有詩紀之迨撤去駐防又改為兵備道行館既而為吴三桂壻王永康所居三桂敗事乃籍入官康熙十八年公元一千六百六十一年改蘇松常道新署旋復裁缺散為民居西為王皋聞顧璧斗兩富室分售居之繼嚴總戎公偉亦居于此未幾為葉太史士寛改名書園復歸程氏繼為沈觀察元振宅第旋即汪常博美基居之又為趙姓宅東歸蔣太守棨改名復園春秋佳日名流觴詠有復園嘉會圖太守歿後非復舊時景象尋屬潘部郎師益及子比部晧營構瑞棠書庫嘉慶中為海昌查憺餘世倓孝廉所得修葺年餘頓還舊觀旋又歸當湖吴菘圃璥協

揆及子觀察晉　德家為質庫兵廠名吳園時其左右割為王葉兩園迨咸豐十年公元一千八百六十年太平軍光復蘇州忠王李秀成就園建忠王府工程未畢清兵陷城園復歸官暫作江蘇撫署同治十年公元一千八百七十一年改為八旗奉直會館仍名拙政園園西部份則為吳縣張月階履謙所有零建補園辛亥革命公元一千九百十一年都督程雪樓德全就園召開江蘇臨時省議會抗戰時期皆為敵偽所據勝利後為社會教育學院校舍解放後為蘇州專員公署公元一千九百五十一年十二月蘇南人民行政公署為響應中央保護各地古建築古文

化遺址革命遺跡之號召令將拙政園歸蘇南區文物管理委員會管理並動工修葺至一千九百五十二年十月初步工竣於十一月六日起正式開放公諸人民作為文娛休憩之所並保存歷史名勝遺蹟焉

橘林

在桃花塢貝信三寶墨庵及錢江會館之間為明吳縣陸天爵俸郎中所闢天爵正德辛未進士官刑部郎中抗疏諫武宗南巡廷杖被謫府同知後官刑曹持法不避權幸出為寶慶知府有惠政尋棄官歸隱桃塢種橘成林有故人來訪天爵方戴笠荷鍤接簡

而入易服而出晚為詩歌多不留草偶有存者入列朝詩選

五峰園

在閶門下塘福濟觀後柳毅橋西明嘉靖間為長洲楊莊簡成尚書所治有五石峰名高二丈疑即五畝園中三老峯丈人峯觀音峯桃塢慶雲峯擎天柱所移此間俗稱楊家園至今其地猶稱楊家園子巷

蘇家園

在閶門内後板廠明萬曆間為 蘇懷愚御史所治園西北濱河河堤盡植柳楊因名楊柳堤循堤而西即蔡家橋風景絶佳後歸侍御李濯溪模改名密

庵舊築中有桃塢草堂芥閣諸勝初灌溪任明兵備道時祖大壽尚為微員有事當刑李解救得免迨清順治十六年海寇作難蘇郡有駐防之師領兵將軍即祖大壽也圈封民房以居兵自婁門直至桃花塢寶城橋止聽出後敞一隅緣後敞李灌溪與祖有舊誼故祖以此報之李沒後吳人建祠奉香火顏曰老和尚堂從其志也後常熟孫赤厓（暘）孝廉晚年由塞北戍歸移居芥閣亦桃塢寓賢園今皆夷為菜圃為郡中菜花最盛處相沿俗呼北園吳縣沈洪生朝初侍讀有江南詞云蘇州好城北菜花黄齊女門邊脂粉膩桃花塢口酒卮香處處弄笙簧

多木園

在寶城橋北明萬曆間公元一千五百七十三年至一千六百二十年為鄉貢顧雲龍所築中多喬木故名後御史蘇懷愚即在其舊址改建云

寄傲園

在齊門外明長洲劉廷美珏所構園中纍石如山故又名小洞庭珏號完菴工書畫郡守况伯律鍾聞其才舉為吏不就正統中領鄉薦授刑部主事遷山西按察使僉事居官多善政有完庵集

東園

在閶門外下塘花步里明萬曆間吳縣徐大來泰時

問卿所築中有太湖石高三丈餘嵌空玲瓏中夜有光名瑞雲峯相傳出自西洞庭為朱勔所采上有臣朱勔進四字會靖康亂未進棄諸河濱後吳縣陳司成齊家於橫涇之上堡治第宏壯按經藏數凡五千四百八十間堂前峯石五座其最巨者曰瑞雲層靈疊秀挺拔雲際誠巨觀也青烏家或言類火形不利宅主遂斷去六七尺猶高一丈餘初司成採自西洞庭渡河舟壞沉一石并沉一盤百計不能起土人云以泥築四面成堤用水車車水令乾凡用千有餘工石始出盤竟棄不能舉其後歸之烏程董用均份宗伯舁石至舟或教以擣芴葉覆地地滑省人力用芴

萬餘斤南潯數日內芴爲絶種載至前壞舟處石無故自沉乃從湖心四面築堤如司成沉石時築岸成堤架木懸索役作千人百計出之乃前所沉石盤非峰也更募善泅者摸索水底得之一里之外龍津合浦始爲完璧咸怪異以爲神計司成沉石時恰甲子一周會宗伯罷官遂訖宗伯之世置而未壘者二十餘年冏卿泰來即宗伯之壻載以歸吴之下塘所壞橋梁不知凡幾未幾冏卿捐館五峯高臥深林茂草中復四十年冏卿子清之中翰竟起之不逾年而清之死猶樹於廢圃屢經滄桑此石遂移入織造府至今巋然獨存亦云幸矣

西園

在閶門外治坊浜東明徐工部溶所構溶為太僕泰時子太僕先闢東園故以西園名之旋捨園宅後歸原寺在崇禎八年公元一千六百三十五年延茂林祇禪師開山改稱戒幢律院後燬復於清光緒十八年公元一千八百九十二年重建為戒幢律寺中有大雄寶殿羅漢堂陳列五百尊羅漢塑像為江南所罕有寺連園題曰西園一角有放生池池水清澈有亭曰月照潭心石梁枕水九曲相通軒廳寬敞茗話尤宜游釣其間俗塵頓釋洵佳境也

紫芝園

在閶門外上津橋明長洲徐振雅景文太僕少卿所治葺創自乃祖默川翁翁為人踈直坦衷豪舉好客樂義好施置田免里人之役多蓄書畫鼎彝名流哲彥文酒過從園初築時文太史為之布畫仇實父為之藻績一泉一石一榱一題無不秀絕精麗雕牆繡户文石青鋪綠金縷翠窮極工巧翁晚歲家漸旁落使泉石薜蘿厚顏蒙耻凡若干年迨嘉靖丙戌以後景文坐高華涉清要游者不敢闌入而後園始復為徐氏有矣當是時翁巋然黄髮猶及見其孫貴顯然後物其得於天者厚哉園凡若干畝居室三之池二之山與林木磴道五之峯三十六亭四洞三津梁樓

觀臺榭島嶼不可計創於嘉靖丙午公元一千五百四十六年修於萬曆丙申公元一千五百九十六年俗所云假山徐正得名於此園也後因兄弟構大訟遂不能有盡售與項煜至崇禎甲申居民以煜從闖義憤付之一炬靡有孑遺幸賴王徵君百穀為之記以存徐家故實也

項家花園

在閶門外石磐巷明崇禎間吳縣項水心煜詹事將徐氏紫芝園改築俗稱項家花園廣藏古翫名畫水心為崇禎進士官至詹事李自成據京師與倪鴻寶馬素相約死節水心被門生黎志陞挾之以見自成

遂受職自成敗竄歸被人執送留都繫獄以助餉得出後走四明土人執而沉諸河園亦燬於大

槐樹園

在南倉橋西七十步明皇甫信所治皇甫氏宋南渡時自朝那徙居以漢太尉食邑槐里樹兩槐曰槐樹卷四傳至信六世孫沖曾爲居第記今園雖廢而巷名依然

墨池園

在清道橋南明吳縣孔昭文鏞侍郎園第後圃有泉曰墨池相傳蘇文忠公曾洗硯於此因有是名中有碧漣亭蘇公署榜後歸李氏園雖易主其地至今猶

稱孔副使卷

梧亭

在孔副使卷俗稱孔夫子卷即墨池園舊址明弘治閶長洲皇甫世庸錄知府居治子沖涍汸濂亦居此中有晨熹樓為涍讀書處有亭翼然曰梧亭據梧吟詠塵俗頓消涍字子安嘉靖壬辰進士好學工詩負才名與兄沖弟汸濂吳人時稱四皇三張官至浙江按察僉事有皇甫少元集

月駕園

在西麒麟卷西三太尉橋明長洲皇甫子循汸所構汸為嘉靖己丑進士以吏部郎中左遷大名通判政

六十七

餘不廢吟詠尤工書法有百泉子緒論解頤新語皇甫司勳集後文學於叔夜治第即其園之一隅常熟錢簡棲希言亦居之繼為先和黄穀原均贊府宅

無夢園

在孔副使巷明長洲陳明卿仁錫祭酒別墅中有息浪見龍峯諸勝旁有又一村其宅在葑門内下塘有遠耀堂白松堂白松河南軒轅臺故物明卿奉使册周藩王以白松製帶贈之取以名堂按明卿號芝臺天啟壬戌探花授編修典誥勅以不肯撰魏忠賢鐵劵文落職崇禎初召復故官累遷南京國子祭酒其性好學喜著書有繫辭易經頌重訂古周禮四書考

史品亦函古文奇賞蘇文奇賞等書卒謚文莊

郭氏别業

在閶門外長蕩東明郭少卿仁所築其址即歸原寺舊基樓榭輝煌林木陰翳稱偉觀焉

息園

在因果巷即顧氏依園舊清金匱錢棨溪鋒參軍購而葺之中有妙嚴臺相傳為梁簡文帝女妙嚴公主葬此嘉慶十三年濬池得古碣是四至界牌知唐宋時尚有防護也十六年又添建錢武肅以下五王家廟于前北向有江蘇方伯慶公碑記

月湖别業

在婁門外北塘周和山南明孝子莫存義所建徐沂記云孝子授徒養親舊地歲久圮為徑路今名莫家衖是也

竹梧園

在舊學前明長洲顧醉竹汝玉築中有亭池樹石之勝復改為父子鄉賢祠祀汝玉子太保其志孫節愍繩詒孝行廷錡瑾祔載顧承錄按其志宅在苑橋巷

歸氏園

在苑橋巷石子街北明歸太學湛初所治洞石玲瓏有堂顏曰米丈後歸水部胡汝淳易顏曰洽隱山房

高酣亭

在天賜莊旁明長洲顧巖叟宗孟御史所築文文起震孟閣揆題額清崇明施贊虞何牧吏部僑居於此焚香吟詩脩然絶俗

雅園

在史家巷南一名榿林小隱明長洲顧小阮予咸吏部所構水木渟泓脩然絶俗中有虹橋春漲綠沼荷香明致桐陰卧雲石壁渚閣朝煙荷亭晚霽爽軒叢桂曲徑寒梅八景顧彝年廣文有詩詠之現温家岸范揆臣孝廉所購宅第即雅園一角故其門楣曰鄰雅舊宅園雖廢久而其遺址至今猶呼雅園衕

依園

在閶邱坊巷南清長洲顧嗣協大令所構以與父子咸雅園相依得名有暢軒話雨軒學詩樓諸勝每集騷人韻士為勝會金侃潘鏐黄份金賁蔡元翼曹基與之往還酬唱最多時人稱為依園七子園廢尚有依園里遺名

秀野園

在乘鯉坊為清長洲顧俠君嗣立庶常所築有秀野草堂大小雅堂因樹亭野人舟閶邱小圃諸名額極水木亭臺之勝俠君以風雅負天下望聚賓朋酬唱於此性豪於飲時目為酒帝輯元詩選詩林韶濩注韓溫詩自著有秀野集閶邱集葉燮朱彝尊並為之

記

芳草園

在齊門内定跨橋北石皮衖明長洲顧青霞凝遠諸生築青霞為九思孫工畫於古今典籍無所不窺愛蓄商周秦漢法物一時名士多與之交至清初為長洲周靜善荃觀察所居康熙時崑山徐健菴乾學司寇得之乾隆初歸金明經傳經其半歸陸氏更名廉石山莊

寶樹園

在臨頓里石子街北本為明歸湛初米文堂胡汝淳得之改為洽隱山房清初圮敗歸於長洲顧空五其

七十

蘊重事締構以多植山茶佳種得名李雯為之記其蘊本復社中人明亡後絕意仕進日與尤侗沈荃宋實顥輩飲宴賦詩以寄其志其孫秉忠築安時堂於宅中並有結衡草廬澄碧亭芥圃諸勝韓驥為之記庚申劫後安時堂歸機織局園亦荒廢俗呼顧家花園今猶存殘沼一區

鳳池園

在鈕家巷相傳周宣王時為春伯十六世裔孫吳武真第宅有鳳集其家中有池沼因名鳳池清康熙間長洲顧伊在汧中丞所居題名鳳池園伊在為天朗子號芝巖康熙進士累官河南巡撫坐事罷起歷宗

人府丞致仕卒有鳳池園集其後西偏劃歸吳縣潘槐堂世恩太傅世恩號芝軒乾隆癸丑進士授修撰累官體仁閣大學士加太傅直樞廷幾三十年年八十有六子孫科第踵武極人爵之榮卒謚文恭有思補堂集

按顧都憲汧鳳池園在鑾駕巷俗呼鈕家巷汧自中州歸得顧氏舊園重修治之益擅名勝汧自有記令其東歸陳大業易名省園蔣元益有記其西歸大學士潘世恩名仍其舊

淡園

在白塔子巷明長洲顧君甯國本貢生營構隱居不

仕日集名流詩酒其間國變後憂悒而卒私謚貞孝

按園在西白塔子巷瓦爿街以甃瓦爲街故名

傳硯堂

在甫橋西街清長洲顧兆槐濟美中丞第宅中有吉金樂石之齋金粟齋吟香閣白雲深處心妙軒據梧樓諸勝濟美號怡齋由貢生官雲南通海縣有鐵面青天之頌陞嵩明州雍正時擢浙江鹽驛道乾隆時陞甘肅按察使調福建按察使旋擢布政使調廣東護巡撫篆卒於官

辟疆小築

在定慧寺巷蘇公祠旁俗稱小辟疆園爲長洲顧湘

舟沈明經所構湘舟為濟美中丞曾孫道光間官教諭收藏舊籍及金石文字甲於三吳庚申之劫其書畫為丁日昌所得其先世蒙世祖福臨頒賜古硯因顏所居曰賜硯堂輯刊賜硯堂叢書四集

怡園

在卧龍街尚書里清同治十一年公元一千八百七十二年元和顧子山文彬方伯所建園之東部本為明代吳匏庵寬尚書舊宅西部由顧氏擴充子山以頤性養壽乃名怡園中有玉延亭四時瀟洒亭坡仙琴館石聽琴室歲寒草廬拜石軒玉虹亭石舫鎖綠軒屏風三疊小滄浪螺髻亭慈雲洞抱綠灣絳霞洞

七十二

金粟亭藕香榭鋤月軒南雪亭梅林碧梧棲鳳遯窟舊時月色面壁亭畫舫齋松籟閣湛露堂諸勝安置妥貼疏朗宜人並能吸取各園優點融為一爐湖石玲瓏隨意點綴突破成規深得自然之趣由於年久失修顧氏裔孫自動捐獻國家蘇市人民政府重加修葺業已供廣大羣衆游覽矣

洽隱園

在北顯子巷清長洲韓幼明馨徵君卜築購自歸氏廢園為栖隱地顏曰洽隱往來觴詠皆遺民逸士世艷稱之其中小林屋尤踞勝慨洞故倣包山林屋石牀神鉦玉柱金庭無不畢具游其中者幾莫辨為贋

心之運矣繼歸倪方伯蓮舫咸豐辛酉年公元一千八百六十一年燬於兵燹

蔥蔭園

在臨頓路北顯子巷即韓氏洽隱園舊址清咸豐辛酉後合肥李少荃鴻章撫蘇時奏購為忠烈程公祠並築皖山別墅為安徽同鄉宴息之所時合肥蒯子範德模太守增構漁舫棕亭而張振軒撫吳少荃又續籌鉅款畀趙宗道從事修葺會寶應王幼軒凱泰中丞來作寓公題成八景曰柳影繫舫松蔭眠琴屏山聽瀑林屋探奇藤崖佇月荷岸觀魚石竇收雲棕亭霽雪現小林屋依然存在餘屋已為學校矣

歸田園

在婁門内迎春坊明季吴縣王純甫心一侍郎所創其西即陳相國之遴拙政園陳既敗更數主為葉蔣二氏所有土人競指歸田園為拙政園非也中有蘭雪堂泛紅軒竹香廊諸景古木參天池清石秀其後人彭齡商賢與商山吴伊仲翌鳳交時過從商賢没後而園亦摧敗零落相傳王氏欲售於人屢矣輒見紅袍紗帽者隱約其間或呼嘯達旦似不能割者人亦莫敢得也據錢梅溪泳履園叢話云余少時常見侍郎與蔣伯玉手札其時崇禎十六年之十二月廿四日書中言小園一花一木皆自培植乞分付園丁

時加防護云云其明年侍郎即歸道山宜一靈之不泯耳今王氏子孫尚居其中者

按歸田園鄰拙政園王侍郎心一所構中有蘭雪堂崇禎己亥築又有泛紅軒竹香廊諸勝今園已廢而基址尚存

二株園

在周五郎巷為明季吳縣徐貫時柯諸生所築父浙殉節後遂杜門不出四方賓從文酒宴會有貴公子風尤長於詩兼工書法花木之盛與范家園爭勝貫時又有三千六百釣臺在臨頓路北亦其隱居處門聯有第五司空不妄諂斛斯校書翻倒懸其室聯有

酩酊思中山千日突兀見廣廈萬間載諸瓜涇譜傳

醉穎堂

在寶林寺前東為明吳縣袁繩之祖庚憲副所構旋為長洲文文起震孟相國第宅改名文衙衕有明綸堂園中正廳即其讀書處鼎革後萊陽姜如農埰給事寓居更名敬亭山房中有棗樹數株其長子安節添築思嗜軒仲子實節闢為藝圃有延光閣東萊草堂餺飥齋念祖堂暘谷書堂愛蓮窩四時讀書樂樓香草居紅鵝館六松軒改過軒繡佛閣響月廊度香橋南村鶴柴朝爽臺垂雲峰乳魚亭諫草樓諸勝王士禎陳維崧吳綺皆為賦詩汪琬為文記之後歸綱

業公所改名七襄重加修葺池中荷花尤為著名其種為太平天國軍人從湘移植更築博雅堂聽函室雙聲室别饒幽趣兹亦收歸市有矣

香草垞

在高師巷明長洲文啟美震亨中書就馮氏廢園營構對面即其曾祖徵明之停雲館也初徵明拓宅其間有百牕樓因四面皆牕故也至啟美添築四嬋娟堂繡鋏堂籠鵝閣斜月廊眾香廊玉局齋嘯臺喬柯奇石方池曲沼鶴棲鹿柴魚牀燕幕以至纖筠弱草盎峯盆卉無不被以嘉名入清歸湖西主人陸純錫貢生居之後漸廢光緒間歸江甯鄧氏全非舊跡矣

圓嶠仙館

在懸橋巷初為明季高士徐元歎宅國變棄家入鄧山讀書以其宅與外孫許眉叟改築圓嶠仙館精雅宏敞子陶村太史為雍正癸丑翰林乞假歸娶詩有還家圓嶠即蓬壺之句家居不仕以著書自娛曾孫也秋進士大鋐杜門授徒又營來鶴亭碧梧龕諸勝後歸諸生祝壽眉葺為琢園別業案許眉叟清初時變易姓名為沈洽入吳邑庠後復姓許氏見吳縣葉調生廷琯孝廉所著鷗陂漁話

繡谷園

在閶門內後板厰清初長洲蔣樹存深刺史築初深

之祖垓成進士後隱居讀書偶課園丁薙草土中得一石有繡谷二字作八分書遂以名其園園中亭榭無多而位置頗有法相傳為王石谷手筆也康熙三十八年公元一千六百九十九年深嘗集郡中諸名宿作送春會坐中年最長者為尤西堂朱竹垞兩太史張匠門惠天牧徐澂齋諸先生尚為諸生畫師則王石谷楊子鶴方外則目存上人是時沈歸愚尚書年纔二十七居末坐賦詩作畫為一時之盛深子仙根亦耽風雅乾隆三十四年公元一千七百五十九年又作己卯送春會則以沈尚書為首座矣世傳張憶娘簪花圖即於是圖作也嘉慶中為葉河帥觀潮

七十六

所得道光元年公元一千八百二十一年又歸南昌謝椒石學崇觀察作板輿之奉旋復為婺源王鳳生昶都轉所有先是蔣氏欲將是宅出售他姓猶豫未決為問于乩仙仙判一聯云無可奈何花落去似曾相識燕歸來是宋人晏同叔句也而不解其義迨歸葉氏則上句應矣後葉氏轉售于謝謝又售于王則下句應矣異哉此園雖屢易主而繡谷餞春韻事猶傳至今云

桃李園

在南濠談家巷興隆橋明某貴人葬此不敢起屋僅存一塲尚有古樹一株載吳鶴書記

寒碧山莊

在閶門外花步里清嘉慶初東山劉蓉峰恕觀察移居于此園為有明徐冏卿泰時東園故址園之東北有東園衖恕性愛石園中聚奇石為十二峯曰奎宿曰玉女曰翁帽曰青芝曰累黍曰一雲曰印月曰獼猴曰鷄冠曰拂神曰仙掌曰干霄皆自為名而屬崑山王孟養學浩孝廉為之圖嘉定錢曉徵大昕宮詹題曰花步小築吳縣范翰尊來宗編修為之記同治十三年公元一千八百七十四年改建二程夫子祠

留園

在閶門外五福路俗稱留園馬路清光緒二年公元

一千八百七十六年武進盛旭人 康方伯購得於東山劉氏仿袁子才枚太史得隋園曰隨園例音同字異易劉園名留園大加修葺有涵碧山房洞天一碧揖峯軒石林小院聞木樨香軒綠蔭亭半野草堂自在處遠翠閣佳晴喜雨快雪之亭花好月圓人壽軒仙苑停雲又一村亦吾廬又增闢東西兩園廣袤約四十餘畝俞樾太史為之記

吳門園墅文獻卷二

勾吳　范廣憲文藪　君博輯

滄浪亭記

銅山蘇舜欽子美

予以罪廢無所歸扁舟南游旅於吳中始僦舍以處時盛夏蒸燠土居皆褊狹不能出氣思得高爽虛闢之地以舒所懷不可得也一日過郡學東顧草樹鬱然崇阜廣水不類乎城中並水得徑於雜花修竹之間東趨數百步有棄地縱廣函五十六尋三面皆水也杠之南其地益闊旁無民居左右皆林木相虧蔽訪之舊老云錢氏有國近戚孫承祐池館也坳隆勝概遺意尚存予愛而徘徊遂以錢四萬得之構亭北

碕號滄浪焉前竹後水水之陽又竹無窮極澄川翠幹光影會合於户軒之間尤與風月為相宜予時榜小舟幅巾以往至則灑然忘歸觴而浩歌踞而仰笑野老不至魚鳥共樂形骸既適則神不煩觀聽無邪則道以明返思向之汨汨榮辱之場日與錙銖利害相磨戛隔此真趣不亦鄙哉噫人固動物情橫於内而性伏於外寓於物而後遣寓久則溺以為當然非勝是而易之則悲而不開惟仕宦溺人為至深古之才哲君子有一失而至於死者多矣是未知所以自勝之道予既廢而獲斯境安於冲曠不與衆驅因之復能見乎内外得失之源沃然有得笑傲萬古尚未

能忘其所寓故用是以為勝焉

崑山歸有光熙甫

浮圖文瑛居大雲庵庵環水即蘇子美滄浪亭地也亟求予作滄浪亭記曰子美之記記亭之勝也請子記我所以為亭者余曰昔吳越有國時廣陵王鎮吳中治園於子城之西南其外戚孫承祐亦治園於其偏迨淮海納土此園不廢蘇子美始建滄浪亭最後禪者居之此滄浪亭為大雲庵也有庵以來二百年文瑛尋古遺事復子美之構於荒煙殘滅之餘此大雲庵為滄浪亭也夫古今之變朝市改易嘗登姑蘇之臺望五湖之渺茫羣山之蒼翠大伯虞仲之所建

闔閭夫差之所爭子胥種蠡之所經營今皆無有矣庵與亭何為者哉雖然錢鏐因亂攘竊保有吳越國富兵强垂及四世諸子姻戚乘時奢僭宮館苑囿極一時之盛而子美之亭乃為釋子所欽重如此可以見士之欲垂名於千載不與澌然而俱盡者則有在矣文瑛讀書喜詩與吾徒游呼之為滄浪僧云

重修滄浪亭記

商邱宋犖牧仲

余來撫吳且四年漸與吏民相安於無事而吏民亦安余之簡拙事以寖少故雖處劇而不煩暇日披圖乘得宋蘇子美滄浪亭遺址於郡學東偏距使院僅一里而近間過之則野水瀠洄巨石頹仆小山聚翳

於荒煙蔓草間人跡罕至余於是亟謀修復構亭於山之巔得文衡山隸書滄浪亭三字揭諸楣復舊觀也亭虛敞而臨高城外西南諸峰蒼翠吐欱檐際亭旁老樹數株離立挐攫似是百年以前物循北麓稍折而東構小軒曰自勝取子美記中語也迤西十餘步得平地為屋三楹前互上岡後環清溪顏曰觀魚處因子美詩而名也跨溪橫略彴以通游屐溪外菜畦民居相錯如繡亭之南石磴陂陀欄楯曲折翼以修廊顏曰步碕從廊門出有堂翼然祀子美木立其中而榜其門曰蘇公祠則仍舊屋而新之余暇輒往游杖屐獨來野老接席鷗鳥不驚胸次浩浩焉落落

三

焉若游於方之外者或者疑游覽足以廢政愚不謂然夫人日處塵坌困於簿書之叢纆神煩慮滯事物雜投於吾前憧然莫辨去而休乎清冷之域寥廓之表則耳目若益而曠志氣若益而清然後事至而能應物觸而不亂嘗誦王陽明先生詩曰中丞不解了公事到處看山復尋寺先生豈不了公事者其看山尋寺所以逸其神明使不疲於憂煦故能決大疑定大事而從容暇豫如無事然以余之駑拙何敢望先生百一而愚竊有慕乎此然則此亭也僅以供游覽歟亭廢且百年一旦復之主守有僧飯僧有田自是度可數十年不廢嗟乎當官傳舍耳余有時而去而

斯亭亡恙後之來者登斯亭豈無有與余同其樂而謀所以永之者歟子美事詳宋史與兹亭之屢興廢宜别有記者皆不書經始乙亥八月落成以明年二月買僧田七十畝有奇並著之碑陰令後有考

其二　長樂梁章鉅茝林

予初由淮海道任兩權蘇臬過滄浪亭下惜其傾陊思復焉皆以瓜代去未果丁亥春藩牧是邦簿書稍暇謀諸大中丞安化陶公暨郡守江夏陳君鄒平李君等僉曰可遂庀材鳩工扶仆易朽凡六閱月頓還舊觀宜有記按亭址本吳越錢氏宋蘇子美得之創置亭名厥後屬章公又屬韓蘄王更數百年荒蕪已

甚至我朝商邱宋公撫吴重新梲桷仍挈而歸之子
美從其朔也雖然天下事苟可傳布不關乎名位豪
貴如唐裴晉公李贊皇勲業爛然乃午橋平泉遺迹
或無考而北渚之歷下亭孤山之放鶴亭訖今如故
足徵畸士嘯歌動人憑弔為倍深地係乎美而不係
章韓猶此志哉且商邱肇修以後踵而行者不乏人
士大夫祇艷稱商邱意者尋常與藝亦有幸不幸之
數存乎抑吴人眷懷商邱非僅以亭乎則一亭之修
而異日民情因之可見其何敢不勖焉顧予營是役
不特侈觀美耽燕游所弗願焉即好古自命振厲風
雅與商邱輝映後先尚無與於敷政庇民之要竊謂

守土吏惟舉墜補闕戒因循耳前既葺可園以恢講舍修名宦祠以崇祀典近後有疏濬吳淞之役而亭適落成蓋斯亭為純廟宸蹕所經天章頒寵照耀川谷倘失時不治久益荒廢將何以宣上德況伏覩聖製濯纓託意而諄飭於大法小廉勉實副名是尤予小臣循環莊誦夙夜求所以報稱而無負者矣亭左舊有子美祠暨蘄王商邱二祠皆為整飾並有蹕路之東規取隙地為同人觴詠之所均略識其興復緣起於石若吾宗伯鷺先生寶吳門寓公之首高風遠韻奕世瞻仰乃就亭側建樓奉其祀俾他日修亭即兼修之庶永永無替事當別記不備書

五

其三

合肥張樹聲振軒

蘇子美滄浪亭自宋至明季興廢之不常也久矣國朝康熙間宋中丞犖葺而復之為觴詠之所風流文采藉甚於時迨巡撫吳存禮恭奉聖祖皇帝賜詩御書勒碑建亭於其地高宗南巡駐蹕留題即滄浪自取之旨往復申警訓誡臣工於是縉紳學士壤叟衢童與夫寓公過客遠方之人莫不瞻眺歎誦以斯亭為寵而官斯土者與守景式尤不敢以或忘道光丁亥布政使梁公章鉅重修巡撫陶公澍復得吳郡名賢畫像五百餘人鈎摹刻石建名賢祠於亭之隙地每歲以時致祭蓋祠與亭不相襲人之指目者猶曰

滄浪亭云同治癸亥樹聲治軍來吴維時公私百物
一切蕩盡求所謂亭者已不可復指識壬申八月被
命權撫是邦則壇廟祠宇公廨試院官司所有事者
皆次第修建而是亭亦初作越歲重來工作告竣將
舉祀事於名賢祠先期往觀近水遠山光景會合益
歎昔人之善於名狀疊石之上有亭翼然可以登眺
者即滄浪亭也亭之後南向三楹地最爽塏取子美
記中觀聽無邪則道自明之語名曰明道堂堂右偏
北即祠其他軒館庭榭或仍舊題或隨今宜而面橋
臨流閉閣北向顏曰五百名賢祠者則名屬諸祠實
亭所從入之門也西南盡處有佛龕曰古大雲庵別

六

南其户以通街巷庵隸於亭凡所有事庵僧司之大抵令所建者唯亭在山巔仍宋中丞之制餘則以意為之不特非子美舊觀矣然邱壑景物土木之勝僉謂視昔無遜焉嗚呼吴中於東南都會最號繁盛名園古墅梵宇琳宫往往前代之遺閱世而不廢獨粵逆之亂為犬豕窟穴者四年汙敗毁滅殆盡滄浪亭垂今千載靈秀所鍾宸翰天章重光果曜即名賢祠創建以來亦為邦人耳目所屬規度興復宜若無待於今兹然而亂定以還訪遺補佚至十年之久始謀厥成此非以物力之艱而事之興廢固有其時哉是役也布政司恩君錫署廵撫時實始創議而集費則

前署布政使按察使應君寶時監作則候補知府錢
寶傳劉文棨直隸知州延常五凡用人之力六萬一
千五百工有奇良村堅甓金鐵丹漆之屬其用材略
相當焉落成之日城鄉來觀咸樂還承平之舊亦遂
忘勞費之多蓋諸君之用心惟兢兢焉以作無益害
有益是懼故攷成而勸勤用嗇而度豐其慊於人心
也如此樹聲竊願覽斯亭也因建重之匪易益思名
德之必不終湮勉實循名欽承列聖彝訓都人人景
行先哲羣有奮乎百世之心治道懋而風化興於以
上近天和阜成民裕百廢其舉將遠追百年以前之
隆則是亭之成實為之兆其非奢望也天其尤當共

勉也夫

遊南園滄浪亭記

元和　袁學瀾春巢

乙丑暮春廿七日同子清杰游南園桃菜花已殘芳柳被隄風煖草熏遠近一碧尋流水居已述其處巳家園赤蘭祠傾圮不堪遊矚陳氏又一村鉅宅燬為軍營四圍立柵乃繞出其旁尋大雲庵詢野童云近為軍械局禁行人其旁得小庵有老禪闍深居之舊主大雲庵方丈者善草書得長沙遺法藉以自娛於庵之被燬為局淡焉漠焉是真能空諸所有者也出門迤西訪羊太守元保祠拆無寸椽西道堂改築偽酋府極雄壯亦為軍火局經南禪寺綠樹成陰入中

州三賢祠都料匠聚為工作所殘毀過半登滄浪亭老樹當堦殘碑仆草石棋枰蕪没荊棘中望郡學巍然新建隔岸紫正兩書院及可園僅存敗堵目之所見蓋無非毀者有二客于于來持籠鳥置石上坐聽其啁啾囀春有寒鴉作陣飛集於郡學林木客指謂余曰此鴉從闕外隨撫軍招販牛而來留此弗去者余為誦蘇叔黨牛帶寒鴉過村句以證之詢及五百名賢祠云毀盡石碣為民家作甃甓矣又指兩石橋為王雪軒方伯時所建以通遊履夾岸雜樹桃柳修葺甫竣而亂作焉今已蕩為邱墟榛莽欲訪尋舊日之池臺亭館已渺不可得矣而況於春游士女鶯花

八

裙履讌集笙歌之陳迹哉在昔錢氏據有吳越廣陵王元璙治第於子城西南創立苑囿經營三十年花木亭臺盛甲一時其近戚節度使孫承佑亦治園於其旁迨淮海納土園尋曠廢或鉏為菜圃清池喬木往往雜次於民居所在皆有游者過之每歎息其富貴榮華之不可常享如此繼子美而居者有章申公增築山亭買黄土錢費至三萬緡紹興間韓蘄王統兵過吳以軍檄脅奪之章氏窘迫獻園百口一朝駭散則以園亭之美致遭脅奪之禍又何取焉其後為大雲庵禪者居之僧文瑛復改築滄浪亭國初商邱宋中丞增葺之令復夷於粵寇園之興廢成毀與時

轉移循環無休息居之者非一人惟長史以罪廢遊吳買地築亭僅以吟弄風月藉忘其放廢之憂求其自勝之道寂寞人世較諸元璙申公蘄王諸人其勢位之懸殊殆不可以數記而諸人者乃皆不為世所尚至今滄浪之名常籍籍於人口有不與臺榭俱毀則以斯人之文章品節能卓然自立於天壤為百世師表地以人重有非兵燹之所能磨滅者也則夫士生斯世其亦勉求為自立不可磨滅者斯可已矣

可園記

涇縣朱珔玉存

余於丁亥春主吳中正誼講席初至見檐宇規制俱備獨寢室隘甚西偏有園頗敞而近供使節讌集之

需漸斂損同年梁茝林方伯涖任乃稽故牘仍還之書院并加繕葺自為記竊以弦誦之地為優戲之場不可也師弟子所周旋為賓從僕隸所踐蹂不可也方伯此舉誠知大禮哉工竣余移寓始與園習園之堂深廣可容堂前池水清泫可挹故顔堂曰挹清池畝許畜儵魚可觀兼可種荷緣涯磊石可憩左平臺臨池可釣右亭作舟形曰坐春艫可風可觀月四周廊廡可步出廊數武屋三楹冬日可延客曰濯纓處蓋園外隔溪即滄浪亭故援孺子之歌可以濯纓也迤北復有小園有小池池上啟軒列碑五六可考襃跡餘内舍可讀書可居眷屬而園境盡矣或曰世之

置園者率務侈曲榭崇樓奇花美木不可殫狀而今
殊樸略謂之園可乎余曰可哉園囿以可名也嘗論
聖人無可無不可而孟子稱孔子仕止久速胥準以
可曾論紀子貢之問貧富曰可子桑伯子之簡亦曰
可兩者似僅可之詞雖然當其可之謂理通於可之
謂義可無多求耳季文子三思而子曰再斯可言大
過則不可也晏子以君所可臣亦曰可而非語近偏
若必否其所可虞廷安得有都俞且天下可行而不
可藏不喧而不可寂者皆非素位如余園陋正值乎
可上則上之時矣凡居處服御宜亦苟可以安而止
則斯園也於分為稱唯既忝擁皐比可者與之不可

十

者豈庸拒之在誘其不可以進於可是余之責也夫方伯記但叙創建新修之由他未及故為補述吾又聞可園本名樂園取之諸知仁樂山水而人或誤為行樂之樂乾隆間大吏謂行樂不可訓也遂易之曰可園云

墨莊記

長洲李果碩夫

朱君愚溪比部員外草園公之六子博雅好古居郡城之南新治小軒於其堂之後藏書頗多遂取宋人劉式事以墨莊名之而揭岳忠武王書墨莊二字重摹勒石軒前嘉木蒼鬱多叠石為小山絕壁下有清池每雨過投以石觸擊有聲與池水相激越息機靜

對彷彿游魚鳴鳥時來窺人軒之化牆外為崇阜當
風日晴朗雲霞澄鮮遥望西北秦餘穹窿諸山浮青
翕黛披襟挹爽其境若與書卷相融洽非必鶩遠凌
危夸奇競秀以求嶁巖穹谷於數十里之外此豈易
得哉前輩謂文人未有不好山水蓋山水遠俗之物
也俗者與道相背俗遠而後可以讀書研理可以見
道俗不遠前求諸可以超曠之境於以滌塵氛而遺
世垢今愚溪之居雖不離城市而心固常在邱壑之
間宜其所好之有以異於俗也墅莊者式於大宗朝
掌邦計有年身後惟遺書數千卷夫人指謂其子此
乃父墅莊也其後人若献放並起高第為名臣愚溪

十一

之所以名軒者以此若忠武書忠義之氣如見昔人
已言之茲不具論云

網師園記　　長洲彭啟豐芝庭

予妻弟魯儒宗元築園於滄浪亭之東名曰網師
沈尚書曾爲之記方其以養親歸也有隱居自晦之
志既親没終喪再上長安授天津道鞅掌王事而田
園之樂荒矣適予歸里復裴裒至止俯仰之間鳥啄
於林魚游沼而昔時絲竹之聲詠吟之會不可復得
爲憮然者久之予嘗泛舟五湖之濱見彼之爲網師
者終其身出没於風濤傾側中而不知止徒志在得
魚而已矣乃如古三閭大夫之所遇者又何其超然

志遠也魯儒於斯二者將何從焉

網師園記

嘉定錢大昕辛楣

古人為園以樹果為圃以種菜詩三百篇言園者曰有桃有棘有樹檀非以侈游觀之美也漢魏而下西園冠蓋之游一時誇為盛事而士大夫亦各有家園羅致花石以豪舉相尚至宋而洛陽名園之記傳播藝林矣然亭臺樹石之勝必待名流讌賞詩文唱酬以傳否則辟疆驅客徒資後人嗢噱而已吳中為都會城郭以內宅第駢闐肩摩趾錯獨東南隅負郭臨流樹木叢蔚頗有半村半郭之趣帶城橋之南宋時為史氏萬卷堂故址與南園滄浪亭相望有卷曰網

十二

師者本名王思曩三十年前宋光祿慤庭購其地治別業為歸老之計因以網師自號並顏其園蓋託於魚隱之義亦取巷名音相似也光祿既沒其園日就頹圮喬木古石大半損失惟池水一泓尚清澈無恙瞿君遠村偶過其地懼其鞠為茂草也為之太息問旁舍者知主人方求售遂買而有之因其規模別為結構疊石種木布置得宜增建亭宇易舊為新既落成招予輩四五人說讌為竟日之集石徑屈曲似往而滄浪渺然一望無際有堂曰梅花鐵石山房曰小山叢樹軒有閣曰濯纓水閣有燕居之室曰蹈和館有亭於水者曰月到風來有亭於厓者曰雲岡有斜

軒曰竹外一枝有齋曰集處皆遠村自營手畫而名之者也地衹數畝而有紆迴不盡之致居雖近塵而有雲水相忘之樂柳子厚所謂奧如曠如者殆兼得之矣園已非昔而猶存網師之名不忘舊也予嘗讀松陵集賦任氏園池云池容淡而古樹意蒼然僻不知清景在盡付任君宅輒欣然神往今乃於斯園遇之予雖無皮陸之詩才而遠村之勝情雅尚視任晦實有過之爰記其事以繼二游之後古今人何遠不相及也

揖青亭記　長洲尤侗　同人

亦園隙地耳間有樓閣予曰無有有廊榭予曰無有

十三

有層巒怪石乎曰無有無則何為乎園園之東南歸然獨峙者有亭焉問有牕櫺欄檻乎曰無有有簾幙几席乎曰無有無則何為乎亭曰凡吾之園與亭皆以無為貴者也月令云可以居高明可以遠眺望夫登高而望遠未有快於是者忽然而有丘陵之隔焉忽然而有城市之蔽焉忽然而有屋宇林莽之障焉雖欲首接青天皆決滄海而勢所不能令亭之内既無樓閣廊榭之類以東吾身亭之外又無邱陵城市之類以塞吾目廓乎百里邈乎千里皆可招其氣象攬其景物以獻納於一亭之中則夫白雲青山為我藩垣丹城綠野為我屏裀竹籬茅舍為我柴栅名花

語鳥為我供奉舉大地所有皆吾有也又無乎哉由斯以論雖有亭如沉香不以易吾亭園如沁水不以易吾園矣或曰亭名揖青者何亭之西南欲然相望者有山焉亭為主人則山其客也吾聞山有木工則度之賓有禮主則揖之惡有終日相對而不以禮相接者乎米南宮云吾何嘗拜乃揖之耳

水哉軒記　長洲尤侗展成

家有小園十畝之間中有池占其半焉予閒居多暇構軒其上顔曰水哉每客至則與主而望坐而嘻飲食盤桓高卧而不能去也客曰仲尼亟稱水哉水哉子又何取於水也予曰吾何取哉夫水之為物也太

矣海有四湖有五江有三澤有七推而至於津梁溪渚溝洫涇瀨之類不知其幾千萬也今以吾池當之不猶之載氛埃乘漂塵乎雖然方吾與子枕流而洗耳淩波而濯足清風生於蘋末明月照乎漣漪鴈鶩交飛魚蝦瀺灂邈然自得不知崖涘雖納四海五湖三江七澤於其中而曠若有餘也即安得以海若河伯之見傲我濠上乎水哉水哉亦取諸此而已若夫當暑而澄凝冰而洌排沙驅塵蓋取諸潔上浮天際中隱靈居窈冥怳惚蓋取諸虛肩雨奔雲穿山越洞鏗訇有聲蓋取諸動潮迴汐轉瀾合淪分光采泥漾蓋取諸文客曰子之取於水也恒矣予曰有進吾嘗

學易而感焉乾坤之後屯蒙需訟師比其配皆水也六十四卦彖涉用者十有二三至於終篇一曰既濟再曰未濟厥旨何居賢人出險聖人入險見險能止蓋取諸坎客曰大乎水哉旨哉子之取於水也其有憂患乎甚矣吾子之似夫子也

寫韵軒記

長洲王芑孫念豐

唐人所載吳彩鸞寫韵及夫婦跨虎入新興山中事類乎神仙誕謾者所為然彩鸞所書韵本至今往往在人間虞伯生亦記成都寫韵軒遺址豈當時果有是人而非盡妄歟抑豈其人逍遥物外如莊子所稱有道妻乎常得佚樂者世或不曉而徒以仙者艷之

十五

歟又豈其人有所不適于中不能如萁鈇梁鴻之用晦遯然蜚遯蹟涉荒怪乃自詭於仙歟又豈飲食男女雖仙人者不免不得已而託諸世間文字以傳歟獨怪彩鸞以書自見而文簫者無所知名豈文簫固能銷聲匿影葆真閟光以與夫悠忽希夷者游於無何有之鄉而彩鸞乃不免以書見蹟余嘗上下其事求其説而不得爲儻然者久之余婦墨琴少而好詩長而好書既歸余困甚居京師十有餘年朝士大夫求書者日至於門或以充四方餽遺墨琴朝夕劬悴硯席間所作書輒自署寫韵軒今大學士諸城劉公因爲作三大字懸諸室頃之余出爲華亭校官墨琴

從余渡泖又三年余上春官不第復還余既瓠落無容倦於再出而墨琴亦飄然有偕隱之心其年秋遂葺治鮮門老屋為菟裘以待老仍以劉公所書三字榜之於是有好事者為作寫韻軒圖雖然彼彩鸞夫婦何如人余卒不得而知之也聊記其說以俟知者諗焉

移居圖記

元和朱綬仲潔

吾自辛巳四月始從縣橋老屋移居幽蘭巷之東蔣君子延繪圖為贈卷在郡城之中少偏於西南地甚湫隘與販脂賣炭者相雜處吾之所以為居者門不能容一騎有堂無軒手可接檐上瓦庭方不四五尺

十六

不宜蒔花果有樓曰楹上貯積書聚妻子於下衣裓之屬無所置堂之前有簃卑於堂者又尺許牆外為鄰爨風吹突煙輒入户就樓左隙地創二小屋安灶觚可煮粥飯有井可汲有桑樹曲陰其上凡夫湢浴之室米鹽酒罌之所度皆闕如也吾所為居者如是子延之圖卽壑深窈林木虧蔽固與吾所居不類也烏虖吾竊囙之感身世矣方吾年少氣銳謂科名可庋契致少抒吾胸中所欲為者退耕於隴畝之内既連試有司不得志則又思山巔水涯結數椽屋如今茲圖中之所有者嚮固嘗為子延言之也年過三十幽憂憔悴不得已而卜居於此如鷦鷯棲於一枝之

上烏序是豈吾志也哉城東舊廬先人所手築經營拮据垂四十年始克有此子孫不能保一旦委去此又吾所爲隱痛者也凡人不經危苦則懼心不生吾數年來内訌外侮流離極矣今茲之僅有此居猶是先人之澤之所爲留也其何敢不詘然知止而游思於不可必得如所畫之所有者哉雖然鮮溪之濱吾先祖之所游釣也南北兩莊基之間又吾父母妥骨之所近也其地背臨水而宜漁有竹樹之勝他日者終將擇鄰於是以寫吾志則又以斯圖爲息壤之盟已是爲記

移居第二圖記　同前

十七

余居城西幽蘭巷之次年春疹秋瘖親舊慰問咸謂門兆不吉商所以易之者余聽然笑曰此天地之邪氣適相值而吾身自有所受耳於宅何尤然以其近市而湫隘也亦厭苦之沈君式如來告余其鄰有李氏廢園者方覓主可卜居也余固甚好園居而力不能構問其直五百緡與今所居適相抵因過而周覽之屋卑淺且甚頹損而池水一泓廣可及畝喬木五六株皆百年物屋皆繞池軒户洞達池旁有隙地可雜樹花竹瓜蔬之屬私自省曰是宜為余所居矣考諸舊志是為孔氏園俗所稱墨池園也明末歸周嘉定清初既割嘉定宅為南織造局而李之先得其餘

地仍之以為園今余所欲居者又園之一隅也水木清華悠然有會償券如數遂於又次年三月廿有一日移家具焉嗟乎余幽憂憔悴之人也身世交棄已知之矣而天者預設此荒涼寞寂之境以遊我於坱北之外雖地不越城市猶不能不與衣冠之士往來而夷然清曠魚鳥親人其不偕販脂賣漿之流相雜處焉可矣抑余思之世人酣豢名利恒樂喧而惡寂後役者余病不能而余亦未見役役者之盡有所得何如取適吾好以無汨於性情在易履之六二有幽人貞吉之象必自貞所履而後心與境無不幽也則庶乎履坦而无咎也余又以此自箴焉矣

十八

寶樹園記

上海李雯舒章

寶樹園者余友顧空五先生所構棲隱地在吳郡臨頓里之東偏廣不踰數畝無層峰疊壑之奇無廣廈華堂之美而洞石玲瓏雲林掩映至其地者超然有城市山林之想殆古人所云會心不必在遠翳翳林木魚鳥自來親人者耶憶此園創始於明太學歸湛初顧其堂曰米丈後為水部胡汝淳所得易其堂為洽隱山房甲申後屢經兵燹日就荒穢先生貯買山錢購得之自弦歌里徙居其間芟榛刈棘種竹蒔花煥然復為名勝地而余自華亭游吳門嘗至此園故風晨月夕得園中之趣者為多顧自變遷以來風景

不殊湖山頓異黍離麥秀觸目生悲不獨金谷玉津煙飛灰滅即騷人逸士流浪天涯賦無家別者不知幾何人矣而先生以前朝黨人名振復社乃能息心塵外與一二名流俯仰其間享詩酒林泉之樂世事不知浮沉莫問非高尚其志者何能若是哉余既重先生之行又愛先生之園故執筆為記之

小林屋記

元和韓是升東生

予家世居陸墓萬曆初六世祖蘇臺府君始遷宮巷有存誠齋竹右居著聲明代再由宮巷遷婁門高王父黄巖府君分為二宅曾王父貞文府君授居東宅曾叔祖誦先公授居西宅即今閒雲堂也申酉之際

土寇焚掠宅成燬燼值馬阮與復社構怨曾王父名
在黨籍嘗忤阮自度不免偕顧孝清先生天朝晦蹟
徐莊順治六年復入城購歸氏廢園為栖隱記堂壑
出邃竹樹蒼涼堂曰洽隱往來觴詠皆遺民逸事龍
門之游甘陵之部世艷稱之康熙丁亥春弗戒於火
凡法書名畫與花亭月榭同付祖龍存者惟東南半
壁奇峰秀石湮没於雨垣風棟間先君子追溯釣游
不勝今昔盛衰之感乾隆辛未葺二楹於古石洞口
地不滿十笏積書供静玩以娱晨夕蔣文蟠游篆書
小林屋三字額之洞故倣包山林屋石林神鉦玉柱
金庭無不畢具歷二百年苔蘚若封煙雲自吐碧梧

銀杏紫荊翠柏春夏之交濃陰蔽日時初霽巖乳欲滴有水一泓清可鑒物嵌空架樓吟眺自適游其中者幾莫辨為匠心之運石林萬古不知暑豈虛語哉越三載先君即世升與伯兄讀書其中俯仰流連每念先貞文運丁陽九流離播遷先君鼎新未久遽歸道山則此昆明片石何莫非先靈呵護道我子孫撫嘉樹而思遺澤庶無忘黽勉佑啟後人一邱一壑甯徒為游觀之地耶按郡邑志園為歸太學湛初所築臺榭池石皆周丹泉布畫丹泉名秉忠字時臣精繪事洵非凡手云

蕙蔭園八景圖序　寶應王凱泰幼軒

二十

蘇城名園辟疆為最古次若獅林若拙政若網師若惠蔭皆各擅勝境惠蔭初名洽隱基明之歸氏後為韓氏有其小林屋夙踞勝概與諸園異面目記所謂苔蘚若封煙雲自吐可想也園故有小林屋記繼歸倪方伯蓮舫咸豐酉戌間陷於賊或有增損致失其舊合肥李伯相撫吳時奏購為忠烈程公祠並為皖人士讌息之所而蒯太守子範因增構漁舫榜亭各勝水碧染衣天遠接黛氣疏以曠今中丞張公又即祠之西奏建昭忠祠巍煥堂皇勢益壯園則因其舊而政葺之僕曩於伯相購政專祠時總襄戎政暇或偕杖屨修蠟屐今以覲途暫假養痾是園者幾兩月凡某邱

某壑觸境情關一石一花問名心曉熟人鷗鷺爭迎不繫之舟識面林泉為賡招隱之賦熱境生涼頓息塵鞅即小觀大如親湖山園中勝景不一致或名實已稍異如玉虹翠浪鷗寄山莊樾蔭堂桂苑諸勝重傑閣概從略焉躡窟探根得景有八列如左補帆王凱泰序

柳陰繫舫

舫在忠烈祠後左為桂苑重樓峻宇最整豁由廊繞西側舫翼然背河臨沼題額出李筱川制府手迴廊曲岸多植桃柳梅桂芭蕉之屬每茶煙午熟臥短榻聞鳴榔咿啞戛履舄之下直走濤聲盧竹

之際隱積花霧溽暑開北牕則又風露襲襟羲皇恬夢矣近面作斷橋蹲石倘欹綠陰俯碧砌撫掌引鯫魚真不減戴文進紅衣垂釣圖也故曰柳陰繫舫

松陰眠琴

由桂苑經鑒馨閣入雲竇石徑深曲苔青滑人拾級登琴臺臺左側有老松懸根石罅百年矣虬拏空際海風易秋鱗裂半身日色皆綠由臺左循廻廊北迤藏書樓最為幽靜每聞棋枰落子聲與松子聲相應臺下作石障叢花雜果綴欲破煙春陰秋霽碎若鋪錦鶴延趾以天高蟬度枕而風謖此

間宜眠琴亦宜慧月姑擇其韵者著之

屏山聽瀑

由琴臺折而下面北即石障面西則攢石為峰即琴臺左側老松託根處也於宅西作小榭映隅玻璃羣巒巑巑然若納自牖故曰一房之山西面荷沼一碧虛涵羣嵐倒瀉蘿薜青隅苔濕陰迷小留雲雙眸豁翠臥游聽瀑一枕先秋昔宗少文作山水懸壁間此則地闢半弓嶂收千疊真一撫操而衆響也

林屋探奇

由琴臺背面曲折側身穿重樓邃户其樓迴環數

二十二

十楹曰收雲處屋戍紆迎雲母迤隔循級而下松色純綠下蔭曲池石峰環皺俛壓危路此小林屋洞外境也大抵一院中蘚峭疊撑稜笋怒茁為雲奇為徑曲碧欲鏬空涼若雨瀉游至此已快詠老柱石角藤枝句矣又循橫石橋捫蘿入洞石乳倒結其瑤華巖陰若深其瓊笈危度如棧水深足盤空凌噤寒人立影失覓大再入幾不測神鉦玉祕在幾許幽折境也游人至是以碎石投淵中輒洞然作響若虛無底者

藤屋佇月

出小林屋石磴迤南有敞軒踞石作屋膝獅子狀

石左右黄楊翠柏皆百年前物石中裂有古藤如
怒龍穿石而上盤空夭𢲅結陰碎落背藤作高屋
屋側古銀杏一株大可三四人合抱大約樹及藤
爲尤古皆三百年外物也登屋望城東一帶瓦鱗
煙縷隱現若織近則蚪身碎巾片片紫英鴨脚漬
霜寸寸秋色衫履所染香清翠深胸次所豁月白
天遠爾時一笛呼秋三影對契丹桂陰若落裾袖
幾不減陶隱居三層樓上矣

荷岸觀魚

出小林屋繞欄迤北作荷池左則一房山西即碧
環小舍也方塘半畝碧鑒眉髮淨蓮百莖紅亞藻

二十三

荇得鷗鷺親人喜魚鳥識面移磁礅坐坨外語通微波身翳凉翠雲水交盪風露襲裾是亦快境也然而觀水有術知魚之樂奚知會心所期濯纓之風未遠隨人領取又不僅以觀魚限濠濮也已

石竇收雲

循荷岸左行數十武曰雲竇竇在琴臺之背即一房山石障各巖分支而别名者林壑曠如風氣清若苔痕陰漬石骨高寒曲折徑行烟輭無質参差衣礙雲搴有聲危鈴語於檐端甕罄響於脚下入此者頭頭道通窕窕面值出則斜陽墮影暮靄收林矣

棕亭霽雪

玩雪景最宜遠曠園林每苦無隙地則棕亭尚已棕亭在漁舫右矗立峯頂曲磴迴巒叢林密篠舊有額曰爽挹西山蓋極目則顧山蓉嶺均鬟歙在望也俛視煙火萬家接於欄楣白塔巍然與虎邱斷塔影明滅斜陽煙際天宇澄霽帆出林陰襟懷豁疏鶴遠空碧此間足樂宜作既公長嘯聲賞雪景於霽靄澈後然當春水駢畦秋月浣露衣香林語引諸觸懷心慧倚欄會心處正又不在遠也

獅子林菩提正宗寺記

吉州歐陽玄原功

二十四

姑蘇城中有林曰獅子有寺曰菩提正宗天如禪師之門人為其師創造者也林有竹萬箇竹外多怪石有狀如狻猊者故名獅子林且師得法普應國師中峰本公中峰唱道天目山之獅子巖又以識其授受之源也寺名菩提正宗者帝師法旨與以是額也其地本前代貴家别業至正二年云午師之門人買地結屋以居其師焉因地之隆阜者命之曰山因山有石而崛起者名之曰峰曰含暉曰吐月曰立玉曰昂霄者皆峰也其中最高狀如狻猊是所謂獅子峰其膺有文以識其名也立玉峰之前有舊屋遺墟容石磴可坐六七人即其地作棲鳳亭昂霄峰之前因地

窪下濬為瀾作石梁跨之曰小飛虹也石或跂或蹲狀如狻猊者不一林之名亦以其多也寺左右前後竹與石居地之半然而崇佛之祠止僧之舍延賓之館香積之廚悉如叢林規制外門扁曰菩提蘭若安禪之室曰臥雲傳法之堂曰立雪舊有相曰騰蛟今曰指柏軒有梅曰臥龍今曰問梅閣竹間結茆曰禪窩即方丈也上肖七佛下施禪坐間立八鏡光相互攝期以普利見聞者也大概林之占勝其位置雖出於天成其經營實出於智巧亦師之願力所成就

予聞師所說法不設崖險不輕揄揚不自陳衒悟解緣由以啟學人提出蹊徑故自中峰以來化機局段

二十五

為之一變焉師舊多論建有楞嚴會解若干卷有語錄別錄賸語若干卷行於世師俗姓譚氏吉之永新人江浙諸名山屢請主席堅卻不受遁跡松江之九峰間十有二年道價日振帝師與以佛心普濟文忠大辯禪之號兼與金襴僧伽梨衣

畫禪寺記

長洲　彭啟豐　翰文

在昔元至正間有大德天如禪師者得法於天目師子巖幻住和尚已而駐錫於蘇之東城壘石為山名曰獅子林識法原也禪師既得教外別傳復大宏淨土之教作為或問以破羣疑而堅正信斯真人之寶筏安養之導師矣禪師既示寂後二百餘年當明神

宗朝有住持僧清庵者行脚至京師求頒龍藏肅皇
太后聞而賜之當崇禎末居士陳日新自會稽來閱
藏於此首倡建藏經閣復構大殿又百餘年常住如
故而殿宇圮壞不治乾隆十二年果徹上人來往於
此修念佛三昧日夜勤懇德聲普聞四衆歸仰於是
重整大殿聿新三門聖駕南巡親幸茲寺敕名畫禪
復賜以内府新刊大悲經而禪師墜緒乃復振焉居
數年上人示疾以後事付監院宏通西面正念泊然
而逝已而宏通介里中徐翁宣初述斯寺修舉本末
而屬余為之記余惟佛説法方使多門其教人橫截
生死速證涅槃者莫要於淨土一門而欲淨其土先

二十六

淨其心隨其心淨則佛土淨嗚呼衆生無始以來貪著形軀繫戀食色彼固以爲生人之道宜爾也孰知此不淨之身本非實有識風動作妄生欲愛以臭爲香以苦爲樂智者視之無異蛣蜣之轉丸蜉蝣之耀羽也如斯人者又安知五濁之外有淨土之可生乎夫惟心濁故土濁心淨故土淨彼不信有淨心也不信有淨心者其可謂之喪心者矣上人既西歸宏通能守其家法六時禮誦無往時頃募建大悲閣不踰年而觀成其有足多者予願宏通發宏誓願攝諸衆生同歸極樂庶幾淨土之教大昌於今日以證明天如或問之旨豈非末法中一大事因緣也哉若夫護

持法寶莊嚴佛事則固宏通所自具也予無容贅言已

游獅子林記

郡城東北隅任蔣橋畔有五松園疊石聳峭峰巒起伏巖洞奧窔玲瓏透闢陽開陰闔妙絕端倪五松歲久枯朽石之奇為吳中冠庚申之亂粵寇據城幾閱四載園林殘毀不知凡幾而此園遺構尚存乙丑暮春余兩次入游同游者為潘子馨生亢君鐵卿也考朱象賢聞見偶錄稱園為淮張貴婿潘元紹所居前後皆其園林第宅至今其地名潘氏巷園中位置東半多山西半多水渟峙境分智仁動靜交相為用頗

二十七

有道者之所設施國朝翠華臨幸園池草木盡溼龍光堂中奉宸翰真趣榜額猶存輝煌天藻歷刼不磨非有神物護持能如是歟園建於元至正間為天如禪師唱道所寺本名菩提正宗其徒維則買前代貴家别業修築以居其師運太湖石入城延朱德潤趙元善倪元鎮徐幼文輩共商疊成假山有含輝吐月立玉昂霄等名最高者為獅子峰倪迂為繪圖其地位置雖出天然其經營實由人巧皆維則願力之所致也昔在宋道君時朱勔運花石綱於東南所過橋梁阻礙毀拆以通其路民間有一花一石列入賞格者即加黄封毀垣取去增益艮嶽之築天下騷然致

有靖康之禍艮嶽之奇品志佚礮石之用是疊石為山徒費民力無裨正務僅足資游觀之娛目焉而已要非學道君子之所尚也吾於維則之為此無取焉且凡物之美好者鮮不為豪力所奪在昔沁水名園為梁冀宅馬燧賜宅作奉誠園是以蕭何築第惟事樸陋謂子孫不賢無為人所奪意深遠哉惟獅林以花石之奇突亭榭之幽深洪武初兼并入承天能仁寺嘉靖間為勢家所據止存彌陀院萬曆間奏請追復為聖恩寺康熙間殿撰黄軒購為涉園劃其半歸畫禪寺昔人以營造鉅麗為土木之妖獅林以名著而屢經易主然則為園圃者亦無取乎美好以致後

二十八

人不能守也余舊聞維則之說法不設座險不自衒悟解惟啟學者捷出蹊徑似近於坦易者之所為而營築疊石乃一至嵌空窈曲如是是誠不可解矣因叙其說以質同遊諸君能為下一解語否耶

重修師子林記

長洲貝仁元潤生

我吳園亭滄浪最古師林次之顧滄浪建於子美固在師林百餘年以前而規復於文瑛實在師林百餘年以後是雖謂師林古於滄浪亦奚不可仁元世居茂苑橋寓淞濱市廛溷跡非無鱸膾之思林壑怡情敢效莵裘之築庀工之歲因事旋里時因有建祠之議胥宇度地輒以詢諸邑人而舊家宅第與夫荒墟

故址足以當我意而適於用者殊不數覯或有以師林告曰是休甯黃氏之廢園也久而莫能售迨至民元始歸王峰李氏擬修葺而未果令待價而沽焉仁元心識之未幾晤李舉以詢慨然允諾夫以數百餘年荒蕪之區不越十稔而一再易主殆無事之偶然者耶雖然園之廢也固無非荒榛蔓草碎瓦頽垣增後人之感喟即其興也亦惟是畫棟雕甍名葩嘉卉恣時人之游觀滄桑變幻物理循環了無足異矧余以建築祠宇購覓墓址於園之或有或無初不介意又奚暇經營土木以自取娛樂耶園之四傍多隙地而東南隅為尤廣廼於其間建家祠焉祠左有餘址

二十九

復築室若干楹以爲校舍載閲寒暑次第工竣由是斯園之荒穢殘廢得從事於繕葺矣園以山石著故爲吳中名勝之一自有元至正以迄於今中更兩代垂四百餘禩而諸峰如舊邱壑依然魯殿靈光若有呵護師林之名所以不致湮没者惟此而已至於車駕南巡翠華臨幸當年盛蹟回首茫然惟真趣御額暨御碑各一雖剥落殘缺而宸翰猶存謹即舊額而新之懸諸廳事仍曰真趣廳别築一亭植碑其中曰御碑亭志聖蹟也舊有指柏軒問梅閣卧雲室立雪堂諸勝悉循故址重建新楹復舊觀也此外若堂若廡若樓臺館閣以至亭榭池沼凡今所布置者皆隨

地點綴而已不足數也夫因襲陳舊本無匠之可言
況踵事增華未能免俗謬為紀載能勿慚惶所冀廟
貌常新薦馨香於奕禩絃歌不輟宏教育於後人俾
區區初衷得因兹勝地名園而貽諸久遠固所願焉
不揣譾陋爰為斯記以申微悃云爾

拙政園記

長洲文徵明徵仲

槐雨先生王君敬止所居在郡城東北界婁齊門之
間居多隙地有積水亘其中稍加濬治環以林木為
重屋其陽曰夢隱樓為堂其陰曰若墅堂堂之前為
繁香塢其後為倚玉軒軒北直夢隱絶水為梁曰小
飛虹踰小飛虹而北循水西行岸多木芙蓉曰芙蓉

三十

隈又西中流為榭曰小滄浪亭亭之南翳以修竹徑竹而西出於水澨有石可坐可俯而濯曰志清處至是水折而北滉漾渺瀰望若湖泊夾岸皆佳木其西多柳曰柳隩東岸積土為臺曰意遠臺臺之下植石為基可坐而漁曰釣䂬遵釣䂬而北地益迥林木益深水益清駛水盡別疏小沼植蓮其中曰水花池池上美竹千挺可以追涼中為亭曰淨深循淨深而東柑橘數十本亭曰待霜又東出夢隱樓之後長松數植風至泠然有聲曰聽松風處自此繞出夢隱之前古木疏篁可以憩息曰怡顏處又前循水而東果林彌望曰來禽囿圃縛盡四檜為幄曰得真亭亭之後

為珍李坂其前為玫瑰紫又前薔薇徑至至是水折而南夾岸植桃曰桃花沜沜之南為湘筠塢又南古槐一株敷蔭數弓曰槐幄其下跨水為杠踰杠而東篁竹蔭翳榆槺蔽虧有亭翼然西臨水上者槐雨亭也亭之後為爾耳軒在為芭蕉檻凡諸亭檻臺榭皆因水為面勢自桃花沜而南水流漸西至是伏流而南踰百武出於別圃叢竹之間是為竹澗竹澗之東江梅百株花時香雪爛然望如瑤林玉樹曰瑤圃圃中有亭曰嘉實亭泉曰玉泉凡為澗一樓一為亭六軒檻池臺塢澗之屬二十有三總三十有一名曰拙政園王君之言曰昔潘岳氏仕宦不達故築種樹灌

三十一

園鬻蔬曰此亦拙者之為政也余自筮仕抵今餘四十年同時之人或起家至八坐登三事而吾僅以一郡倅老退林下其為政殆有拙於岳者園所以識也雖然君於岳則有間矣君以進士高科仕為名從直躬殉道非久被斥其後旋起旋廢迄擯不復其為人豈齪齪自守視時浮沈者哉岳雖漫為閒居之言而謟事時人至於望塵雅拜乾沒勢權終罹咎禍攷其平生蓋終其身未嘗暫去官守以即其閒居之樂也豈惟岳哉古之名賢勝士固有有志於是而際會功名不能解脱又或升沈遷徙不獲遂志如岳者何限哉而君甫及強仕即解官家處所謂築室種樹灌園

鬻蔬逍遙自得享閒居之樂者二十年於此矣究其所得雖古之高賢勝士亦或有所不逮也而何岳之足云所為區區以岳自況亦聊以宣其不達之志焉耳而其志之所樂固有在彼而不在此者是故高官膴仕人所慕樂而禍患倚伏造物者每消息其中使君得志一時而或橫罹災變其視未殺斯世而優游餘年果孰多少哉君子於此必有所擇矣徵明漫仕而歸雖蹤蹟不同於君而潦倒未殺略相曹耦顧不得一畝之宮以寄其栖逸之志而獨有羨於君既取其園中景物悉為賦之而復為之記

復園記

長洲沈德潛確士

吳中婁齊二門之間有名園焉園以復名蔣司馬葺舊地為園而名之者也前此為拙政園創於王侍御歸於陳相君先後據於二嚴二鎮將其地飛樓突厦麗棟朱甍崇山廣池與夫靡顏膩體揚清謳拂妙舞窮旭繼夕極一時聲色娛嬉之樂百餘年來廢爲蕪區既已叢榛莽而穴狐兔矣主人得其地而有之謂荒宴可戒而名區不容棄捐也於是與客商略因阜壘山因窪疏池集賓有堂眺遠有樓有閣讀書有齋燕寢有館有房循行往還登降上下廊榭亭臺碕沜村柴之屬既已經營締造歷有年所矣戊午庚申余兩經其地謂是園告成將豐而不侈約而不陋百里

之内可以接踵樂郊而邦莒學山繭園也時予方之京師未及俟其斷手何日日月既久常往來於心丁卯春以乞假南歸復游林園覺山增而高水浚而深峰岫互回雲天倒映堂宇不改而軒邃高朗若有加於前境地依然而屈盤合沓疑新交於目襛柯蔽日低枝寫鏡岸欹怪狀之石砌列不名之鶬主人舉酒酌客詠歌談諧蕭然泊然禽魚翔游物亦同趣不離軒裳而共履閒曠之域不出城市而共獲山林之性迴憶初游心目倍適屈指數之蓋園之成已四五年於茲矣舊觀仍復即以復名其園予嘗思古來名園如辟彊如金谷如銅池如華林如奉誠平泉履道獨

三十三

樂一切擅勝寰中者時豐見詠歌形諸記載然既廢以後無人焉起而新之求如宋玉故居復歸庾信者藝林流傳不可多見今因拙政廢園而復之雖林廬息影栖情顧神睞前人之競豪侈飾土木者若各自樂其所樂而不欲自標其名恐使前此之殫心規畫者因我而遽歸烏有之鄉其用心之孠匪戔戔者所能共喻也已且主人用心又不止此主人高祖為兵憲雉園公雉園文章風節養晦樹德焯焯一時後之子孫故當思貽前光而揚清芬者主人承先人庇蔭本無藉於復業而歛柳之懷當有事於復德則夫奉世澤而繼述之味道風而涵泳之以修身之不遠復

進於中行之獨復无悔之敦復有日惓惓於寸衷而不能蹔釋者也取以名園其即謝康樂述祖德意乎主人名檠字誦先需次司馬今跧伏未出匪以人爵為貴者云乾隆十二年丁卯夏日同學弟歸愚沈德潛撰虞山弟王峻書

八旗奉直會館記

長白世勲錫之

往歲備官京師交游中有至自蘇者道及吾鄉會館之勝輒神為之往嗣於光緒九年秋忝膺簡命治織斯邦數與鄉人游宴于中向之所聞歷歷在目流連光景欣慨交心館界婁齊二門間在明為王氏別墅名拙政園國初海甯陳氏得之旋入官為駐防將軍

府又為兵備道館繼為吳三桂壻王氏所有籍沒復入官改蘇松常道新署署裁撤為民居歷蔣氏查氏最後歸吳氏咸豐庚申粵匪入踞為僞府城復由善後局發白銀三千作值付吳氏而以園歸公暫為巡撫行轅同治十年冬令南皮相國來撫吳適德靜山尚衣恩竹樵方伯英茂文觀察三君皆同鄉乃倡建立會館之議以價銀三千修理銀二千滙交藩庫改稱會名其中文槐參差修廊迤邐清泉貼地曲沼綺交峭石當門羣峰玉立吳中園亭之美未有出其右者當夫風日清和迎神迓福銜杯情話冠蓋偕來于以觀少長之儀而申桑梓敬恭之義甚盛事也獨念

斯館剏於明嘉靖中迄今二百餘年天運易于上人事遷于下煙雲變態迭廢迭興由後溯前感慨係之計為吾鄉會館又十餘年矣日月不居風摧雨蝕保無有井幹庯庲棄廇陊剝者手勲蒞吳三載雖與諸君子經紀其事稍為修葺之謀然猶願我鄉人同心斷金合力潤屋俾斯館之美輪美奐歷久恒升毋令後人更笑其拙斯則撫衷深念而屬望無窮者也爰泚筆而為之記光緒柔兆閹茂之歲皋月下浣

讀書亭記

長洲張大受日容

自結繩以來修身齊家治天下之道未嘗廢書下至農工負販醫卜小技舍此無以旁適後世文字浩繁

耳目雜亂不教不學束書不觀謂闡性道亦或多讀而不識其源流朱子云三代禮樂教士之具獨有書存蔑此而置之人才焉得不壞風俗何由醇也大受少稟先人之訓日抽五經諸子令背誦屏俗學而從古文兼授詩賦箋啟之律孜孜既久窮不自悔肄之益勤嘗請業先達巨公交海內名士晨夕討論折中然後知不及矣天子巡狩至吴江召試舉人吴廷楨詢及吴中人才始舉大受以對二三扈從臣僉曰然因命入御舟進詩文一册温語移晷稱讀書人者三大受俯伏惶恐流汗自惟固陋未克發明遺經乃蒙羣賢之推薦九重之歎嘉感激莫報退而築亭匠門

之偏頗曰讀書益發篋中延名士心研口講惟日不暇蓋書之為效守先正待後學入朝備掌故在野扶人倫古之儒林童而誦習白首莫窮其指歸父作子述專家為師故久而彌章大受之為斯亭信道器之必兼念名實之難副庶幾哉出入無敢忘而已而沾沾自云已得夫何敢學記云獨學而無友則孤陋而寡聞程氏有分年讀書之法居斯亭也日就月將習以積漸遠邇同道之士相與切磋勤而弗惰虛而勿盈德業進而悔吝寡斯亭所以勖也

葑湄草堂記

長洲李果碩夫

康熙丁亥世父省庵先生棄石里舊居予凡三遷居

葑門之鷺鷥橋初得屋十餘楹後復擴三楹書堂高敞有軒有齋中庭有拘櫞香橙石榴予補種梅樹桂樹疊石為坡陀藝蘭其下何義門侍講為書葑湄草堂屋之後隔巷即青松菴菴前喬木一株濃陰交布盛夏無著坐書堂後軒以望則蔚蒼森幹如在深山門臨河有古榆六七株行人常於此憩息東西有橋夾橋而居者十餘家頗淳樸又其前隔河彭侍講訪濂尤贊善滄湄居甚邇其後則明吳文定公之東莊折而過為施吏部覺菴之高酣亭當春時桃花垂柳映帶原野則皆在屋後之東隅宛村落也予自先君奄棄勞苦二十餘年而乃得經營是屋奉吾母魚菽

之養蓋屢遷而琴書几榻無有遺者及葺草制茅修其圮壞皆吾妻助之予平生無嗜好惟積書二三千卷陳於齋壁延老友以課吾子方是時予客兩淮李御史所復三年庚子乃得偃息其間所往還者惟訪濂滄湄覺菴及朱處士赤城而覺菴益親善以文字相質疑庶幾南村素心之樂因歎宿昔渡黃河涉大江二十年來風濤多恐登陸則嶔崎險阻人生百年歲月有幾何為逐逐不少休焉少游謂致求贏餘徒自苦耳吾方幸吾母康強兩子從事詩書復有素心以討論蘇城方隅秀潤數此地殆可久居歟作葑湄草堂記

三十七

青芝山堂飲酒記

長洲李果碩夫

友人張子艮思有異才志趣高遠官直隸新樂令歸居城東葑溪之上戊午秋七夕前一日招諸故交四五人飲酒青芝山堂予與焉山堂為明襄毅韓公故園艮思新葺之書屋爽塏疊石為山雜樹茂密其傍有荷池酒人多閒適筵潔不雜留連永日興盡而返康熙中艮思以詩賦召試給札內廷修書書成出為令和而有守縣故有驛通南北路符檄旁午肅清無誤歸而治薄田種林假則鈔宋元人小集聽二子讀書閒與客對奕其意蓋恬如也昔晉之陶公宋之蘇子或意不在酒或好客飲皆得酒之趣艮思量固高

而意趣能兼之可以與之飲酒矣彼道棄世務沉埋其中嗜之如狂泉者亦獨何哉予舊居鷺鷥橋去山堂不數步艮思來而予已遷無能與為鄰然予無用於世又不知酒之趣者也涼風將至菊有黃花姑與艮思論淵明之詩託於醉鄉而與之飲酒

月滿樓記

元和顧宗泰景嶽

樓在星橋草堂南余祖所舊築焉稍葺治之以貯書日吟嘯其上可望遠而佇月焉沈尚書歸愚先生名之曰月滿樓今夫古來之以樓著者百尺之峻三層之幽以及庾亮之乘興王粲之思鄉沈約之竒詠雖所處各異莫不遐覽四表攄抱披襟故風流足千古

而余是樓者面城背市僻在婁水之曲亦巢林一枝耳無古人才分而境又與古人異更何記之足云抑吾聞志趣所存境遇殊而領取則視乎其人耳人苟中無所自得雖日處飛簷畫棟不足以為娛人苟中有所自得雖日坐半軒一閣亦足為樂樂不因於境而因於心也況夫升高之下景與神會曠然有俯人仰古之思焉由是言之樓亦可以記矣乎當其曉露初收殘月未落餘光耿耿斜照疏櫺朗然清明之氣之在懷抱也及其夕陽歸岫碧漢橫空皓魄一輪正當三五將湛然澄虛不特星辰之可摘而夜光之可攬也登斯樓也神怡心爽流連歌嘯而不能自已也

至夫朋友不我遐棄而至斯樓者淮南之士吳楚之英齊魯燕趙閩粵蜀秦之客未嘗不投縞贈紵滅燭開軒道千里之緣論詩書之義而客去而獨處於樓則六藝百家稍事窮究望古遙集愧無以對古作者當清光之入戶往往以詩寫其情緒焉非敢謂有所自得於此也聊以為樂已爾余昔游薊門過沛水登任城大白樓樓不必百尺三層之崇峻而謫仙飛觴寫興所謂謝眺裁詩月滿樓者意概正復同之余仰止焉而無以希風也知謫仙不徒以樓重也嗚呼余又何以樓為哉今古茫茫修名不立余之所謂樂者轉而為懼將明月笑人而嗒焉自失其為樓中人也

三十九

退園補記

吳縣吳嘉淦清如

予自京師歸買屋於城東井儀坊巷有水木明瑟之勝名之曰退園無何粵寇陷城遂舍之而去未有記也移家海外賃廡湫隘輒思舊居而為之志曰李太白有言天地者萬物之逆旅人之所居多或數十年少或一二十年尤逆旅中之逆旅也況遭難以來遷徙無定與則退園之不必有記也亦固其所然人情於服御飲食有不能適然忘者況於棲息之所與蓋予之欲得園也久矣嘗謂人之一生於天之風月地之花木無日不而在吾心也而有時不能离諸目者境拘之也今雖無園而即向之娛吾目者一舉念而

如在焉蓋能奪之於目而不能奪之於心也地不過數弓而有池方廣百步向南有室曰微波榭折而左曰秋綠軒遠望叢桂數株芬馥襲人園之偏右曰儀宋堂蓋取予古文學宋意也園池之北有室三楹曰初日芙蓉館池中植荷夏日風來香遠而清憑欄眺望紅衣翠蓋亭亭綠波碧沼間足以清暑又有楓楊二株大可合抱循榭右轉三分其室左則家祠在焉春秋享薦遐念祖澤石為曲室以時憩息而吟詠其中中堂之庭廣可七八尺築臺其上植牡丹數本花時張燈宴客於此顏之曰羣玉山房堂之偏右曰思樹齋夏日移榻於此逭暑焉此園之大概也嗟乎予

宦游十餘年解組後得有此園不可謂非經營手葺而成者也迄於今乃委棄於赤眉責犢之手可不為之痛惜與今天季倫之金谷贊皇之平泉裴晉公之午橋莊當時賓從之盛觴詠之樂載在書册千百年後猶神往其間焉況退園之為予所居者與又嘗觀洪稚存太史之於故居也亦時時憑弔而作賦以述之殆亦情之中於所習然與予故於遷徙後輒援筆而記之亦猶痿人不忘起盲人不忘視之意云爾

退園續記　　同前

予既為退園補記存諸集中以示毋忘舊居之意因思所述者皆經營位置之事而未言朝夕游覽之勝

與遇寇以後之事也乃復記之曰始得園時在咸豐辛亥之秋與吾妻居最後一廛數輒往園游眺迨吾妻沒予即移居外寢獨處寥寂恒日涉而盤桓焉予以詩文為當世所知四方賓客及吳中知名之士往往過從無虛日輒置酒其中以相娛樂當時以為境遇之適然無足異也迄今思之如游十洲三島可望而不可即矣園中花木四時備具每至春日則繁英璨然如入桃源亂姑數叢天香馥郁若游穆天子傳所謂群玉之山不知為塵世矣入夏則方池荷花蕩漾綠波翠蓋間紅日朝霞掩映可愛秋月皎潔時叢桂著花芬郁襲人冬日將盡臘雪飄漾縞袂仙人若

招我於羅浮山頂也佳客不來時率小兒女衣青紅衣穿徑循橋緣折花笑語徹於户外閽命庖人治酒肴相與團坐泥飲其樂殆非世所恒有曾幾何時而粵寇陷人舍之而去豈天之於人亦有所顧惜而不容耶予生平好為古文而於歸震川先生之書嗜之尤篤先生在明時文章為當世第一雖以王弇州之重名先生尚斥之為妄庸子然先生年逾六十始獲一第又不得在文學侍從之列沈滯邑令者數年及為太僕寺丞而先生老矣予文於先生無能為後而嚮往之誠實有出於中心之説服者他日得附驥尾以傳斯則予之至幸矣先生所居項脊軒僅容一人

坐而志之若不忍舍去者而予之園則大過之其為賊所據蓋天也而非人也雖然天道循環有時而復寇之所為必為天之所深惡其殄滅當在指顧間而予之園或有時而仍為所居亦事之不可知者也然自避難以來鄉人來者皆言園為所毀門户一切不可復辨審是則園雖廣轉不如項脊軒之完好豈天以予文遠不逮先生而所居過於先生故使之遭此厄歟若然則予當坦然處之而不復有所致憾矣

雙塔影園記

元和袁學瀾文綺

壬子歲秋余營別宅於吴門太尉橋冷香溪其宅本盧氏舊居堂構宏深屋比百椽其東北隅有廳事三

楹顔其楣曰鄭草江花室爲羅列文史會聚朋友談
藝之所旁有隙地盈畝舊廢爲菜畦瓦礫榛莽不堪
游憩乃鳩工庀材草創數楹闢舊垣廣其庭庭有花
木玉蘭山茶海棠金雀之屬叢出於假山磊石間具
有生意井冽寒泉可供灌溉繞迴廊以蔽風雨構高
樓以迎朝旭芟削蕪穢清景呈露鄰寺雙塔影浮南
榮丁位據形家言謂主居者多壽嫺於文藝以塔之
秀氣所聚也昔文基聖於虎邱築塔影園三橋題詩
有籬豆花香塔影懸橋之語後顧雲美居之自爲記
云詩文多於水樹多於齋館今余所闢之園亦襲塔
影之名特别以雙數聊記其實其園蕭條疏曠無亭

觀臺榭之崇麗綠墀青瑣之繁華大抵與雲美之園等耳其蹊徑爽塏屋宇樸素師儉足以自守不為豪貴攘奪入城寓居往來多素心淡水之交披文析義瀹茗清談欣然忘倦如康節行窩之設淵明易安之居地偏心遠其在斯乎攷郡志范石湖舊居柯九思宅惠周惕紅豆書莊皆與余園相近則此地固昔賢卜宅之所余得居之有深幸焉吳中固多園圃恒為有力者所據高臺深池雕牕碧檻費貲鉅萬經營累年妙妓充前狎客次坐歌舞乍闋荊棘旋生子孫棄擲蕪沒無限殆奢麗固不足恃與今余之園無雕鏤之飾質朴而已鮮輪奐之美清寂而已杜陵詩云避

人成小築乘興即為家雪泥鴻爪偶然留迹正如鶴巢萍寄托興焉耳因為記以序其始末如此

韜園記

吳江金天羽鶴望

壬申夏改僦新居於濂溪坊相樓陰得隙地規以為園構亭焉翼然西向花竹環其趾復盡撤江鄉笏園之石浮載而輦致其間以為巒嶂壑谷面勢既窄乃舒兩膊屈折抱亭以東反觀則張之如弧易曰弧矢之利以威天下今天人舉無厭亂心余方守括囊無譽之戒安用張之以矜強雄故字之曰韜園既觴客有起而贊者曰鶴望生少負經世志治兵農禮樂河渠家說長而逢世多難兵革屢起往往先事策成敗

亦多奇中論中外政制憲法學術性理積五六十萬言顧未嘗詘節覊驕餌于世用吾子囊者不自韜其華猶之韜也言既不見納於世言固立也言之繁與子㠯潔之言之不純與子㠯節之世變亟天人不悔禍不第中土也中土治願子以先民内聖外王之術詔世界中土不治願子以先民内聖外王之言詔後世蓋期之百年敝極當返返則子以其言故必為後世尸祝是子今者亟自韜其鍔猶之不韜也余曰客之言壯矣美矣善為辭矣雖然此非余之敢承也余少多疢疾壯而離世昏濁今歲月不居而老且至將永弛其學術政理之肩卜宅於長林邃谷彈琴詠詩

四十四

以適吾性而篠吾沖蓋韜之中又益韜焉兹園其寄爾吾與子且日飲無何以為樂仰觀浮空而俯察萬變以待大化之推遷而無與相迕其可乎賓既退姑書其問答以為記

怡園記

德清俞樾蔭甫

顧子山方伯既建春蔭義莊闢其東為園以順性養壽是曰怡園入園有一軒庭植牡丹署曰看到子孫軒之東有屋如舟署曰舫齋賴有小溪山涪翁句也其前三面環水左則蒼松數十株余摘司空表聖句顏之曰碧澗之曲古松之陰其上有閣曰松籟憑檻而望郭外西山隱隱見眉嫵矣繞廊東南行有石壁

數仍築亭面之名曰面壁又南行則桐陰翳然中藏精舍是為碧棲鳳又東行得屋三楹前則石欄環繞梅樹數百素艷成林後臨荷花池石橋三曲紅欄與翠蓋相映俗呼其前曰梅花廳事後曰藕香榭云梅花廳事之西鑿坏於恒曰遯窟窟中一室曰舊時月色亦余所署也循廊東行為南雪亭又東為歲寒草廬有石筍數十株蒼突可愛其北為拜石軒庭有奇石佐以古松又北為坡仙琴館以藏東坡琴也館之右有石似老人傴僂而聽琴築室其旁曰石聽琴室又西北行翼然一亭顏以坡詩曰繞徧回廊還獨坐廊盡此矣庭中有芍藥臺牆外有竹徑遵徑而南修

四十五

竹盡而叢桂見用稼軒詞意築一亭曰雲外築婆娑亭之前即荷池也循池而西至于山麓由山洞數折而上度石梁登其巔則螺髻亭也自其左履石梁而下得一洞有石天然如大士像是曰慈雲洞洞中石桌石櫈咸具石乳下注磊磊然洞外多桃花是曰絳霞洞洞之北即余所謂古松之陰也出松林再登山有堂曰小滄浪後壘為屏其前俯視又即荷池矣茲園東南多水而北多山為池者四皆曲折可通山多奇峰醜凹深凸極湖嵌之勝方伯手治此園園成遂甲吳下精思偉畧即此徵之摹玩終日粗述大概探幽搜峭是在游者

曲園記

德清俞樾蔭甫

曲園者一曲而已強被園名聊以自娛也余故里無家久寓吳下歲在己巳賃馬醫巷潘文恭舊第而居之至癸酉歲太夫人自閩北歸以所居隘謀遷徙而無當意之屋適巷之西頭有潘氏廢地求售乃以錢易之築三十餘楹用衛公子荊法以一茍字為之取周易樂天知命之義顏其廳事曰樂知堂屬彭雪琴侍郎書而榜諸楣堂之西為便坐以待賓客顏以曾文正所書春在堂三字別詳春在堂記春在堂後尚有隙地乃與內子偕往相度而成斯園即於春在堂後連屬為一小軒北向顏曰認春白香山詩云認得

四十六

春風先到處西園南面水東頭吾園在西而茲軒適居南而認春所以名也認春軒之北雜蒔花木屏以小山山不甚高且之透瘦漏之妙然山徑亦小有曲折自其東南入山由山洞西行小折而南即有梯級可登登其巔廣一筵支瓻作几置石其旁可以小坐自東北下山遵山徑北行又得洞山出洞而東花木翳然竹籬簡之籬之内有小屋二顏曰艮宧艮宧之西修廊屬焉循之行曲折而西有屋南向牕牖麗樓是曰達齋曲園而有達齋其諸曲而達者歟由達齋循廊西行折而南得一亭小池環之周十有一丈名其池曰曲池名其亭曰曲水曲曲水亭循廊而南至

廊盡處即春在堂之西偏矣大都自南至北修十三丈而廣止三丈又自西至東廣六丈有奇而修亦止三丈其形曲故名曲園所謂達齋者與認春軒南北相值所謂曲水亭者與回峯東西相值艮宧則最居東北偶故以艮名艮止也園止此也然艮宧南有小門自吾内室往可從此入則又首艮宧艮固成終成始也嗟乎世之所謂園者高高下下廣袤數十畝以吾園方之勺水耳卷石耳惟余本窶人半生賃廡茲園雖小成之維艱傳曰小人務其小者取足自娛大小固弗論也其助我草堂之貲者李筱荃督部恩竹樵方伯英茂文觀子山陸存齋三觀察蒯子範太守

四十七

孫歡伯吳焕卿兩大令其買石助成小山者萬小庭吳又樂潘芝岑三大令贈花木者馮竹儒觀察備書之矣勿諼也

鶴園記

吳江金天羽松岑

鶴望生登包山之巔徙倚來鶴之亭山中之人走相詫曰來鶴鶴來此亭待子三百年矣其天緣哉余曰緣定於有生之前天韜其倪神扃其鑰冥赴厥會時觸乃著率然而名不知名者之符予幾也清光宣間華陽洪鷺汀觀察以宦槖所贏卜宅韓家巷而規其西為園取曲園所書携鶴草堂四字牓之曰鶴園方池鏡平修廊虹互風亭月館媚以花藥地不溢三畝

而專林壑之美乃斤斧之役未竟觀察不欲有其業先王父中表屈盧龐公承是園也以付於其孫衡裳衡裳方橐筆游杭則僦與漚尹浙西古為詞客淵海漚尹善諷諭忱悱婉麗一師夢窗而高密鄭大鶴為詞俊健有白石之風二子同居吳下海內隱然推詞壇祭酒四方名士踵接其廬園有丁香一本花時芬馥則漚尹自宣南移種寸根千里來寵詞伯衡裳於癸亥秋始葺是園而謀居之衡裳修且臞與鶴望生相類自號曰臞鶴有年矣既宅於茲乃改字曰鶴緣緣與園音相諧也自洪氏以鶴牓其園又署其廳事曰棲鶴有鶴之讖無鶴之緣緣證於十年之後待修

四十八

且臞者如蘅裳棲息焉而為是園主余向所謂率然之名而符乎幾幾動於初而莫之知也人生飲啄游息官止神行若當前之有物贏粮奔赴以趨其途甚者畢世不能遺厥成功後起者來食其報聖哲之於道豪傑志士之於名業牽天繫地成於一範條紛緒錯俟會而解夫豈獨是園為然哉今觀察長公子青立居士別構鉢庵於彭者巷與其婦若子精修白業其於釋氏所謂緣法者庶幾聞而翕然矣園中梅杏梧桐楓葉離立數十本皆有臞態雅與鶴副而俞氏春在堂吳氏兩罍軒南北為鄰舉足不十武而至方春三月丁香花蘅裳將設席其下觴余先索為之記

記此園沿革與夫名字之閤合若有前定然則余之得留文字於斯居焉甯獨無緣哉

為鶴園記成衡裳排闥詑曰余子之叙漚尹而聯及大鶴也則緣之外又有緣矣大初來吳下賓僦居馬醫科巷巷在是園北吾先王父既斥田千畝立義莊贍族而未有祠宇癸亥九月吾闢園北户得某氏故居立券購之既汎掃池閣因見名文烺者所臨爭坐位書六幅壁間浥損矣審其而跋後知為大鶴之兄兄若弟寄迹於此也彼亦一鶴也此亦一鶴也吾之生而與鶴為緣如此雖然吾有商瞿之恨今所緣者皆鶴也其能無望於將雛乎

四十九

余曰子能繩祖武構祠宇以竟莊事而祀王父於中有孝思矣求之詩曰孝子不匱永錫爾類其次章曰君子萬年永錫祚胤而大易中孚之九二曰鳴鶴在陰其子和之夫能孚其孝於天而豈無胤以受其祚哉子惟不孝無懼不得後夫有鶴斯有雛緣至而後祥生焉蘅裳悅屬綴其辭於尾越日

天羽再誌

半園記

德清俞樾蔭甫

往歲余卜宅於姑蘇得倉米巷老屋一區議以千緡易之而稍修葺焉後得地於馬醫巷乃罷前議未幾復經其地則石工木工成集其門築之丁丁聲達於

外間之則曰史方伯所為也逾年而方伯果來訪余於曲園則偉堂史君也其人和調而不緣谿盎而不苛與余一見如舊相識越日報謁登其堂藻室華椽綺疏青瑣赫然改觀余乃歎曰地果以人美乎使曩者為余所得則因陋就簡不過環堵之室辟潤溼園風寒其能崇麗若斯哉已而方伯索余書榜曰半園草堂余率然寫付之亦不知所謂園者何如也今年春余往過之方伯欣然曰吾園成矣盍一游乎乃與偕往園在屋西所謂半園草堂者園中之主屋也其屋南嚮東北有小室曰安樂窩迤東有屋三間曰還讀書齋又以修廊亘之中有小亭二曰風廊月榭東

南隅有室正方前臨荷池後栽修竹以竹與荷花皆有君子之稱因名之曰君子居其西南隅有屋如舟顏曰不繫舟從其後繞出西廊有樓屋三重其下層顏以四字曰且住為佳中曰待月樓二曰四宜樓憑欄西望則闤闠城中萬家燈火了然在目矣斯園也高高下下備登臨之勝風亭月榭極樫柏之華視吳下諸名園無多讓焉余曰此即所謂半園者歟君曰然余曰園至此歎觀止矣奚以半名君曰不然吾園固止一隅耳其鄰尚有隙地或勸吾籠而有之吾謂事必求全無適而非苦境吾不為也故以半名吾園也余因喟然而歎曰美哉君之名斯園乎老子曰知

足不辱禮記曰知不足然後能自強君之名園具此二義矣君請其說余曰以君之力固足以籠有餘地乃甘守其半不求其全此君之知足也然君之園視吳下諸名園固無愧矣君乃以半名之曰吾園固上一階耳此又君之知不足也合知足知不足兩義而君進乎道矣余於馬醫卷手治曲園輒援老子曲則全之義以解嘲聞君之言不禁爽然自失也

遂園雙鶴記　　　甯都魏禧叔子

鶴千歲而元又千歲更白故禽之壽者黑曰烏白曰鶴仙家多驂鸞控鶴之說故鶴尤貴吳門中勖菴先生家有閣曰來青閣前後有松有石有藥欄曰遂園

五一

歲戊申有大鳥翩然降於南除羣笑而譁曰鶴也鶴也明年己酉先生八十初度月在仲春閏之後復一鶴來止而不去蓋一雌而一雄客共驚曰此壽徵也天命之矣又三年壬子甯都魏禧來吴門聞斯事既得父於先生退而歎曰鶴精神潔清雖處闤闠翛然有山林之致先生以長者翛皎皎之節世無所緇其羽毛物實以類應豈惟徵壽吾又聞先生大父文定公當明農時治第吴趨鞠二鶴每燕客則二鶴迎於門坐定酒行則展翅共舞和鳴久之下階而就食何鶴之多異也文定年五十七致政家食者又二十四年而大司馬大參公皆年踰八十申氏世多壽者則

以雙鶴徵先生之壽亦宜

汪氏耕蔭義莊記

吳縣馮桂芬林一

事有創自晚近不必爲三代之法而轉足以維三代之法之窮者士大夫家之建義莊是也考之儀禮傳曰大宗者收族者也又曰異宮而同財有餘則歸之宗不足則資之宗此古宗法也宋呂氏大臨曰宗子法又不行人雖士大夫亦無收族之法欲約小宗之法且許士大夫家行之蘇氏軾亦有亦小宗之議其實今古異宜井田封建一廢不可復宗法何獨不然二公所論亦託諸空言而已吾鄉范文正公守杭郡置義田立義莊貯租汔今且九百年世被其澤說者

五十二

謂得宗法遺意焉公學問軒天地勳名炳史册區區
衣食解推末節耳奚足爲公重顧大賢處世建一策
舉一事往往爲法於天下可傳於後世是舉也前無
所承後有可繼補先王立制於已敝闢奕禩食德於
無窮洵非公莫能爲其爲功德亦遠矣哉今義莊之
設遍天下吾吴爲公故鄉聞風興起者宜益衆乃素
封有力之家奚啻百十數而合郡城之廣着録僅十
餘族嘻蓋其難也封翁汪小村紫仙兩先生奉尊甫
中議大夫雨村先生遺命謀於族倡義莊之議從子
瑕庭封君等若而人咸欣然從之捐常稔田一千畝
有奇又糜白金千流於郡城西偏申衙前購屋一區

建宗祠立耕陰義莊春秋饗祀歲月要會咸於是乎集莊法鰥寡孤獨廢疾有養嫁娶凶葬有助春闈秋賦有臚擇族之賢者司存之大畧準諸范氏詳先生所自為規條中汪氏系出魯潁川侯汪其後以名為氏三十有一傳為漢龍驤將軍文和始遷江南又十三傳為唐上柱國越國公華實汪氏別祖今直省若姓者多公後人又若干傳入國朝為武庠生汝卿府君尚檯自歙遷吳是為先生五世祖世以厚德聞於鄉百餘年來族益大叶淵先生首以名進士入翰林則先生之世父而蝦庭封君之大父也道光辛丑紫仙先生子工部郎中藻蝦庭封君子庶吉士改吏部

主事瑩同榜成進士其餘登賢書貢成均有聲黌序者人若而人寖熾而昌未有艾異時不懈益虔增其式廓吾知是莊之盛必繼美高平無疑也今建祠之地相傳即宋時樂圃復為景德寺為學道書院為兵巡道署為申文定公宅乾隆以來蔣刑部楫畢尚書沅孫文靖公士毅迭居之東偏有六小園奇礓壽藤奧如曠如為吳下名園之一蔣氏掘地得古甃井命之曰飛雪泉今尚存余嘗僦於孫家者數年通籍之歲始舍之北行聞諸故老畢尚書宅之入官也孫氏售諸官顧隱其姓縣令信筆署以汪令終為君家有從前更徙及茲而宅噫豈偶然哉余與工部君道義

切劘交久而篤知其世德纂詳屬記以道諸石以嘗居其地附識此以諗來者

頤園記

吳江金天羽松岑

坐我以華堂飲我以美酒而使我曠然游觀乎山水之間斯非異境與境之在於幽遐嶄絕者天之功也天弛其功地謝其能靈驅秘助來獻斯異崒而巇陷而谷閒而宮厓絕而梁繚而岸者嶺隈者隩裂者磵磵懸溜丁鳴而赴於谿谿上有亭焉實綰山之兩口谿南為堂顏曰環秀山莊者以其面山也蘇之城壓次而墉比舉薪之夕十萬家塵壒囂然而一入斯園之門則鏡瀾屏碧紛拏罨藹朝嵐倒景夕彩暈光隱

五十四

几寂視若出雲表其山皴瘦渾成自趺至巔橫睨側睇不顯斤劚几余所涉天台匡廬衡嶽岱宗居庸之妙千殊萬詭咸奏於斯斯蓋宋錢氏金谷園之古基朱氏繼有之而為樂圃者也清道光朝汪氏於此始建義莊其先後易主互詳錢梅溪履園叢話及馮敬亭耕蔭義莊記園在義莊東偏其闉之額署曰頤園者汪西溪書也構此山者毘陵戈裕良為晚清名手自詫以為駕獅林而上之不虛矣汪子鼎丞數柬余飲於茲園戊午春畢節路金坡貴陽許肇南來蘇鼎丞復邀之飲度曲於補秋舫舫位在山之北隩余踞磐石聽之笛聲搖曳出翠微間而礀瀑自牆外來應

節相和時玉梅二株方怒花辛夷亦垂圻罄無算爵賓主盡歡汪子因舉觴屬余為文以鑿之石汪子有儒雅風諾不可逋也越一載乃命筆誌其勝以備吳中名園掌故

游息園記 乙丑

元和袁學瀾文綺

蘇郡閶邱坊巷有息園者參軍錢鋒所築為錢武肅王分祠者也中具水木亭臺之勝每春時士女看花扇紈撲蝶柑酒聽鶯備極笙歌游衍之樂由來舊矣自經喪亂游事久廢乙丑暮春塵事稍暇余始得同子清杰游五松園啟畫靈鷲諸事綠陰晝寂僧坐掩關還訪息園至則瓦礫礙覆亭榭毀圮於灌叢積莽

中惟見廢池涔涸喬木半枯猶兀立於妙嚴臺高阜之上主人錢震山出談于草蔓間讀錢泳書武肅祠碑及壁間東坡過閭邱小圃飲酒詩石刻相與追憶昔日斯園之盛不禁慨然歎息有風流雲散之感焉

昔在梁普通間崇信佛法簡文以妙嚴名其女棄俗衣緇峻啟名藍立禪興寺舜華萎謝没餘邱壠至宋時黄州舊守閭邱孝終築園居此家畜聲妓後房懿卿兼擅才色東坡嘗雨中過其飲酒詩中記波瀲方塘十眉列座仙袂行雨清歌駐雲其文讌歡娛情景概可想見此一時也國初翰林顧嗣立即其地為依園斬削荒穢崇飾池館開秀野堂招集名流觴詠選

集元詩主盟風雅流傳文苑著爲美談此又一時也乾隆時蔣白梁居之後楊大琛復居之至錢參軍創立息園時其荒蕪亦如今日震山爲余言如是余於是有悟盛衰興廢之理迭相倚伏矣余嘗曠觀世間萬事須臾變易如太空浮雲白衣蒼狗頃刻萬狀轉瞬之間旋就澌滅歸於無有況歌舞娛游樓觀靡麗極盛難繼高明鬼瞰朱門甲第再過爲墟大抵然矣在有道者視之滿損謙益日中必昃富貴無常豪貲籍没炙手可熱門成羅雀榮華寂寞與時消息實事理之恒無足異者則凡日息園之毀廢安知後日不復有振起之者耶我爲語震山姑靜守之餘俟之書

稱無逸陳稼穡之艱難詩詠無荒習唐風之勤儉茍謹持此世德名門百年堂構緜延累禩必有能興復此園者是為記

敬亭山房記　甯都魏禧冰叔

登州姜如農先生有别業在吴門曰敬亭山房敬亭者宣城之山也蓋先生以直言忤旨廷杖詔免死戍宣州衛未幾國變先生曰吾不可以歸也轉徙浙東久之僑吴門得故相國文文肅公園居之曰我宣州一老卒君恩免死之地死不敢忘遂以敬亭榜其堂云嘗崇禎季年先帝焦勞銳於為治臣下不稱任使負上意上寖疑羣臣不可信而言路是非貿亂一二

直言敢諫之臣又多議論失平或迂踈無裨實用上數有貶斥疾威之下罰不當罪者有之從古偏聽生奸誅斥諫臣者往往至亡國先帝不幸國亡人每追咎於斥諫臣之故然其得失要當分別論列不可徒徇君子虛名全歸其過君父先生同時有名臣亦嘗論時相退而補牘與面奏語前後不相蒙上震怒以為欺罔幾抵極刑是以持兩端得罪其事與先生不同而國亡後猶悻悻然不能釋其懟怨先生蓋不僅加人一等矣先生抱膝讀書山房中不與世事者三十年有二子甚才教以古人之學予至吳慕其義先謁先生而先生油油然和且直又若未嘗身之為忠

五十〤

節者予因歎近世士大夫登巍科躐顯仕則德其座主及主爵之吏稍所降黜則怨君父至遷謫外地乃悼然敢不至官而大吏且以賢能稱職首登薦疏雖世有稱賢者亦不免嗟乎天子可貴人亦可賤人可予人亦可奪人也善則歸己德則歸他人而過與怨則歸君父臣子之用心當是耶先生名埰中崇禎辛未進士令儀真以取擢禮科給事中山房故美林水前此為文肅公樂圃又前此為副使袁公祖庚之醉潁堂三公者皆賢人吾將比柳子之賀邱遺也遂因仲君實節之請為之記

姜氏藝圃記

長洲汪琬苕文

藝圃者前給事中萊陽姜貞毅先生之僑寓也吾吳郡治西北隅因商賈闤闠之區塵囂湫隘居者苦之而茲圃介其間時以勝著圃之中為堂為軒者各三為樓為閣者各二為齋為窩為居為廊為山房為池館邨柴亭臺略彴之屬者又各其一予嘗最其大凡則方廣而瀰漫者莫如池迤邐而深蔚者莫如邨高明而敞達者莫如山巔之臺曲折而工麗者莫如仲子肄業之館若軒至於奇花珍卉幽泉怪石相與晻靄乎几席之下百歲之藤千章之木千霄架壑林棲之鳥水宿之禽朝吟夕哢相與錯雜乎室廬之旁或登於高而攀雲物之美或俯於深而闚浮泳之樂來

游者往往耳目疲乎應接而手足倦乎扳歷其勝誠不可以一二計蓋兹圃得名也久矣圃之主人亦屢易其始則有袁副使絶之以高蹈聞於前其次則有文文肅公父子以剛方義烈著於後今貞毅先生復用先朝名諫官優游卒歲乎此而其兩子則以讀書好士風流爾雅者紹其緒而光大之馬蹄中轍日夜到門高賢腸境交相為重何惑乎四方騷人墨士樂於形諸咏歌見之圖繪訖二十餘年而顧益盛與不然吳中園居相望大抵塗飾土木以貯歌舞而誇財力之有餘彼皆鹿鹿妄爲人之所尚耳行且蕩爲冷風化爲蔓草矣何足道哉何足道哉

藝圃後記

長洲汪琬鈍庵

藝圃從横凡若干步甫入門而徑有桐數十本桐盡得重屋三楹間曰延光閣稍進則由東萊草堂圃之主人延見賓客之所也主人世居於萊雖僑吳中而猶存其顔示不忘也踰堂而右曰餺飥齋折而左方池二畝許蓮荷蒲柳之屬甚茂面池為屋五楹間曰念祖堂主人歲時伏臘祭祀燕享之所也堂之前為廣庭左穴垣而入曰暘谷書堂曰愛蓮窩主人伯子講學之所也堂之後曰四時讀書樂樓曰香草居則仲子之故塾也由堂廡迤而右曰敬亭山房主人蓋嘗以諫官言事謫戍宣城雖未行及其老而追念君

恩故敢宣之山以誌也館曰紅鵝軒曰六松又皆仲子讀書行我之所也軒曰改過閣曰繡佛則在山房之北廊曰響月則又在其西横三折板於池上為略彴以行曰度香橋橋之南則南村鶴柴皆聚焉中間疊土為山登其巔稍夷曰朝爽臺山麓水涯羣山十數最高與念祖相向者曰垂雲峰有亭真愛蓮窩者曰乳魚亭山之西南主人嘗植棗數株翼之以軒曰思嗜伯子構之以思其親者也今伯子與其弟又將除改過軒之側築重屋以藏寺主人遺集曰諫草樓方鳩工而未落也圃之大凡如此主人謂誰前記所謂貞毅先生是也以藝名其圃者主人而命予為之

記者仲子也仲子名實節字學在餘悉載前記中不復著云

留園記

德清俞樾蔭甫

出閶門三里而近有劉氏之寒碧莊也為問寒碧莊無知者問有劉園乎則皆曰有蓋是園也在嘉慶初為劉君蓉峰所有故即以其姓姓其園而曰劉園也咸豐中余往游焉見其泉石之勝花木之美亭榭之幽深誠足為吳下名園之冠及庚申辛酉閒大亂洊至吳下名園半為墟莽而閶門之外尤甚曩之闤城溢郭廛合而雲遠者今則崩榛塞路荒葛罥塗每一過之故蹊新術輒不可辨而所謂劉園者則巋然獨

六十

存同治中余又往游焉其泉石之勝花木之美亭榭之幽深蓋猶未異於昔而蕪穢不治無修葺之者兔葵燕麥搖蕩於春風中殊令人有今昔之感至光緒二年為毘陵盛旭人觀察所得乃始修之平之擴之剔之嘉樹榮而佳卉茁奇石顯而清流通涼臺燠館風亭月榭高高下下迤邐相屬春秋佳日觀察與賓客觴詠其中而都人士女亦或掎裳連襼而往游焉於是出閶門者又無不曰劉園劉園云觀察求余文為之記余曰仍其舊名乎仰肇錫以嘉名乎觀察曰否否寒碧之名至今未熟於人口然則名之易而稱之難也吾不如從其所稱而稱之人曰劉園吾則曰

留園不易其音而易其字即以其故名爲吾之新名昔袁子才得惰氏之園而名之曰隨園吾得劉氏之園而名之曰留園斯二者將無同余歎曰美哉斯名乎稱其實矣夫大亂之後兵燹之餘高臺傾而曲池平不知凡幾而此園乃幸而無恙豈非造物者留此名園以待賢主乎是故泉石之勝留以待君之登臨也花木之美留以待君之攀玩也亭榭之幽深留以待君之游息也其所留多矣豈止如唐人詩所云但留風月伴煙蘿者乎自此以往窮勝事而樂清時吾知留園之名長留天地間矣因爲之記俾後之志吳下名園者有可考焉

六十一

勺湖記

長洲沈德潛確士

勺湖方氏園池也園方廣六畝池半之池非湖勺水亦湖取齊物之義因以湖名湖之中央有亭翼然曰丹亭慕丹邱也稍前而西曰西亭從其位也又前曰賡歌堂念故鄉也丹亭之東屹然峙於湖曰楮蔭軒楮樹叢生不擇不別取無用為用也丹亭之西藤木森有石纍纍然若突若仆旁可列坐曰蔭臺以繁陰茂密也臺之西有橋蜿蜒與亭相連曰雁齒橋象其形也園之隙地半種竹餘治圃圃植瓜壺葱韭莧芥凡可為蔬者旁多老木若梧若桂若梅若桃杏若榆柳槐楝桑柘種檀之族數之得數十株并為紫藤為

白蕚為萱為蕉為薔薇刺梅金雀木芙蓉之屬種類繁滋與未相埒凡人世貴重難得者不屬也主人之意不在此也水則芙蕖菱芡菰蔣荇藻牽引參錯搖漾繽紛翡翠之鳥往還翕忽游魚躍波或聚或散倒影天碧淡涵雲光清風始生翠煙欲動月光澄照凌空一色日夕佳景無不可玩主人無事輒來園中或孑影自適或偕昆弟友生倚闌檻坐高閣彈琴詠詩酌酒相樂酣然欲卧心游玄漠若將有得焉而老於斯也園在破楚門東其地狹隘其民奔利屋宇鱗密市聲喧雜而匀湖之地翛然清曠初不知外此為闤闠者而闤闠往來之人不知中有木石水泉禽魚之

勝益可知也舊為蔣氏地向之習於園池者其亦有樂於此耶主人有之適於斯地相宜主人產南粵遷吳中粵與吳皆聲華穎靡之俗也而主人潔清貞正潮如恬如不絕物不苟同與世俗日相接而各不相喻人與勺湖有契合焉宜其樂乎此而不知有人世之榮也主人名還字奠朔名朝字東華其弟

茗華書屋記　　長洲汪琬鈍菴

康熙九年春予自金陵命兒筠往卜居郡城之西郊老屋二十餘間堂寢庖湢略具俗傳以為前明正德中尚書陸公完故居云夏五月予還自西新關埽除旁舍一楹遷几榻其中而寢處焉地廣袤不越數弓

庭前後雜花藥三株老梅各二本前庭又有石直立陵苕始華其蔓循外垣而下羅絡石之四周蓋與梅皆數十年物也予頗樂之乃顏之曰苕華書屋今夫水萬折必東焉鳥獸大者喪其羣匹越月踰時焉則必過其故鄉翔迴焉鳴號焉躑躅焉踟蹰焉小者至於燕雀猶有啁噍之頃焉今予自宦仕以來無污萊以供饘粥無室廬以蔭庇風雨寒著袁宜人既没於是寓其孥於昏黨委之而食祿京師者殆十有三年矣及其遷也環顧耳目之前井市半已改易親舊半已凋喪故時所藏琴尊圖籍玩弄愛好之物半已零落不知所在而予亦遂初矣幸有此楹一以為讀書

歌詠之地自分可以少休顧獨馳驅奔走役役而不止不亦大可太息哉然則予固困而思歸矣拂巾布袍從容偃息於陵苕之下必不苟且遠矣故記之

塔影園記　長洲顧苓云美

塔影園者文基聖先生別墅也先生爲待詔衡山之孫國博三橋子詞翰奕世宏長風流初於虎邱南岸誅茅結廬名海涌山莊鑿池及泉池成而塔影見張伯起賦詩落之於是和州爲之圖三橋題其上云籬豆花開香滿園赤闌橋畔塔斜懸偶思小飲沽村釀門外魚蝦正泊船園之蕭條疎豁犬槩可見既而居士貞僦居之士貞云後敗瓦頹垣中風徑霜林依然

如昔尋山客至不復停車天啟閒屬松陵趙氏往來讀書復臨池結屋稍貯歌舞後出仕閩亂及歸遂為園擇至適余過而樂之與割券而考室焉憶梁書顧正禮隨外祖游虎邱以枕流漱石之語為外祖所器卒以志操見予為文氏彌甥葺此舊隱似闕宅相亦有門風彭城萬若來又為予製雲陽草堂記四方過從時留題詠詩文多於水樹水樹多於齋館烏足被園林之目哉夫有所受之矣

塔影園記

長洲沈德潛確士

探名山之勝者必梯崎嶔縆幽深嗜奇者快焉而或病其勞且不能經久而結構林園休憩者平池小邱

六十四

魚鳥翔游一切巉巖秀削之狀又不能游目而即得惟因名山為名園斯兩者兼之摩詰輞川莊因乎藍田白太傅草堂因乎廬山其最著也賦琴主人為園於虎邱東南隅山之明麗秀錯園皆得而因之名曰塔影山巔浮圖隱見林隙故名園本程氏故居幾為廢壞主人有之制蒙翳闢荒墟構新依故崇卑決於經營有年斷手伊始敞者堂皇俯者樓閣繚者曲廊靜軒閣龕邃高深房峙迴亭臺環迴垣墻向背適宜燠寒協序隙地植梧柳榆檜桃杏來禽芍藥滿畦寒梅成林藤蘿交絡桂樹叢陰馣馤蓊薆蔥蒨深沉此南岸之勝概也迤北通以虹橋沿以汀堤突以高岡

岡雜松杉烏桕銀杏之屬石級縈繞虎絡連綴洗鉢
有池翻經有臺窈窱有欵菸篠蕭疎連綿鶴澗第三
泉注白蓮池瀉入澗中乍舒乍咽幽幽淙淙雲垂煙
接最高處舊名睇眎涵空浩然天成非由人功此北岸之
勝概也園三而繞河船自斟酌橋進叢生芰荷朋聚
鳧鷗回塘紆餘沓溆分流山遙青而點黛水繞白而
曳練直瀰長蕩疑聞棹歌此園以外周遭之勝概也
主人養閒園居寤對名山凡伯主魚腸美人黄土高
僧談空道流輕羽憑弔前蹟如同晤語而都人士之
計春尋秋携琴挈侶者亦若點綴以風華掩映乎邱
園則林居之道遥與探歷之曠奥一俛仰而交集吾

六十五

所也又主人庋書數千卷興到隨手一編有得於心脫然蹄筌客至或談討金石或娛情誦弦此更有得於身心之樂而豈徒獲名山之助相與濯纓而晞髮頤性而忘年也與昔顧高士苓居塔影園高士結志區外灑心清川所云畏榮好古者也今異其地而同其名殆有尚友前民之意焉主人名重字光子宣姓蔣氏園成為乾隆某年月日

皃溪漁舍記

長洲蔣恭棐維御

出金閶門山之可日涉者莫如雲巖方塘涵波萬瓦鱗次花晨月夕畫舸填塞廣場勝會亦時喧囂之嫌近山村落小渚縈迴野田疎豁與雲巖之平遠秀麗

足相映發而游跡罕逮半塘迤北清瀏數折土名鴨脚浜鴨脚銀杏樹名吴中處處有之獨被是何耶余從祖父繡谷先生暇日與客過而樂之購地築室題曰鳧溪漁舍自營壽藏其旁命為之記

西溪别墅記 嘉定錢大昕曉徵

吾友陸君豫齋唐高士甫里先生之三十四世孫承先賢遺緒敦本睦族勇於為善既建甫里先生祠於虎邱山塘之南又構小園於祠之側顔曰西溪别墅屬予記之考甫里先生卜居吴郡之臨頓橋其幽房賦云門臨鶴市地接虎邱又嘗與皮襲美西溪閒泛倡和之作載於松陵集則兹山為先生流連觴詠之

地九原可作其必有樂乎此矣相傳甫里祠其清風亭光明閣雙竹堤杞菊畦垂虹橋鬬鴨池諸勝令皆鞠為茂草豫齋盡然傷之爰於别墅倣其名目隨地勢曲折而布置之高者為隄窪者為池儼然者為閣翼然者為亭水石清曠卉木敷榮拓地僅百弓而究得笠澤松陵之趣蓋不徒存甫里之故蹟無兼得甫里之性情者也予嘗讀唐書本傳稱李蔚盧攜皆與善及當國召拜左拾遺詔方下而卒疑若少假以年不必以高士終者及至兩人入相年月參以笠澤叢書唐詩紀事而知史之未可信也兩人之並相在乾符二年乙未至五年戊戌而相繼罷去拾遺之召當

在數年間而叢書之成在乾符己亥則其時先生猶無恙計敏夫謂卒於中和初中和又在乾符之後盧李二公皆先沒矣然則先生雖以拾遺召而堅辭不起終全肥遯之操豈籍終南為捷徑而捧檄色喜者哉士人高尚其志必不慕乎一時之榮而後能收千年之報迄今過西溪而瞻拜祠下者流連慨慕共仰為百世之師而又有賢裔如豫齋者詠芬詠烈克紹家聲祠得地而益彰地有墅而愈勝高山景行俎而豆之將終古而無極視左掖之榮所得為何如也世徒惜先生之不及應召而不知先生乃召而不出此所以為真高士古人以三高並稱予謂少伯功名中

六十又

人固非其匹季鷹雖知幾猶多入洛之舉較先生尚遜一籌也試質之豫齋其以我言爲然否

挹秀樓記

吴縣亢樹滋鐵卿

由海湧峰而南行過斟酌橋百餘步有樓翼然路之里塘之上則挹秀樓也舊名聚遠爲吴玉松太守别業當承平時畫船簫鼓絡繹樓下無虚日太守恒坐卧其中爲樂未幾歸於王氏兵燹後屋室莽爲邱墟惟樓僅存光緒初元余弟樹楠既割其地爲家祠落成之後又新作是樓爲登眺之所顔曰挹秀屬余書其額并爲記之余方弱冠時逢春秋佳日恒隨侍先君子泛舟山塘數過樓下見珠簾翠幔掩映於山光

塔影之中可望不可即未嘗不歎樓居者之不啻神仙若也乃俯仰之頃樓則猶是而已三易主矣先君子既久棄養余亦齒危髮秃景迫桑榆欲尋少時隨侍之樂而湖山閒寂蘭橈桂楫髩影釵光渺焉不復可覩蓋幾幾乎有時殊世異之感焉惟天平諸峰聳然遥拱於十里之外崢嶸秀異依然在目歷盛衰如一日也因以知紛華靡麗之境有時而變遷固不若清虚閒寂淡泊甯静之足以樂吾志於無窮也風月清朗煙雨晦冥之夕先君子之靈爽或亦憑依於兹而下忍去歟然則吾亢氏世世子孫安可不思所以永保之哉

漁隱小圃記　青浦王昶德甫

楓橋之水從梁溪來過橋分支西南流别爲西塘又有橋名江村其南則袁子又愷漁隱小圃在焉圃之先爲王岡齡居名江村山齋岡齡師沈文慤公工小詩畫仿文待詔往往拾集勝流名士作文字飲其見所刻西塘唱酬集中又愷之兄岡齡女夫也故是圃歸袁氏其宗人蘭齋大令曾爲記又愷拓而新之入門貞節堂三楹後爲竹柏樓蓋節母韓太夫人撫孤居此竹柏以况其節也樓旁有洗硯池池水湛碧芙蕖花時香滿庭户沿池徧植木芙蓉有徑達夢草軒傍柳陰駕横石名柳江徛由徛而入左爲繫舟右爲

水木清華樹再進為五硯樓又愷嗜藏書兼嗜硯獲硯五皆元明間袁氏名人手澤故以名樓登樓遠山出没平疇如方罫可供吟眺樓東楓江草堂南並草堂者小山叢桂館前有小阜突起建吟暉亭於上亭下接稻香廊廊盡為銀籐簃西向最高者為挹爽臺草堂之後栽牡丹芍藥名錦繡谷東則漢學居又愷著書之地又愷窮經必本註疏也再後為紅蕙山房鈕布衣非石自洞庭山移紅蕙樹此故名凡十六景而統謂之漁隱小圃蓋視岡齡在日固已勝矣於是春秋佳日吳中勝流名士復命儔嘯侶來無虚日而遠方賢士大夫過吳者挐舟造訪填咽於江村橋南

北樽酒飛騰詩卷參互更非閫齡所能逮矣憶庚午歲余從文慤公至此迄今已五十年西塘唱酬卷中凡四十餘人無一存者獨予齒危髮禿乃得乞身投老盤跚躑躅其間以續文慤諸公之後且見夫亭榭之更新圖書之美富賓朋之戩盍將與樂圃南園並美既以志感又竊自幸也故因又愷之請記而叙其大略如此

五硯樓記　　嘉定錢大昕曉徵

袁子又愷向居金昌亭畔題其讀書之室曰三硯齋予嘗為之題扁三硯皆其先世所詒為介隱先生物一為謝湖草堂硯則尚之先生物一為列岫樓硯則

之先生物也丁巳歲青浦王侍郎以所藏清容居士
硯贈又愷錢塘奚鐵生為作歸硯圖一時侈為嘉話
未幾又得谷虛先生康吏石硯并前所藏而五是夏
又愷移歸楓橋舊居甫卸裝即謀藏書之所唯茲樓
宜乃奉先世手澤及古今載籍收藏唯謹名其樓曰
五硯屬余記之袁氏四姓五公著於東漢晉南渡後
門望亞於王謝吳中之袁則自明嘉靖六俊以文行
相砥礪與三張四皇甫齊名迄今三百年來詩禮之
傳人而未替又愷承其父兄之緒益以通經敦行孟
晉匪懈凡先世遺跡流轉它姓者輒重價購歸弆之
斯樓生平篤好文史聚書數萬卷多宋元舊槧及傳

鈔秘本暇日坐樓中甲乙校讎丹黃不去手予嘗論世少藏書之家藏矣未必能讀讀矣未必能校能讀且校矣而或於己妬彼如許慈胡潛所為亦未免通人譏議獨又愷兼三美而無一病予心重焉其樓四面洞達迴出埃壒靈巖天平之紫翠望之如可摘也支硎法螺之鐘磬招之若相答也前俯澄碧旁植花竹挹風土之清嘉屏絲管之嘈雜予蓋嘗裴回徙倚焉而不能去也列岫樓又廢今無能指其所在者而硯尚存斯樓主賓文酒唱酬之盛不減於曩時此吳中世族所難得者予所以樂為記也

廣居記

余居楓江寒山寺之東門外水環之入門折而西余書室三椽在焉縱二尋有五橫倍之茅屋紙牕僅蔽風雨余於左置長几積書其上下一小榻倦即卧中容方几短椅供三四人坐客來小飲恒肩摩而趾錯然右有書櫥五無他物前庭深五尺植大香櫞樹一後有一小室空外即小圃不半畝雜蒔草木四時皆備凡庭外花最繁室中器其以及需用者皆寡甚而書則無算性好整不雜亂讀罷必歸原次以故書雖多而不見其煩人過者恒曰隘哉隘哉今則日夕獨居其間左圖右史前花後竹校讀之餘繼以詩酒興趣所至直不知天地之大古今之遠宮室之盛品物

七十一

之繁其心泰然自足其身亦若寬然有裕遂取孟夫
子之意名之曰廣居豈徒以為天下之居不過如此
乎始以為隘者見之更蚩然笑予妄嗟乎人患不讀
書明道耳不讀書則市井之習易染而識遂深於猥
鄙讀書而不明道則文雅之名雖歸而學終入於偽
雜若而人雖日處通都大邑崇臺峻階甚而堂高數
仞榱題數尺非不自謂華侈可尚顧盼生光也余視
之真若局天蹐地而日無容其足焉何也中無所有
外雖盛而莫當也余讀書三十餘年始猶思耀時自
用汩沒於詞賦中數年繼更旁騁於諸子百家以自
豐衍近乃頓悟前非服膺聖教游乎仁義之源涉乎

詩書之囿因思登程朱之塗上周孔之堂斥異端南迴其狂瀾屏偽學而歸之正路立志既堅加以造詣時作古文昌明其理遂覺富貴貧賤威武之境與不足以入吾心而循循然惟聖賢之大道是務蓋廣居者本在內而不在外也故雖環堵之室尋丈之間而天下之廣若皆瞭然於心目而無所遁焉如是而道有不明者乎心有不廣者乎外特其跡爾人徒見吾之外而不見吾之內毋怪乎以為湫隘迫反而不可一日居也吁重文章而輕道德世途其日隘哉

荆園記

我原籍休甯清乾隆年間遷崑始祖琴山公經商崑

七十二

山遂家焉崑城遺有祖宅迨光緒中季壬寅科先兄調侯鄉闈中舉人後受蘇州大石頭巷洪氏聘薦爲撫院幕府乃遷蘇城我隨兄攻讀光緒庚子山西李文誠公殿林號蔭墀辛未進士由禮部侍郎任江蘇學政我爲秀才後第一次歲試拔置一等第二名譽爲榮世文章獎勵備至咨送京師大學堂肄業我四歲失怙恃賴叔父資政公教養成立求李公可否就近造就以使養親許薦京師大學堂上海譯書分局任編輯員局長張菊生元濟太史異常優待迨光緒三十四年戊申之夏天津徐菊人世昌以軍機大臣特任東三省總督承徐總督請調遼瀋補用乃自牧

令游擢監司未及二十年開府龍江風沙冰雪久役東陲内政外交因應不易年將五十衰病侵尋軍閥專横諸難進行我兄康民力勸急流勇退誦陶淵明游斜川詩開歲修五十吾生行歸休亦抱同情之感旋於民國十六年丙申之冬乞歸省退隱吳中迎吾兄同居先得鈕家巷鄒詠春太史舊宅眷屬子女諸姪衆多不敷分住丁卯冬由祁陶甫張久餘諸君介紹得城中護龍街九勝巷口對面有舊稱陸家墻門田氏大宅房主田紹盦陪視房地進園轉西即見有荆園磚額在焉園地約有三四畝荒圮失修略具池亭花竹園東朝南有大廳及後廳樓東西院有客房

書房廚房浴室等四十餘間田君稱此宅其先人得之陸氏陸乃得之有明長洲文彥可枕煙舊宅歸告阿兄康民謂齊諧記載京兆田真兄弟怡怡紫荊重開千百年來傳為佳話不圖吾垂老兄弟得此荊園何樂如之議遂定此宅前門坐落護龍街朝東近市喧囂乃又商之西鄰曹君幼卿願以馬醫科朝南房屋十餘間地基七八分讓歸我用得與荊園南墻聯絡開通於是護龍街前門改作副門以馬醫科新得之地改作朝南前門闢大荊園用地以本宅原有西北長安街景德路之後門改作第二副門門內小園亦有修竹嫩桑別饒清趣經之營之不久而木工告

成間之紿龕當太平天國軍隊攻進蘇城陸氏男女老弱盡殉荷池將近百年時露枯骨我乃以池濱湖石遷堆假山數座掩骼埋齒填平全池義所當為平池拆橋後以池址起點處起建西式四面廳朱古薇侍郎題贈蘧廬匾額位置琴書招邀親朋如張仲仁雲搏昆仲吳穎芝鄧孝先林鯆楨費王如王嚴士費仲深彭子嘉王仁山郎蔭甫王熾甫王受尹姚威伯沈麟石毛艾孫穀孫昆仲連慕秦周炳卿姜證禪陳公益馮賡甫陶小柳張揮蓀冷天雄陸頌侯姚君玉徐印若吳臞安閔釆臣蔡雲笙尤鼎辰諸先生嘯詠其中極文酒讌游之勝園之西北有屋三楹傳是明

代舊築鄧孝先太史題額補讀齋康南海先生題贈
退思橫額補讀未讀之書思補已往之過素願幸償
齋有前後廊前廊闢左右兩門左曰鋤月右曰枕煙
我髫齡叔父資政公命名廷恒讀詩經曰如月之恒
又讀林逋詩笑指後庭風味好自鋤明月種梅花因
號月鋤令得文枕煙舊宅以枕煙而對鋤月為先後
三百年來園主人遇合稱奇齋西地甚幽靜有屋一
幢添栽松柏以立家廟孔子曰祭如在祭神如神在
因乞鄭蘇戡解元題額僾見敬為歲時祭饗追遠之
所同時並勞蘇戡題贈齋聯曰五畝桑園高士宅四
時花供讀書樓後廳西樓總正臨荆園補讀齋書聲

琅琅可傳達也園之西南角落假山後新建三角亭擬名半亭親家崇明馮紫羅司馬題額曰求闕即席揮毫付刻紫羅笑謂我一門鼎盛如此園林蘇城罕覯藉寓謙益滿損之意良堪感佩太倉老友王熾甫學博刻贈亭聯三竿兩竿之竹一寸二寸之魚尤為生色北京顧冶仲中書臨賞齋前指為全園勝境園東大廳有父執王嚴士先生贈聯解組歸田園林小築樂天知命歲目長春常熟趙古泥先生書寶善堂大宗堂區蔡雲笙孝廉贈西書房養正書屋額東客房可止軒額琳瑯滿目美不勝收我自題後廳樓匾額曰春融草堂統計園地房地得有四畝八分頹者

七十五

屹然鈌者初完植基彌固綠化葱龍花則有紫荆紅綠梅迎春玉蘭辛夷繡球牡丹芍藥櫻桃鐵梗海棠雪梅山茶紫薇木香杜鵑月季薔薇建蘭萬壽菊大利菊木犀晚香玉紅蓼虞美人各種荷花水仙臘梅樹則有核桃櫻花紅綠楓松柏女貞梧桐桃李杏橘葡萄黃紅天竹等等春紅數曲秋馨一山幽鳥弄聲關關嚶嚶四時佳興與人同可詠之矣馬醫科巷西有俞氏曲園我荆園在巷東余生也晚僅晤曲園孫郎陛雲探花未及與曲園老人相晤然曲園衡宇相望竊自欣幸猶憶老人春在堂集有詩曰馬醫長巷卷中央正是吾家薜荔墻墻內小軒題印雪雪泥蹤

蹟在青箱想見老人好學至老不倦詎丁丑日寇陷蘇孥眷避地京津我園為日寇騎兵佔據書籍字畫細輭物品被刼靡遺壬午南回省視幾如不令威化鶴歸來城郭猶是風景已非防空洞開亂磚山積園林亭臺其燬於寇與戕於人者皆不可歷歷追印舊蹟悲從中來我先兄康公在天之靈當亦愴然以此可歎林之在天地間成之至難而燬之甚易數年來重加葺治記其經過雖不能復舊觀狗碎雞零一日有園一日有責培養愛護願我後人毋忘此日之艱難

中華民國三十三年甲申春日退思老人年六十

七十六

有六

吳門園墅文獻卷三

詩籟

勾吳　范廣憲　君博輯

余故里無家久寓吳下去年於馬醫巷西頭買得潘氏廢地一區築室三十餘楹其旁隙地築為小園壘石鑿池襍蒔花木以其形曲名曰曲園乙亥四月落成率成五言五章聊以紀事

德清　俞樾　蔭甫

吾家烏巾山舊有先人屋四齡即遷徙至今遂難復東華挂朝籍中州忝使竹自此稱賓氓十有八寒燠天地本蘧廬何者我邦族吳中五柳園昔曾寄游矚亂後廢為墟止餘水一掬幸茲馬醫巷有地吉可卜

爰自去年秋，辛勤事版築。居然告成功，止閱弦望六。但取粗可居，焉敢窮土木。吾學公子荆，一苟萬事足。

其二

其前闢為門，門小纔通車。合肥李文華，署曰著書廬。（李少荃相國書「德清俞太史著書之廬」几字，令榜之門。）其中為聽事，頗覺寬有餘。是曰樂知堂，老彭為我書。（謂彭雪琴侍郎。）樂天而知命，斯義聊自娛。由此入内室，居處全家俱。上以奉老母，下以容妻孥。賓朋别有館，僕媪各有居。幽隱為屏匽，明敞為庖廚。規模罔不具，曰陋則有諸。

其三

自聽事而西，有春在堂焉。文正所題榜，墨彩今猶鮮。

四方君子至皆於此周旋曾文正昔為余書春在堂三字今于樂知堂西為便坐以待賓客即以此額之此內有隙地不能成方圓自南而北東有若磬折然書坐側好事所樂惟林泉爰因地一曲而築屋數椽卷石與勺水聊復佚流連名之曰曲園為鉤不為弦吾聞之老子所謂曲則全

其四

曲園雖褊小亦頗具曲折達齋認春軒南北相隔絕花木隱翳之山石復嶕屼循山登其巔小坐可玩月其下一小池游鱗出復沒右有曲水亭紅欄映清冽左有回峯閣階下石凹凸遵此石徑行又東出自穴依依柳陰中編竹補其闕築屋名艮宧廣不逾十笏

二

勿云此園小足以養吾拙別詳曲園記吾兹不具説

其五

昌黎三十年辛苦成屋廬作詩誇兒曹意溢詞之餘東坡讀而歎謂不淵明如嗟余本無似碌碌章句儒年華逝水迅往事搏沙虛乾坤逆旅中偶此留須臾若復相炫耀大可相揶揄有記更有詩姑以存區區竊示高平君不用書示符

徐花農秀才琪為余繪曲園圖賦此謝之

同前

一曲園林布置粗盆池拳石自嬉娛忽煩妙手来描寫遂使全家住畫圖康節行窩原是寄放翁園扇豈

堪摹因曲園圖標飾未竟先縮寫齋紈一握見貽得君點染居然好始信
文人筆墨殊

小浮梅　　同前

屬樊榭湖船錄云黃貞父儀部用巨竹為泭浮湖
中編蓬屋其上朱闌周遭設青幕障之行則揭焉
支以小戟其下用文木斲平若砥布于泭上中可
容六七胡牀位置几席觴豆旁及彝鼎罍洗茶鐺
棋局之屬名曰浮梅檻余頻年主講詁經精舍春
秋佳日時至西湖每思糾同志數人仿此製為之
而迄不果有造浮梅檻議一篇存賓萌集中乙亥
初夏吳中曲園落成園有曲池乃于池中截木為

三

桴屋于其上朱闌綠幕畧如黄製然周圍止十一丈方之西湖直杯水耳故此桴廣止四尺修止五尺渺乎小矣因名白小浮梅賦十二韻記之

十年雅慕浮梅檻試手經營到此纔只惜量來不盈丈故應喚作小浮梅縱横椁栰三層積前後軒檻四面開帷幕綠隨風反側闌干紅與水徘徊一繩摇曳呼孫挽半席寛閒倩婦陪偶欲曲肱宜竹几或思潤吻有茶杯平如畫檻移春去輕似槎貪月來淬到舷邊堪掇拾魚游鳥下莫疑猜蒲團布處成禪榻　箬携將即釣臺試與臨流弄寒碧勝於掃石坐莓苔囊時創議傳朋舊此日環觀詫僕儓問訊天南老開府

乘桴海上幾時回

閩撫王補帆同年頻有書來問浮梅檻成否故及之時補帆方駐台灣也

和寄俞階青太史都門昨過蘇州悵望曲園徘徊不能去也　　貴陽陳夔龍筱石

長安聞似奕歲晚盍歸来且共陶潛醉甯為庾信哀
知交三載別懷抱幾時開蓬閬風流歇空憐著作才

其二

搖嶽淩滄筆高風杳謫仙廬猶書太史迹已判人天
秋雨重陽客春花都講筵馬醫科咫尺一過一流連

馬醫科巷為蔭甫丈舊宅門榜德清俞蔭甫太史

四

著書之廬等字乃李文忠公所題

題顧子山文彬方伯怡園圖

中江李鴻裔眉生

疊石疏泉不數旬水芝開出似車輪石幢一尺桃花
雨便有紅魚跳綠蘋

千夫邪許立奇礓萬石彩順山繞廊更展袖中修月
手挽將銀漢作銀塘

重疊銀臺襯玉趺風清月曉一塵無敢將翠蓋紅妝
句涴爾神人冰雪膚

池中白蓮皆重臺異種

匆匆紅紫去來忙惟有芙渠壽最長初夏荷錢晚秋

韵還留春藕隔年香
榭南香雪霏成梅榭北雲根翠荷天眼底風光陽便
得笑人思穎憶平泉
蘇家飲馬橋頭水君住水西儂住東一樣滄浪草亭
子媿無三叠好屏風
　園中三叠屏風最奇
顧子山方伯蓄湖石五峯於可自怡齋為圖徵
詩　同前
塵事都無累高齋可自怡琴邊衆山響花外片雲奇
書畫成清癖溪山壽大癡家風傳萬石借喻不支離
其二

五

碧玉環中坐疑君是偓佺一庵如海岳五老共周旋
好飲罄尊酒還參雪竇禪底須雙不借才到閬風巔

顧艮盦文彬邀同人於金石居作坡公生日即
席次韻　　　　同前

我生紗縠行距公八百載異代認同鄉披圖人宛在

次潘季玉韻

歲歲臘嘉平與公一尊同來歲或添請南郭滄浪翁

次彭訥生韻

蘇鄰生于眉山書院距公紗縠行舊居一鷄飛地
耳家于中江又與蘇滄同里因宜並壽二蘇公也

立夏後三日游怡園

吳縣沈敬學習之

詞譜名園主費吟園主顧良庵先生有怡園好詞千首我來城市得山林倏聞語為動清興剛過花時有綠陰依樣水總牵岸住多歧岩竇誤人尋廿年經始原非久楊柳池臺爾許深

豈必為山定有由荆榛赤手闢荒邱雲林祕閣圖書富洛下平泉洞壑幽幾樹濃陰涼借水四時佳景媚當樓泥融草長無多日猶見春人屐蹟留

甲申重九登元妙觀彌羅寶閣還游顧氏園口占

桐鄉嚴永華少藍

又是登高會西風上寺樓全家涵道氣九日得佳游

六

蘭若層霄近葺城列戶稠憑闌閒覓句莫負此勾留

其二

名園通曲水來興一徜徉游賞忘賓主經營羨構堂
壁琴饒古韻籬菊有清香去去猶回首亭陰已夕陽

秋夜飲顧氏園有感

高密鄭文焯叔問

磵松夜絃孤鶴唳危立空池弔秋影露花紅滴不成
淚九疊石屏繡苔冷衰蘭送客朝暮哀珠欄玉砌多
蒿萊鄰聲縱有山陽笛聽到白頭能幾回華年樂景
殘杯促庭角春煙冷階玉暗闌蕉雨滴愁心屋傍無
因題夢綠

國曆三月三日與巽堪彈民潛庵家巽霄叔游
怡園茗坐甚久　常熟龐樹階拂雲

小坐高齋可自怡風流諸老繫我思人間不必知何
世壁上猶留絕妙詞生意自憐枯樹賦（園中有老樹一株已枯）
舊人誰唱渭城詩（彈民與巽堪談昔時崑曲之盛感慨係之）酒悲未敵禪
心寂無語相看撫鬢絲
是日先至覺林素餐坐中除潛庵外皆戒酒

題草廬茗話圖　同前

吳中自古名園多遺跡皆足資詩歌梧桐館娃霸業
起石湖參政誇煙蓑就中顧氏名尤盛辟疆尚矣誰
能那子敬無人轉而賞狂態一抑因識訶連及有唐

七

園猶在況也假此曾婆娑辟疆園唐時猶在顧況嘗假居之見一統志五
山旁及數阿瑛草堂老鐵時經過清初秀野足繼起
戎葵清露石成窩所惜俠君不工畫小山給事為磨
螺秀野堂圖為王給事原祁作見曝書亭詩注近代怡園復此盛萬千氣
象皆包羅主人功成參微管晚年退隱居松蘿畫師
列席皆上品詞客結社能長哦光緒初葉世未衰手
澤足使人觀摩虎頭況有君家筆西津老人導先河
寸縑尺幅世所寶重名早已冠蒐裒邇來六法仍未
絕輩從復欲推聽波西津公子亦絕倫公雄公碩人
中和三君好客皆所同嘉會結夏邀茗柯茲會賓客
多能者鄭虔三絕均不頗傳神時時可破壁臨池往

往思籠鵝有時閑門苔覓句元祐體或追涪皤坐中
蔡侯（巽堪）善笑談酸鹹與俗殊回科莊生（炳漢）寓言有十
九間之撫掌人呵呵當其興酣至忘晚恨不返日揮
陽戈愧我錄錄一無能其間但識唯與阿惟有一事
未敢後能效屈子（伯剛）持彌陀樓鞋桐帽同是累幾疑
騷製衣芰荷公雄昆季圖示我令我啟顏觸衰病（圖中
有帽者指余鞋小異者則伯剛也）從此中吳續紀聞後之視我當誌
麼忽憶康熙王尚書醱醅徵士許傀儀文貞侍士遜
益都禮數尚知寬不苛（宛平王文貞公崇簡有怡園康熙己未宴諸徵士於此）
今之衮衮又何者平泉飲啄紛傞傞披圖擲筆三歎
息生不逢辰可奈何

八

偕屈伯剛游怡園　吴縣　吴興讓竹林

吾鄉風雅峙東南，前有苑庵後艮庵。平泉花木皆賢主，百年稚稱如新驂。我來時正值暮春，入門已撲三斗塵。長廊宛轉圍修竹，一片琅玕戛寒玉。倚欄小憩吸清靈，肺肝似向冰壺濯。聽琴仙館敞高軒，奇石一庭閒古木。長橋平劃半湖光，荷榭對飲遙山綠。策杖忽鼓登臨興，攀藤拾級繚且曲。洞壑陰森凝石髓，石室屢巖供佛屋（洞内石成佛像），蜀道行旅圖彷彿。獅林不數雲林築（相傳獅子林為倪雲林築，仿蜀道行旅圖也），穿林渡澗境更幽。小池清可數魚游，畫舫玲瓏牕三面，疑是張融岸上舟。瓊島仙種不可見，但見園圖作者盡名流（牡丹廳額題瓊島飛）。

來後軒壁懸怡園圖皆吳中名手宋詞集句尤精妙楹聯大半集宋詞縱有名園無與傳風流儒雅倏卅年盛時祐辰等雲煙流風末沫西津老三絕傳家老鄭虔丹青陶冶宋元筆黃癡倪迂衣米顛子昭門廷超若市脫脫手繭筆褪尖能事促迫古所歎何不日日園中醉石眠

獨游怡園閒有誦陶詩者欲歸復留因覯董書石刻率成一詩　同前

意行無定所近園閒屢游靜坐參眾妙石刻為靜坐參眾妙清談適我情十字未厭寂無儔晴光泛玉蘭素艷明且稠孤鶴伴我吟幽鳥鳴相酬雖無攜手歡孤賞頗自由忽聞誦陶詩欲去且少留我志在寥廓風盟唯白鷗義熙

九

今歲起得休且便林寥廓用聯中原句

怡園再觀董書石刻　同前

悶來便上習家池雨載幾吟百首詩最愛董書完未泐王延亭下立多時

別怡園　同前

親故別已慣往來苦有無此園緣獨深踪跡殊不疏臨別重殷勤獨往不嫌孤久雨蔭益綠無人景更殊晴光泛木杪雲影相卷舒獨坐正翛然暮色忽催余更往玉延亭一別文敏書沈吟不忍去且復立須臾竹風響瑟瑟松月影徐徐黯然似魂銷雖戀不能居悵悵舍之去回首猶欷歔

題吳中七老怡園雅集圖並序

圖爲顧艮庵方伯潘西圃侍讀吳引之觀察蔣心香水部潘玉泉方伯彭訥生都轉吳語樵觀察光緒己卯在怡園雅集年皆六十以上余十三四歲時先兄寅臯館于吳語樵太世丈家課其諸孫今忽忽四十餘年不勝滄桑之感爲題一絶以歸之

吳縣張一麐仲仁

城東游釣記前塵老輩風流迹已陳想見園林裙屐盛貞元朝士更何人

怡園小集公雄昆季合作草廬若話圖爲題二首

平湖屈　爔伯剛

眼底新人所識稀，儒酸臭味更相違。平攜一席逃塵俗，收拾餘年脫世機。雨後搏沙聊聚袂，風前積翠欲沾衣。渚茶飲罷騰騰睡，堯舜渾忘有是非。

賢主才高半畫師，一門風雅競豐姿。頗懷耆舊壺觴日，喜見先生酩酊時謂聽波。倦客猶談盛世事，茅齋聊慰谷音思。愧余老守青鞋賤，坐蒼官未怨遲。

訪孫伯南同游怡園用袁伯怡園即景韻

長洲張榮培植甫

偶訪興公冒暑過，綠陰一徑入藤蘿。小橋九曲隨峯轉，古木千章占地多。竹影節煙遮午日，荷香浥露泛晴波。試披吳下名園記，丘壑如斯有幾何。

重九日秋心招須堯問梅及余集怡園登高並

赴酒家小飲　同前

招得同心侶，來游顧氏園。高秋風日麗，荒徑菊松存。

小坐聯茶話，閒行印屐痕。客稀尋鶴伴，林靜聽禽言。

叢桂留人住，修篁避俗喧。何年同橘隱，此境即桃源。

幸脫兵戈險，全叨覆載恩。清談退晉代，雅謔鬧齊髡。

烏帽成佳會，黃壚訪近村。其欣螯入市，聊泛酒盈樽。

兼味饒蝦菜，幽芳滯蝶魂。歸途新月上，扶醉叩柴門。

怡園　元和陳任公孟

愛此尋詩地，容偷半日閒。林風禽語碎，花雨蝶魂孱。

茶到吟邊永，碁收劫後艱。清池猶可鑒，重對鬢絲斑。

十一

東坡生日集鶴園用坡集生日和王郎見慶韻

余素不步韻韋齋以是命題閒健遂強效顰焉

吳江金天羽鶴望

詩仙卓筆萬靈趨八百年來首唱于流轉江湖成韻事崢嶸笠屐想形模稱心書翰開宗派玩世詼諧赫腐儒帝座斗魁星列仗仙山樓閣海環郭三吳勝跡泥留爪百代豪吟鼓應桴攬揆呼朋謀婦酒尖叉鬥韻劫驪珠梅閣臘月花常細硯着寒冰墨近枯雪後園林寄嘉會紅爐相對面生腴

復庭醒華中秋夕張飲鶴園座客十一人以一規清影中有天香相比並為韻余拈得比字

同前

舉頭觀空月在指低頭觀心月在水人天幻景一嘲
弄那曉月墮酒杯裡年年中秋人望月幾度中秋樂
無比去歲危城占風角仰見青天薄如紙強扶殘醉
看月色天上姮娥慘不喜人生相聚且痛飲悲歡易
地心所使猶記冷朋十二開酒社共道先期慶甲子
詎知欃槍降吳越毘陵父子驚轉徙老谷物故雪灘
瘞當時甯復能料此綺髯捫腹詡餔啜三日前頭吐
不止我輩疏狂幸健在又惜龍慧去千里鶴園掌故
殿吳羣桂子飄香落盈几闔座共參無隱禪況我禪
心皓月似舉杯邀月賀詩成又有月向杯中起

十二

鶴園晚坐　　長洲張榮培埶公

一角迴廊膝易安，藤陰滿架壓闌干。新茶有味清於水，多竹生涼夏亦寒。宿鳥爭巢知夜近，秋蟬咽露覺聲乾。疏鐘催得游人盡，獨向空亭待月看。

雨後游鶴園　　同前

為愛清游冒雨來，小園花木盡徘徊。綠陰如洗蒼苔滑，好鳥一聲天忽開。

攜鶴堂前鶴已無，依然韵事託林逋。我來辜負尋春約，空對梅花醉幾壺。

回廊曲折抱荷池，半榻茶煙老髩絲。消受清閒無事福，一枰棋局一囊詩。

松徑岩扉別有天園中有此題額一庭空翠落檐前吟情到此清無比勝作冰壺濯魄仙

重九日值三九詩鐘社百期同人宴集鶴園分韻得身字　元和陳任公孟

百憂如霰集，斯人患有身。登高極曠望，祲氛塞八垠。九日依時至，嘅然傷茲辰。幾年多好懷，壺觴送主賓。分箋互酬唱，百回鬪清新。操戈時靡已，室毀豈無因。災患紛侵迫，哀者黃虞民。金飆吹慘慓，萬籟同一呻。開尊復此會，暫以遣悲辛。茱萸雖辟惡，酣飲良未仁。彼蒼獨何意，誰能蘇邅迍。牆根數叢菊，舊識汝社人。狂來欲雪涕，斜岸漉酒巾。

十三

聽楓園秋集即席有作兼送趙堯生侍御北上

武陵陳銳伯弢

積雨鳴廊秋葉深，天容人意晚沉沉。無多斟酌梧中物，各有漂搖世外心。北極雲山迷斷鴈，東門鐘鼓託微禽。俊游勝侶知難再，坐聽啼螿惜燭陰。

園居

吳縣宋垚壽雲皋

園以涉成趣，經營趣始濃。梅花分鄧尉，池水剪吳淞。好鳥馴堪狎，粗蔬饌可供。芳隣喜相接（距遂園甚近），鶴載酒一過從（趣園）。

二百餘年物，層樓什襲藏。堂顔垂御筆（先文恪公以次多有賜額，現僅靜永堂蹇諤老成兩額猶存），宸翰燦天章（仁廟賜有御書臨董其昌嗣書桃李園序）。

及詩篇各幅

東觀琅函疊御選古文淵鑑佩文齋書畫譜先七世祖少司馬公纂修校對賜版藏家餘多賜書不備載南巡粉本長聖祖南巡圖先少司馬公董其事延王石谷商略所繪家藏粉本甚長傳家期永寶況復感滄桑奉恩樓

疊石成山處危亭四望遙溪流香水香塔影瑞光招盤門瑞光塔遙遙相對俯視花如棒高攀月可邀披襟一長嘯豪氣欲凌霄嘯亭

幽室閒詩境天然自有真聊堪容膝地恰受聳肩人得句旋題石參禪似隔塵耽吟郊島輩來此最相親

詩境

宛在水中央風波雨不妨升沉非我事飄泊看人忙未必飛同鷁誰能叱化羊濟川無用汝棄擲聽媧皇

十四

石舫

怕聽殘秋雨池空不種蓮垂釣牽荇藻洗硯散雲煙

清池

魚戲波同活鷗閒晝自眠此中清可濯本是在山泉

重過宋氏趣園　寶山舒昌森梅龕

燕子依然款款飛杏花池館正芳菲主人仙去空憑弔未識何年化鶴歸

與朱江秀同游遂園

園爲慕天顔府第舊址今爲劉君淡廬所得

長洲張榮培執公

大好園林最後開今朝初喜入門來風廊曲折疑無

路湖石玲瓏巧作堆幾朶紅蓮擎佛座（池中荷花名佛座蓮）一杯綠茗助詩才闌干倚遍西南角欲别仍留看幾回

重游遂園　同前

我來兩度扣園扉試認蒼苔屐印稀花鳥有情曾識面林泉無恙暫忘機小亭滲月題仍舊（有滲月亭延秋臺映紅軒琴舫諸勝）叢桂延秋景已非最是不堪回首處西風黄葉滿階飛

甲寅正月九日游遂園　同前

東郊今日正迎春春到園林景便新小草向陽多喜氣寒梅無雪亦精神座供茶話留佳客風送衣香過麗人準備看花撐老眼韶光恐負再來身

十五

遂園過舒問梅王文伯並約訪虚生上人　同　前

幾日春光轉綠楊名園喜作管絃場詩人初識王貽上詞客爭交舒白香儘有新茶清俗慮可無濁酒盪吟觴出門更約參禪去古寺鐘聲送夕陽

遂園觀佛座蓮　同　前

綽約紅蕖帶露開園林恰好曉涼催稚懷儘寄琴三疊園中設有琴會俗念能消茗一杯鼻底幽香參自在眼前妙相悟如來此間得少清閒趣不厭憑欄坐幾回

秋晚游遂園　同　前

秋入園林爽氣多迴廊繞遍夕陽過敗荷貼水浮枯

葉叢桂迎霜挺綠柯一縷衣香聞暗麝半甌茶味試
春螺敬亭絕技今何在絃索徒傳捉搦歌

春晚游遂園　同前

滿園春色悵飄零一徑蒼苔屐齒經壓架藤花疏綴
紫傍池楊柳倒垂青絕無游女乘油壁尚有詞家續
敬亭幾曲迴廊傾折處不堪重覩倚娉婷

立秋日〻游遂園　同前

昨夜雙星已渡河今朝秋意動林柯池蓮漸老紅衣
褪岸柳將衰翠線拖千古園亭隨主換中年絲竹感
人多我來〻度留鴻爪暑序匆匆一瞬過

遂園曉坐瀹茗　同前

十六

綠天深處對荷池，最好朝陽未下時。露滴運房猶膩粉，風迴柳岸尚縈絲。涼臺先作延秋想，水榭爭題消夏詞。靜聽鳴蟬偏得意，殘聲曳過碧梧枝。

立秋日登遂園延秋臺放歌

同前

暑氣逼人門欲絶，招涼誰進嵰山雪。聞説延秋舊有臺，我來况逢立秋節。臺高數仞寬且平，檐前老桂森排列。但看赤日麗當空，那有清風起騷屑。秋入園林何處尋，鳴蟬若咽乾欲裂。酷吏肆威竟不去，蓐收疑阻西行轍。吁嗟乎，疫癘之毒猛於虎，鬱蒸都半在文熱。營營逐臭多青蠅，傳染如將媒介設。不觀飢驅苦

力輩道左奔走汗流血猝然倒地勢莫救螻蟻死生真一瞥安得陣雨下傾盆到處疫氣皆撲滅招來秋意滿人間重向平臺杯茗啜

遂園觀梅蘭　古吳潘敦先叔重

頗怪今年未有詩（謹用西湖集成句）春光忽已透南枝花吟幽谷堪同調園遂初衣不入時虎阜冷香添韻事獅林雅集問先期老蕘仙去風流寂影外寒芳影外知（梅花影在梅花外小浮山人句也）

潘叔重敦先以遂園梅社詩見示步韻和之

陽湖惲炳孫季文

藐姑仙向綠天來（君之綠梅置綠天深處最高座佳品也）倚竹人還立

十七

水隈羅嶺欲尋飛蝶夢草堂喜見詠花才俯看羣艷千枝繞默吐芳心一點閒自是空山懷雨露獨標高潔靚風裁

游汪氏耕蔭義莊　長洲張榮培埶公

天然幽境絶塵寰咫尺峯巒近可攀留得涵雲高閣在四石秀色恰遥環

水清疑挾滄浪勝石怪如探獅子林好向問泉亭畔坐一泓流澈醒塵心

我來正植暑初殘幾葉芭蕉映石欄一縷茶煙清似水補秋舫裏小盤桓

游半園偶成

園為史觀察偉堂別墅

長洲張榮培贄公

何須土木廣經營好處都由得半成泉石安排三畝小亭臺結構十分精幾株老樹天然古一路游人水樣清我羨主翁風雅甚曲園記內早知名

重九游半園即呈園主　同前

小園一角淡秋光桐葉初凋菊未黄却喜今年寒信晚絶無風雨過重陽

試踏蒼苔訪舊踪花前一笑故人逢（遇陸瑞伯滄藏山）欣然瀹茗情無眠話到僧樓打晚鐘

曲廊迴合草堂幽裙屐聯翩結勝游恰好例逢休沐

十八

日蘭閨雅集亦風流園中設女學研究會

滿壁新詩妙翦裁吟壇高峙壓鄒枚鯫生雅有推敲

興呈佛先携四絶來

半園晤朱古薇祖謀太史

方遠　方澤久佛生

睽違念載若勞形今日相逢坐草亭君長一齡頭未

白身經兩世眼還青鳳飛翰苑遭時變龍躍天池避

水腥君辭民國參政猶憶量才憑玉尺光揺南海聚文星前

清官廣東學政

喜隱社詩人會萃半園信筆占此

同　前

半園門設不曾關，裙屐聯翩去復還。逝水從今大壑隱，流自古住名山。耐寒松柏三冬茂，礙路荆榛一例删。高築吟壇招勝友，忙人到此亦須閒。

初夏半園即景　同　前

花事闌珊節候和，浴蠶天氣嫩寒多。鋤携鴉嘴排紅雨，簾捲蝦鬚颭綠波。墮地榆錢風鼓鑄，沿隄柳綠鳥搓椰。池塘一帶添新碧，曲曲清溪點點荷。

午後半園茗話忽大風雨頃刻放晴偶成二絶

同　前

到耳雷聲響不休，飯餘又向半園游。黑雲一片隨風捲，雨天如拳亂打頭。

十九

雲消雨散忽天晴好鳥枝頭偶一鳴閒報談詩無別事不窮安得見交情

雙蔭軒晚眺

留得殘荷蕩小池閒吟撚斷幾莖鬚藤盤枯樹花開艷竹倚虛牕月上遲赤舄老翁還曳杖紅裙幼婦正投詩惱人最是堂倌嬾呼喚聲聲若不知

乙卯五月望日半園女詩社成立

旌德汪權筠仙

五月陂塘雨乍收軒開雙蔭集名流空林滴翠新詩境夕照翻紅舊畫樓隔院笙歌添雅興滿地菡萏快清游晚來裙屐翩翩去翰墨餘香四壁留

五月廿七半園偶成　　同前

尋幽選勝来到園，照眼榴花樹樹紅。絶妙濃陰穿曲徑，盈盈一水小橋通。

茗碗移来傍畫闌，深紅淺碧隔簾看。風来竹院涼於水，初試羅衣覺袖單。

丙辰新正廿五星期雙蔭軒開第一次女學研究會

廿五星期日，烹茶到半園。紅梅肥滿樹，綠竹廋當軒。風雅聯翩至，文章子細論。今朝開勝會，歸去已黄昏。

偕桐先女士雙蔭軒茗話園丁送花来口占二絶　　同前

春到人間畫正長春歸我欲問東皇園丁天賦清
興手折花枝滿袖香
來游士女總文明花事闌珊鳥語清我到名園一回
顧落紅滿地雨初晴

半園即景　　　　樂癡女士

名園日涉趣偏長竹韻松聲夏景涼池館清幽塵慮
絕薰風時送煮茶香
四圍綠樹草堂幽竟日徘徊任我游諸老新詩題滿
壁羨他儒雅自風流
碧闌人倚晚涼天梅雨初晴積翠連澈底清池魚可
數新鮮荷葉小於錢

林泉隔斷軟紅塵消暑尋幽樂趣真移座綠陰襟袖碧清歌一曲鳥窺人

秋日游半園讀樂癡女史詩有感

蘭陵陸徵敏酉芝

結習耽游笑我癡平泉風物最宜詩玲瓏石徑遮紅樹曲折橋梁架碧池半壁青紗籠艷什一行新雁動秋思是誰閨閣留佳句惆悵緣慳晤面遲

公園東齋茗坐和費韋齋樹蔚用簡齋晚步順陽門外韻

常熟龐樹階拂雲

積慘難排廢此生問天無語看陰時坐忘渾欲過千刼晤對爭如擁百城膸有心情茶後夢了知世事酒

二十一

閒兵思歸散策江鄉路平楚蒼然率意行吾鄉公園在城北倚山麓女墻建築无恙顏小榭語題茗坐頗日平楚蒼然

余和迂瑣用簡齋晚步順陽門外韻蔡君巽堪頗賞之詩中茶酒作對日嫌凡近然余衣凡材不能作驚人語也爰另用韻仍以茶酒作對示巽堪及同坐諸公　同前

散盡終南不掇憂嬰姍顏景立池頭勝中疑得無生忍佳處能容半日留寂寞今知茶有味衰頹漸視酒成仇二三可與言人在何用王官谷始休

公園夜游士女甚盛偶感有作仍次迂瑣用簡齋晚步順陽門外韻　同前

虛期今夕嫩涼生尚喜薰風莫恨晴看盡欲天魔女
相輸他不夜化人城（姑蘇士女夜游公園風氣較滬上稍遜）淩波羅韈
爭徹步倒景銀河望洗兵野老私憂甯有補嬉游聊
逐少年行

无恙寄示初夏池塘詩極瀟洒出塵之致余遷
居郡城入夏後常徘徊於東齋荷池間俯仰今
昔時作遐想雖境若殊致而神有同會矣輒用
原韻奉和一首　　同前

亭亭荷葉比西施笑我官池獨立時結夏空言從此
始青春已去卻誰知最憐粉蝶猶工舞坐看飢蛛自
結絲亦有襟期恨已老緩尋芳草得歸遲

晨至東齋散步池頭悄焉成詠用簡齋游祿真池上韻　　同前

有境稍勝幽即此名蓬萊高荷如媚予輕颸導香來
披襟試一洒煩憂若為閒支離託養中顏景猶徘徊
翻笑波斯匿面皺傷年催往年二三子大去已不迴
逝者云如斯尼父焉達哉所嗟結習餘得句復思裁

東齋眺雪同櫟寄拂堂用坡公聚星堂雪詩韻

平湖屈爔伯剛

槎枒禿盡霜林葉一夜無聲吹滿雪起看天宇無纖
塵洗我肝腸真淨絕是時衢巷行人稀蹈步如防峻
坂折茶丁閒門凍欲僵為燃松葉吹明滅好事訶吾

鼎足三餘客不至何牽掣定知圍爐芋火香亦或磨硯冰花纈盡不須臾酒一尊來與仙子餐玉屑世人頗不耐嚴寒吾道奚須嗟飄瞥仰視虛空成粉碎坐定細參禪家說我問梅花花不言但豎脊骨硬如鐵

立秋日公園散步　長洲張榮培植甫

散步園亭裏新涼袖底生溼雲含雨點高樹挾風聲茶話憑欄久荷香入座清露蟬飢欲絶似作不平鳴

中秋夜公園踏月　同前

今夜一輪月清光萬里明煙塵含殺氣風露釀秋情地曠螢無燄天高鴈有聲東齋憑弔處皓魄幾虧盈

中秋夜游公園　同前

園林點綴借秋花夜色空明淡月華插架圖書輝四壁滿城燈火鬧千家歌場咫尺調絲竹祭饌紛羅具藕瓜時樣新妝誇翦髮當頭不見髻盤蛇

西亭約凉

凉風一角占西亭樹影垂垂遠送青好共積薪談弈譜更從桑苧訂茶經荷香習習芳塘挹鐘響迢迢古寺聽小坐已教煩暑滌不須冰水注銀瓶

東齋晚步　同前

閒向東齋過招凉趁晚風籬根荒草碧欄角夕陽紅宿鳥投三兩鳴蟬曳半空茫茫興廢感花月弔吴宮

胡耒雲公園東齋招飲　同前

東齋成小集，對酒發高歌。芳草停油壁，新茶泛碧螺。
籬根秋意早，荷背夕陽多。極目長天外，微雲浣薄羅。

公園即景　　無錫王南城運新

為訪芙蕖破晚行，相携兒輩足娛情。二三同志須題詠，莫負花中君子名。

公園池荷盛開和韋齋用簡齋夏日集葆真池上韻　　元和陳任公孟

觸熱襏襫子，苦於夏畦病。不如北牕卧，手執蒲葵柄。
壁上風蓮圖，游目動幽興。東齋盛芰荷，南池尤僻靜。
雲笙善品題，持論獨得正。別具靜中觀，此意難持贈。
儻入人天眼，物物形過鏡。是花興非花，強說本無定。

人生亦如斯何衰更何戚我為下一語庶或義無賸

追陪池上游輒續池上詠涼風吹夢醒欠伸屋如艇

東齋分茶和韋齋用陳簡齋晚步順陽門外韻

同前

茶煙低裊畫廊生蟬噪聲催雨外晴片席暫容分我輩一甌端可破煩城荷香自繞花成國魚樂安知世鬧兵千百年來清歗絶（地為唐時郡齋）莫辭遺負錦囊行

自題紅豆新居圖　長洲惠周惕元龍

三間湫隘草元亭不置勾闌不作屏好是吾廬無一物教君何處着丹青

輞川雖好圖難肖履道雖佳畫不存何似阿儂紅豆

宅東塗西抹便成村
吾家小小着牆東指似新圖約畧同一事比渠差過
分琅玕多占雨三弓
東鄰紅豆無人愛我得閒吟載酒過多事詩人添故
事長洲桃李妬如何
三見中都陌上春芒鞋踏破軟紅塵披圖今日真成
笑何物茅齋獨坐人

南園銷夏和伯瑜中丞原韻

太倉顧睎元子雨

一番疏鑿闢榛芳遠翠濃於畫幾層縱飲近邀池上
月鈔詩偶借佛前燈興來結夏尋鷗侶舊憶行春過

馬塍褦襶笑人忘觴熱何如此地試敲冰

壬寅中秋前二日伯瑜中丞秋士大令招集南園分得沼字　同　前

秋風馨桂林秋水鏡荷沼選秋勝買春招邀屏塵擾南園隱城南徑曲深以窈不逢賢主來水木失窈窕中丞與大令鶴立出塵表肯以簪笏尊易我林泉小佳時展良會風流未云渺水調歌和蘇青山句懷眺匪徒酒食具將以風雅紹餘興訪䔍林（是日同游宗潮音庵）風暢音曉人生六鑿深塵網若紛繞塵談奉仁風新篘沉清醥綠夢墻陰蕉紅認水邊蓼孤悰坐飢驅家弄居恒少及兹秋氣佳領畧詎輕掉客散庭鳥喧月

出東方皎

南園席上疊人日憶園探梅韻呈伯瑜中丞　同　前

蓬萊仙境抵瑤林縱飲何辭醉墮簪檻外魚行吞絮影水邊鷗夢入秋心聞香自得忘言旨留帶須知用意深此地由來盛文獻一編風雅耐微吟

別墅城南記晉公後先憂樂古今同乞湖曾攬江湖勝挽俗終期風俗通潭水情深和酒綠平泉境遠息塵紅園林金粟開芳社引玉深慚句未工

癸卯正月十二日南園小集以一日不可無竹分韻得無字　同　前

二十六

誰家門巷換桃符，又向城南問酒壚。宰相平泉當日重，中丞風雅近今無。一時鷗侶爭拈韻，十樣蠻牋待補圖。更喜王孫歸昨夜謂小孟，玉梅如雪憶西湖。

賞秋此地話純鱸，今節更新感故吾。怨別有時鉏芍藥，懷人何處寄文無商山在浙東未回。春浮煖氣禽聲軟，風動枯荄草意蘇。入社預商排日飲，招邀重許問僧廚。中丞預約余西精舍之集

南園消夏分得魏字韻　同前

懷歸夢亦勞，合羣心所慰。來從山水窟時余自吳興歸，結夏得清氣。園古足放懷，交真耐尋味。畫筆點倪黃，詩格追漢魏。酒誇千石多，食戒萬錢費。飲酣披好風，茶銚

隔簾沸

别墅溯南園風雅一編彙百年文酒場餘馨彷彿
眼中鸞鶴羣世外煙霞氣却愁韻義温肯詩拙藏醜
雨脚忽散絲綠陰涼有味所思横暮雲數年前偕秋士頻讌于此今聞引疾將歸因憶及之菡萏花開未

南園看菜花　新陽陳笠生松瀛

滿地黄花錦織成百番時高哢新晴路於絳雪堆中
見人向春風暖處行四面穿渠通畧彴十繩分罫錯
棋枰㩦餅挈榼知多少醵飲偏餘話舊情

南園晚步　長洲彭翰孫南屏

久違故里思依依重訪南園景物非流水聲悽添别

二十七

恨浮圖影禿立殘暉相逢話舊人驚老投宿無林鳥亂飛空賸昔時明月在清光取次照柴扉

敬和大人歲晚南園閒眺原韻

同前

刼後荒田二三頃無多村落野炊通虹腰籠霧遮歸路鴉翼翻風認禿枝餞臘人還攜羜酒送窮客豈慕糠糜吳儂望歲家家切安得春來新雨滋

純庵移尊作消寒第八集同至南園閒眺碩庭先成五古因賡韻和之

同前

廿年去鄉國勞勞役軒冕歸耕願久虛自縛嗟作繭昨歲海上來家山騁游聘南園雪滿勝蒼茫路難辨

西望一抹雲隱約露層巘景物劇荒涼彳亍愁腸轉
春光忽熙和應候鶯聲軟吟客來兩三迎門有鷄犬
風前新篁圻雨後野蔬翦洗盞話桑麻相看笑顏展
醉餘步郊原橋危水清淺獨樹喧歸鴉頹垣古封蘚
零落數荒村半苦罹兵燹欲求民病復誰歟是盧扁
吾廬對青山刼灰幸而免二頃負郭田屋後連畦畎
開軒恣吟眺得意禿毫吮閉户息營求述德藐躬勉
優游隴畝閒世慮足消遣呼童拾敗葉烹泉試香荈

同友游南園　長洲李文通聽雨

且携柑酒聽黄鸝村北村南望欲迷綠樹園林經雨
暗黄花時節覺天低泥融麥隴踏成路春重柳絲飄

過溪幸有二三知己樂韶光如許儘留題

南園晚步　　元和張京度蓮民

暝行苦霧中聞鐘知有寺野航上曉光布帆收露氣
村落鷄四鳴林扉尚深閉平疇積水明參差動煙穗
溪燈紅欲滅漁商寂未至終日似此時人間自無事

南園過陳後庚故居有懷　　同前

野菜落黄雪板橋溪水寒重游昔年地不見平生歡
失路我何借依人爾亦難江南今夜月空在馬頭看

夜過南園　　同前

風勸殘蘆瑟瑟鳴荒煙盡處隱孤城秋螢數點宵深

出照見寒魚水面行

南園春步

南園山色晚蒼蒼步屧尋春野趣長幾尺桃花添漲暖誰家燕子落泥香川原路似藏丘壑蓑笠人如到古皇偶寄一壓蕭散地好隨漁父答滄浪

南園泛舟　　玉峯顧韞玉絳霞

泛泛南城水輕舟動槳痕香知花滿岸陰喜竹成園賽社歌稌黍晴郊散犬豚滄浪歌一曲憑眺我思存

南園晚眺用王昌齡秋興韻　　陽湖惲炳孫季文

松風送夕涼雨洗娟娟竹暑退秋色來大地一清肅

水澄魚戲多霄迴鶴飛獨孤芳只自賞幽蘭在空谷

南園同秦雲有作　　吳縣汪芑燕庭

嬉春裙屐自年年春到南園景倍妍霸主河山銷鐵券詩人風月買青錢漫悲吳越興亡史且學歐梅唱和篇喬木荒池都入畫濯纓亭畔儘留連

南園　　吳縣錢辰秋潭

倚城雲樹鬱蒼蒼流水小橋花自黄老屋三間名士畫橫山一角美人妝村中日暖幽禽語陌上風薰細草香覓得誰家好泉石遺蹤莫問廣陵王

南園　　吳縣朱惠元楓隱

隱居城市若鄉村錢氏南園舊址存鷄犬桑田隨處

有何須世外覓桃源南園舊址在葑盤二門之間其地半村半郭風景絕佳

南園　同前

一村一村又一村村村鷄犬聲相聞一章古木青園屋一曲清溪綠到門吾吳風土木清嘉景物南園更足誇南園舊是錢王有迄今徧地皆桑麻每逢春二三月天菜花如金阡陌連踏青士女來攝影散學兒童閒斂錢此時錦繡滿林藪姹紫嫣紅無不有聲聲布穀雨催耕處處鳴鳩晴喚婦鄉村四月蠶事忙家家女伴出携筐笑聲時出籐籬徑梯影斜欹薜荔墻菜子已收大麥熟秧田水滿玻璃綠菰葉茁抽翠罽齊新荷出水青錢簇綠樹陰濃夏日長欄朝雨過晝

三十

生涼兩部蛙聲如鼓吹千林蟬噪協宮商七月秋風吹户牖水田贏利十倍厚鷄豆鳧髭茨菇菱雕胡玉、黍蓮蓮藕中秋纔過又重陽桂子飄香菊綻黄籬豆開時蟲促織稻花香候蟹輸芒十月霜高風隕籜禾稼登場罷田作牛羊散牧卧斜陽鷄豚出欄迎朝旭南園風景信無倫四季隨宜把酒樽山光塔影朝朝見樵唱漁歌日日聞吾聞人生貴知足騖利求名徙碌碌人間自有武陵源何必三山訪仙躅

亦園十景竹枝詞　長洲尤侗　展成

朝聞百舌唤游春柳醉花眠總殢人無數紅裙踏步去燒香為賽二郎神南園春曉來有二郎神廟

八尺高臺四面空解衣修礴快哉風侍兒不用歌團扇自有封姨伴醉翁　草閣涼風

家住城南采葑溪月明夜夜小塘西清歌自不煩絲竹笑煞蘇堤鬧白堤　葑溪秋月

千村萬樹白皚皚日未烘乾風舞迴忽聽兒童拍手笑草棚裝出狻猊來　寒村積雪

菜色鶯看布地黃春眠習習更吹香東邊喫酒西邊唱三月田家作戲場　綺陌黃花

水哉亭子俯清流六曲闌干坐兩頭蓮葉蓮花并蓮子只無美女采蓮舟　水亭菡萏

纔看栽秧又刈禾晴時鋤把雨時蓑桔槔盡説田家

三十一

苦卻喜悠揚打棗歌 平疇禾黍

西山爽氣朝來好及至斜陽晚更佳縹緲穹窿都一望不須竹杖與芒鞋 西山夕照

睥睨周遭繞九逵萬家煙火樹參差已拚月夜譙樓鼓那禁霜天晚角吹 層城煙火

千古滄浪水一涯平常小巷識蘇家尋君遺跡南禪寺惟有鐘聲噪暮鴉 滄浪古道蘇家巷在園在

壺園雜詠 高密 鄭文焯 叔問

填門香雪亂峯迷紙帳排春索醉題滿地詩痕無著處舫齋度夢五湖西

祠山纔送落梅風又放春愁到海紅向晚拗花人不

見一痕苔屐數弓弓
綠屏殘夢淡芳菲鷗社春閒舊侶稀零落琴尊收不
得空園一雨長林衣
小鳥縈紅語藥寮行魚吹綠上花橋閒雲觸處成孤
趣支枕水風吹一瓢
曲曲清瀾抱竹庭蕉風晚徑補空青漢槎苔鑿天西
空何以虛舟伴客星

壺園飲席　　　　　　同　前

冷紅微帳綠塵滋壓疊清愁漲酒巵歌板更誰傳絳
樹舞筵未分奪瓊枝隔年花蝶慵春夢再熟桑蠶觸
斷絲遮莫相逢重惆悵夕陽芳草路多岐

三十二

題壺園餞春圖客爲潘瘦羊金冷香吳若鐵與余四人各賦一詩以寄逸興

同前

瘦羊鮚立詩骨寒，清吟如酒壺天寬。黃髮槁暴窮且鰥，一禪枯木無還丹。冷香抱景梅花國，鏤冰生事空喫墨。力圭亦經肱三折，不能自療齋鹽色。冷香工畫，兼精醫學。吳郎一官隱於手，寸鐵鑄人文字壽。填胸古味爛科斗，蕪青夢飽蹋破缶。若鐵藏一缶，甚古，醉則叩之以歌，自號缶廬道人。其鄉有蕪青山。偶同一醉論三益，用山谷句。遂使狂名落陳迹。他年還我樵風籍，認取芝崦圖瘦碧。

易實甫兄弟過飲壺園因而贈答

同前

閒門寢迹閉年芳媚爾芠芠逮草堂偶坐竹陰成六
逸醉攜蘭氣泛三湘聊拼酒洗宗陶社漫訝春遲角
綺鄉相對岸巾發吳詠窺池心已五湖忘

乙酉冬壺園大雪中作東坡生日會者七人飲
席賦此示龔易圖姚覲元兩司使

同前

虛庭曲宴鳴神絃丹荔紫芝詞洞仙仙乎八百五十
年胡然墮我壺中天蘧園耦園舊香大清興一逋追
不還天與詩人洗愁魄散作瓊花春大迫眼前羣雅
白戰才抵似聚星堂上客聚散行作鴻爪泥酒星炯

炯懸虛霩就中潦倒兩醉翁坐據騷席哦風松不愁
容俎食無肉苦思元鼎丹還功蠻荒今古
夢況被蠅蚊叢世間陽羨幾耕
萬事茫如雪打燈我來但醉壽蘇酒海山呼吸靈風
長瘦句無功苦凋朽

易實父同年見過寓園賞菊

同前

江南秋實足衡門晚徑流煙破屐痕送影瘦來霜作
骨吹香清極水為魂儘容冷眼窺籬落且放狂愁入
酒尊歲宴知誰惜芳色多應楚客薦盤飧

園居雜感再疊前韻簡易實父同年

同　前

樵風家世記儒門，一臥煙蘿復舊痕。山雨橫琴通石氣，籬花殘酒獵風魂。夢回峽洞仙芝熟，秋老霜庭獨樹尊。湖海狂名今退士，灌園長擬足疏飧。

九秋風物冷柴門，南菊重逢有淚痕。酒樹摧殘吳苑夢（年來潘文玉淦彭君南坪相繼怛化），詩星零落蜀江魂（晴方校補中江李使君蘇鄰稿）。遺時清翻著幽憂病，地僻方知拙養尊。有道由來貴真放，歲寒煮字尚忘飧。

園居春晚　　同　前

江國急陰作寒食，暮庭閒雨勸吟觴。窺籬且喜竹新活，墮砌猶憐花爛芳。殘卷獨絃俱意永，流鶯乳燕但

春忙

鄭叔問竹楇橋西宅落成奉寄

武陵陳銳伯弢

香山昔賦東城桂，大鶴今餐西崦梅。吳下後先傳故事，塵中魂夢好歸來。獨無五石浮江瓠，去訪三高避世臺。頹酒惱花春又過，青雲望眼為君開。

羅中田長荷觀察以和陳筱石夔龍中丞與江柳門鳴鸞少宰同游網師園作見示次韻和之

吳縣朱惠元楓隱

名園幽僻近城東，何幸紆尊過列公。魚唄隔墻聲隱度地鄰圓通禪院，滄浪有水路堪通與滄浪亭一水可通。梅傳春早仁

風被菊傲霜寒晚節同勝地名流忻併合倩誰繪入畫圖中

冬日網師園讌集　吳縣吳嘉洤清如

江湖小集繫人思高會欣逢到網師各有傳家富文字可無吟社與支持遠林欲雪倪迂畫老樹初花退聽詩誰共山公常載酒風流未減習家池

游瞿氏網師園　新陽陳松瀛竺生

脩徑鑿幽邃壺天結一廬亭臺誠小有竹木儘相於樹古能栖鶴池深好養魚風流前輩續愷爽快新居

園為宋慤庭觀察舊業

網師園　元和張京度蓮民

三十五

春人如海蝶如潮曲折亭臺宛轉橋猛雨乍經花頩
頮暖風無力柳伸腰銅街寶馬迴珠勒鏡閣明妝整
翠翹看取牡丹好顏色傾城須讓玉環嬌

游瞿氏網師園　仁和周光緯孟昭

名勝傳聞舊芳園說網師繡衣行樂處園為宋慤庭觀察故居
側帽獨來時地向稱歌舞人今易履綦杏花紅亦老
高見出牆枝
翡翠樓三面琉璃水一方草熏欄檻碧花暈管絃香
幽鳥喑深樹虛亭戀夕陽偶然成小憩遐想結滄浪
路轉有橋通雲牕霧閣中但教隨曲折渾不辨西東
石几瀉濃綠瓶笙吹小紅隔牕蜂蝶暖時一觴簾櫳

瞿園即網師園丙辰夏日曾寄題二詩

遂甯張問陶仲冶

題詩曾寄網師園，萬里來游一踐言。何止畫圖開繡軸，真從城市見桃源。詩書氣湧山逾秀，花竹叢深鳥不喧。十八年如春夢，香照人春水尚潺湲。

三月廿八日網師園看芍藥

吳縣范來宗翰尊

楊花撲面已成團，取次風光轉藥欄。網師折柬招諸老，肩輿絡繹報當關。迴廊邐迤花光起，潑浪殷紅并姹紫。繞徑千層露帶珠，翻堦五色霞成綺。列坐高張櫻筍筵，鰣魚出水間江鮮。豪情拇戰人爭勝，大戶鯨香酒湧泉白日堂堂不常午賞花及早遲難補主人壇拈昔頻開公子今番推第五仙源彷彿武陵溪重到漁郎路未迷菴名結草園名李兩地尋芳莫與齊

先過李園及結草菴看花未至綱師有觀止之歎

蘇鄰園元日雪和兒姪輩作

中江李鴻裔眉生

歲星來士若風帆林居不覺三年淹小園得雪已欣快豐稔況在王正占一冬融煦無粒霰遺蝗動投人爲痁孝與患肺熱距春十日乃逾盼破臘三白何曾霑履端雲物時固好既晴而雪二美兼東皇留瑞作元旦北斗斟玉讙窮閻摶雪簇雲一俄頃飛花翦水紛襛

纖髯髯蒼龍角方劄灔灔白獸樽頻添養慵謝客坐
清晝笑看冰柱排風檐晃漾窗光照開卷温瞰香炷
供垂簾静中蕭蕭人籟肅空際漠漠天容嚴邇來邱
壑興疏懶偶因節候成窺覘翠屏未覺妍韶轉朱顏
一任幽沽黏濕雲凍雨勒春暖綠池新漲籠輕縑梅
綻迴迷雙鶴縞宇淨忽點千鴉黔香霧空濛影璀璨
仰見瓔珞垂高柟捉襟細數璚萼辨駐筱兀對蘿峯
尖孤松霜顛冰脱頓諭世應閱義與炎頑立不受緇
塵況勁節合伴潛夫潛街泥一尺深没踝左轓朱纛
衣襜襜扣門剝啄鳥驚散名刺甲乙留紅箋穿籬步
杓歸已晚我倦欲睡君勿嫌夕陰冥冥天墜幕小閣

三十七

朗朗冰開匳夜明不慮絳燭短瓦溝恍惚凝涼蟾楞
伽畧涉目已眩屠蘇不御歡無厭但聆風竹度昏旦
欲返韋布甘齏鹽前年汾沁魚露脊嘉澍點滴如漿
甜去年重陽雪過頂破屋摧倒無茅苫故人憂國當
食歎山肩瘦立鬢鬑鬑南中水鄉旱潦淺秋熟屢喜
農腰鐮敢於飲啄不自檢竊恐轉薄為神殲百年甫
半衰方始萬事皆廢口欲箝非賢幸脫龍蛇厄星家謂予
壬運甚危今幸免矣無競迴看鷄犬恬詩編閒適興愈澹穠章
冶句戒弗拈汝曹新硎初發刃莫邪應較鉛刀銛文
章根源祇一脈崑崙到海流漸漸培高益下勿退奧
洗瘢滌垢勤攻砭瑤臺聖毋授堯曆乾坤清晏朝陽

遲汝曹彙征在稽古閉門試考璇璣鈴秘書著作古

有謗誰向船中尋孝廉

上巳日劉遜夫慎詒費韋齋樹蔚招集網師園

修禊　元和陳任公孟

暮春好天氣上巳尤清新古來傳嘉會流杯曲水濱

東風搖駘蕩綺陌多游人稚柳長新條芳草展綠茵

招邀到吟侶游衍及茲辰言為修禊事來訪蘇東鄰園今歸杭縣張錫鑾將軍舊為李觀察鴻裔別業以在滄浪亭東故自號蘇東鄰蘇鄰有名

園結構依城闉緬想觴詠日冠蓋何紛耘音響久歇

絶池臺生暗塵至今城南隅寂寞傷芳春

網園消寒敬和大人元韻

消寒倒有一尊開舊雨還聯今雨來　陳讓泉廣文初次入會

長洲　彭翰孫南屏

竹誅茅成小隱閒雲野鶴許相陪霜華肥盡南園菜風味淡於東門梅二百年前讀書地眷言先澤倍低徊

敬和大人薌園雪後元韻

同　前

殘雪留簷凍未乾句成春生杖屨不知寒百花破臘合晴旭萬籟搖風助翠瀾世事漫驚棋受劫詩情肯與歲俱闌西山一白凝眸望有約尋梅跨曉鞍

壽蘇後一日同人小集薌園小坡舍人見眎長

歌次韻奉酬　　　同前

青陽轉律萬彙蘇檐端鳥語催提壺草堂勝集屏俗徒一篇索和如追逋小坡吾友秀采都恰與老坡棒壽觚夢游瘦碧詩清臞笑揮麈神蘧蘧老坡往矣衣鉢餘咳唾澤我枯腸枯詞壇拔幟振臂呼氣歛三峽吞五湖有約食我壺園（君僦居園名）蔬且遲梅萼開庭除瑶琴三弄誰與俱知音除卻雲間無（虎邱詩僧君琴友也）大好林泉入畫圖此樂何羨紆金朱

詩社同人餞別李憲之（嘉樂）方伯於蔛園即席

奉柬　　　同前

草堂風雨送秋來（是日立秋）侵曉呼僮掃綠苔地僻卻宜

三十九

文字飲心閒豈畏簡書催折將楊柳離懷共話到桑
麻笑口開欲向天涯尋舊友好披畫卷一低徊憲之
寫同社諸君小景爲詩夢圖各贈一本留别

蒓園落成書示翰孫

長洲彭慰高訥生

二百年間幾廢興亂餘版築渺何憑枳籬竹屋聊容
膝野鶴閒雲喜得朋賸有喬柯先澤遠重栽桑柘古
風仍舍南咫尺絃歌地祇許羊求偶策藤

乙巳仲冬四日蒓園雅集限曹字呈伯瑜中丞

太倉顧晞元子雨

重陰釀微霰中野風聲號喬柯辭病葉歸烏鳴其曹

索居鬱不歡咫尺思同袍繭園有賢主逸興林泉高
招陪及下走洗酌焚蚖膏旨酒詎不厚厚誼逾醇醪
秋人一寸心寸寸繊離騷
神仙亦為官游戲下九皋幡然厭塵事海上恣游敖
或命儔歗侶吹笙而彈璈俯視六合中擾攘徒喧嘈
今夕不飲酒何以成吾曹故人幸良會飢渴思君勞
絖絖漏鼓促歷歷酒星高

甲申十二月十九日洪閣學文卿陳同知嵩佺
集余寓壺園作東坡生日次日彭君南坪復有
繭園之招醉後作此詩示之

高密鄭文焯叔問

四十

昨日春酒兼壽蘇禪魔醉戲壺公壺南園彭子園客
徒（葛洪神仙傳有園客者濟陰人種蠶得繭大如瓮繅訖客忽仙去）作園如繭網酒
逋清空坐我琳瑯都飲以瓊縻騰百觚我生苦落齋
鹽臛有如寒蠶偃在叢春夢再熟委蛻餘吐絲自縛
腸為枯一笑入甕君莫呼泛胸活雲忘江湖世間野
老爭席隅玉局香火無乘除笑酹髯仙一醉俱此樂
八百年來無石芝夢飽倘可圖安用丹井回顏朱

可園探梅時胭脂紅古梅著花正盛步彬士姻
丈雪後探梅詩韻　海鹽沈祖模楷亭
嫣然頫顛醉春風清影亭亭一水東傾國只因顏色
好胭脂濃抹十分紅

偕勤叟雪子可園探梅賦呈儔盦姻丈

同　前

可園同訪古紅梅照眼繁枝正半開想見孤高遺世
俗墻東一老不凡才

臨水花開見早春瓊英清艷迥無塵幾生修到鄉嬛
地自有詩書氣襲人

可園賞荷盧彬士先生引觀所植佳種及鉢蓮
賦呈一首　常熟楊廣潛厂

天懷澹定盧居士鉢納蓮華賦小園入室幾人窮究
委當門一水自潺湲風荷露柳宜秋賞苦茗寒泉與
客溫却羨鄰蘇通寤寐知翁詩境薄西崑

夢游植園

園為余守蘇時所創詩中所叙皆園中實景

古閩何剛德肖雅

夢中忘卻卸朝衫游眺芳園眼尚饞唼淥羣魚貪餅餌放青五馬脫韁銜分區佳植攢梅杏夾道新險擁檜杉美政明農慙過譽園中題句蒼生託命失長鑱

于埜自蘇州來談及植園舊種樹木薈蔚可觀梅花一叢枝幹高聳竟有參天之勢書此誌感

同前

十年樹木本因時今日陰成慰夢思夾道綠杉櫟棟選交柯翠柏雪霜姿杏林經雨光逾艷梅幹參天事

更奇荒塚手民認梨棗游人指點漫相疑禁中剪伐
似當時不盡郛人繫去思已見千章留美蔭懸知廿
載轉春姿歲深犖亭乘涼福土沃應驚敏樹奇他日
重尋鴻爪迹討春倘質耳聞疑一

守蘇州時因屬行新政在植園内植樹二萬餘株
大者檜柏椿杉及羅漢松五種皆夾道分行餘以
散種桑秧為多花則梅及桃李為蘇之美產每種
划地數畝各種小秧數百株雜樹尚不許數非專
意種梅也于埜所見特指其盛者言耳此外叢塚
一區為刻字匠叢葬之所手民籲請保護因周圍
種棗梨以誌其處事隔二十年未知榮悴如何耳

植園小山　　同前

意期廟貌肅觀瞻，豈許蓬蒿迹久淹。因塚成山青不斷，貼泥蓄草翠如黏。瘞餘枯骨心常蹙，歲久殘魂惠共霑。一簣未成原有愧，權宜亦自喜沾沾。

植園創始，因文廟左近為瘞餘叢塚，大府力促修治，而憚于遷葬，乃度地得二百一十四畝，繚以園墻，相其叢葬疏密地勢，繪成山形，然後鋤地面瓦礫堆積於上，加以土坏，逐一掩蓋。一雨之後，草活泥勻，蒼翠可觀，瘞餘殘魂，居然青山埋骨矣。于埜談次，以樹木已成而山不數仞為憾，則未知當日經營之苦也。

程雪樓中丞植園公宴賦詩代柬以醉之

長洲葉昌熾鞠裳

天行錯迕值丁辰，世事論甘更忌辛。鷗鷺雖馴難遠狎，龍蛇已蟄不求伸。操撾急鼓誰為吏（晨起即有東速客），縫掖深衣媿作賓。此是商邱觴詠地，舊時圖史想青綸（謂宋牧仲中丞，其藏書畫有青綸館印）。

游吳門植園

貴池劉慎詒遯甫

跨街炎氛中，尋園傍斜郭。入門睨清漪，瓜芋散籬落。耽此野趣饒，幽構宜簡約。一亭翼林邱，四山獻雲壑。冥冥桑拓交，塔勢凌鸛鶴。稻肥綠如雲，坐想試鎌鍔。微聞邦吏賢，買地資共釀。荒穢變膏壤，循阡督耕作。

四十三

日斜騎馬來飄鬚一冠簪都人拜清風豆棚團茗酌
貴賤無町畦翛然忘名爵珍羞五鼎前何如菜根嚼
新繙種樹書物理窮奧博講明利導之庶以起貧弱
舉國苟皆然何畏強鄰搏

過植園

是程雪樓中丞撫吳時所築　同前

富貴俄成一聚塵白頭避世佛燈親狐鳴彩涉終灰
滅成就黃衣拜匵人

曲石閣揆招飲闕園索詩

吳江金天羽鶴望

忍飢誦詩書所學在匡濟經綸始大孝寸心寒天地

曲石西南英千鏌非農器高舉迮時會艱危氣益厲
南山豆荒穢慈母當歸寄金閶縮南北名流欣執轡
愛此南園勝百指搜蒙翳花藥媚春陽照見嬰兒戲
娛親撫金石碑版羅四裔客來商政略但道菜根味
猖狂借詩酒賤子託末契敦槃當九合梅萼舒清麗
把酒望楞伽遠青出睥睨觴政有倫序兵氛纏兗冀
羣兒自相貴賢豪分捐棄鳴禽工園柳天倪弗終祕
板輿日將迎喜見高旻霽寄語東山人長吟休擁鼻

右任挈姬人來闕園印泉烹羊款之煮法精絕

余得陪座因賦　　同　前

駝裘冷逼風霜節葅菜酸填書傳胸射虎舊思隨李

四十四

廣買羊今許喚盧仝，淋池斫鱠風流歇，戎帳椎牛興味同。右任游歷內外蒙，自言能煮各種牛肉甚美。更説斑魚疏掌故，市樓曾醉一髯翁。

斑魚肺湯，吳羹也。印泉邀右任飲木瀆石家酒樓，啜之而美。右任有詩。吳音呼斑為鮀，不知其典。余為誦竹垞詩及注中各條，乃恍然。

闞園

李印泉為母闞太夫人作此園

吳縣張一麐仲仁

吳中流寓多名賢，曲石先生此息肩。衛公功業軒天地，鄴侯栖遯擬神仙。風塵澒洞何時已，泉石徜徉別

有天先生產自滇南徵期門子弟誇彥狡拔筆非榮
萬里侯請纓尚是三河少碧鷄金馬仗喑鳴風虎雲
龍起壯圖西陲經畧蘇卿節南粵勛名馬援珠敫歷
承明依大樹又薰丹穴筦天樞相貴羣兒鎮相斫耆
然長嘯歸林壑試問横金蓋世功何如舞綵依親樂
城南緣水敞名園瑶草琪花繞短垣白下爭墩陋安
石衡山學道祖長源圖書插架呼龍犬金石羅庭付
鶴猿太君日涉娱清景呼僮埽花婢瀹茗甲第相望
畀綠楊金鐶不閉紆丹軫坐中賓客酒盈樽蘇梅皮
陸茅茹引東西廡下兩家春我亦華箋韻裏人同章
板輿祝眉壽良辰美景屬天倫

四十五

伍園看菊

主人伍百穀菊多異種　吳江金天羽鶴望

平生愛菊不蒔菊秋向花農借菊賞城南楚客諳菊趣過門掉臂覺心癢霜風吹袂兩肩聳籬落縱横氣瘦爽嵇阮疏狂彭澤傲泥飲逢人醉俯仰絶纓散髮俱入畫蕭然望古動遐想始怪花農培俗艷擔向街頭供拊掌秋士知秋不諧媚閉户對菊施弘奬歸吟詩句夢靈均冷月寒泉薦用享

清明後三日游羅借子園繼赴青陽地賞櫻花先過闕園問印泉病晤印泉師孫少元文觀櫻興盡隨至留園得十八韻

吳江金天羽鶴望

一月不走城南路，東風綠樹黃鸝語。羅家園子花照眼，丁香海棠相媚嫵。錦江春色炫天地，不買歸艎占此土。禪觀未免墮色相，唪經餘事鋤花圃。雲陽幕府聲華劇，獨抱孤耿守庭户。羅從雪樓都督來蘇嬌女應客有風範，背總手把清琴撫。風吹好語墻外落，説道繁英絢晴浦。高遲車輪繞東郭，搴芝採藥眠病虎。印泉元旦獲芝於上方山，既為頌以誌孝感，余亦紫芝并贈印泉，使雙芝相守，時印泉方病興公近發歸滇興，滇海虞衡數計簿。江南好春無百日，捉臂春游軟遺拒。平田麥秀紫英吐，鷗鳥風帆江上舞。扶桑邸閣媚晴吳，花枝駢植森部伍。暄陽嫩炙鬚辮脱，布席張

飲命儔侶鮮肥筍蛤伴酒釅去年好事今年補鐵蹄
又蹴遐城草花奴自打名園鼓嘶驄更造寒碧莊曳
轂飄香粲交午西山落日雲陰暮歸踏沙堤白袷汙
明朝更約三九。伴詩酒圍棋取次賭

三九吟社韋齊櫟寄彈民等所結

重游滄浪亭　陽湖吳鏞卓銘

携客山亭上問君何所之更無人跡處惟有落花時

拂曉步滄浪亭即景　吳江金天羽松岑

月墮滄浪水亭前少行客東望結草庵水氣浮浮白
露條涼蟬嘒煙堵流螢織何處時香吹蓮房曉風圻

游滄浪亭　吴江　李齡壽　君錫

朝來宿雨霽，微風搖新綠。好鳥偶一鳴，林客淨於沐。
一亭自千古，閱世笑局促。坐念姑蘇臺，轉眼走麋鹿。
蘇梅兩詩老，唱和此留躅。欄楯故無恙，風月今誰屬。
人事多變遷，城市幾華屋。唯有身後名，百年寄喬木。
芒鞋記此游，我懷在幽獨。

滄浪亭　震澤　吴山嘉　愚甫

畧存邱壑勝，長史昔投閑。地僻雜塵市，亭空瞰遠山。
宦情流水外，鄉夢落花閒。壁有歐公記，高風不可攀。

滄浪亭次歐陽公韻　松陵　朱逢泰　柳塘

四十七

滄浪之亭東吳勝名流先後題詩篇小山上下路盤折周遮竹樹森森然亭臨曲水水映亭四時最好清光環奇花沿岸俱倒影曉含宿雨何鮮妍地本南園隣頻水終日不聞車馬喧蒸炎難到夏亦深闌楹面面圍雲煙水聲潺湲供清聽胸襟盪滌無塵緣登高扶策延遠眺欲乘黃鶴招飛仙憶昔子美遷謫得此佳勝吳城邊幅巾短棹得真趣萍蹤偶寄如歸田星霜轉眼幾改易惟此帶水常淪漣文瑛曾結大雲菴漫堂為駐載酒船風月無價亦得買但須四萬囊中錢前此元璙後申公廢興不一誠可憐濯纓育客獨延竚風動水底玻璃天高歌一曲坐盤石長竿不

設魚潛淵日夕酒杯常在手醒時嘯傲酣時眠麋鹿為侶鶴為伴此中日永真如年不似桃源隔人境千秋以後名空傳

登滄浪亭　　海鹽　陳其澎　桐舫

曾聞名勝說滄浪此日登臨感倍長高樹斜陽喧鳥雀平原衰草卧牛羊林泉雅許羇臣隱詩酒仍招過客狂我欲留題繼先哲不勝懷古意茫茫

滄浪亭久廢不治吳子琛斥資修復己巳送春前一日招飲為賦詩刻之石　　吳江　金天羽　鶴望

孤春戀餘花密陰媚清流滄浪池館新泥醉呼朋儔

憶昔城南居排日為佳游隔岸萬柳絲畫在上頭
入夏清風多菡萏波上浮人事蒼狗幻兵氛纏九州
綱紀一朝弛樵牧來相求荒祠竄狐兔危棟巢鵂鶹
暮聞笳吹音朝見森戈矛馬矢邱陵高樞户供薪槱
成壞理有常八荒同一邱自非吳剛斧月窟誰能修
恣意對風花霍若況疴瘳堂堂面水軒展席豁遠眸
櫻筍及時新不用宰肥牛醉歌張韻事石墨長鐫留

滄浪亭　吳縣錢辰秋潭

獨坐觀魚樂滄浪水正清忽添垂釣意漫動濯纓情
一代風騷客千秋仕宦名棋枰空世局不著與誰爭

登滄浪亭謁蘇公祠次孫大麟趾韻

元和韓崇元芝

水雲啚城南春半雜風雨清游得未曾泥途興可鼓喬柯竦高岡雜花映深塢一亭俯清漣勝地照今古憶昔蘇與梅酬唱評菊譜子美有和聖俞庭菊詩至今風月清猶聞夜深語禪僧愜幽境香火伴神宇春秋薦蘋藻昏旦驅雀鼠護持賴長官松竹免樵斧徘徊不知暮漁燈吐前渚歸舟雨未晴濛濛濕柔艣

滄浪亭小憩示同游諸君

吳縣張鴻基儀祖

信步尋秋不待招滄浪精舍淨煩囂暖蒸桂栗黃霏雪靜送湖波綠過橋明月清風空有價英雄名士總

無聊相期一醉逃塵網目斷青旗柳外飄

連日至滄浪亭外閒眺偶成三絶

吳縣朱惠元楓隱

滄浪亭外水瀠洄大好園林面水開山石嵌空樓閣靚究如海上覩蓬萊

祇緣隔水望煙鬟益顯玲瓏窈窕顔始信天風船被引三山妙在即離間

鳥雀聲喧游屐斷風吹落葉捲成堆莫嫌此境荒寒甚好引幽人日日來

連日苦熱屢游滄浪作　同前

蘇臺幽境城南獨滄浪一亭尤絶俗我因逃暑屢經

過到此頓祛塵十斛滄浪亭子南水閒水邊湧出金銀臺環亭花荷植萬柄清香陣陣隨風來花香水氣雨溟濛一碧漣漪東復東外港漁舟來漲入漁歌唱徹聲玲瓏是時亦日正行天我倚亭欄獨聽蟬萬樹垂楊涵倒影清涼沁膈心悠然嗚呼長史當年性亢直飲食細故遭遷謫四百萬錢買此園屢經興廢今猶昔今猶昔忘不得豈徒煙水足流連為有名賢曾寄迹乃知丈夫樹立期千秋一時窮通顯晦無庸憂君不見趙家宮闕今何在祗有滄浪亭子萬古留

滄浪亭

陽湖伍宇昭青望

五十

滄浪亭畔虬松橫山僧為我開軒楹片片龍鱗映空

出亭亭車蓋當風撐竹外微聞幽籟響檐前吹落妙香清簾虛日薄倚高閣時有格磔春禽鳴

獨游滄浪亭　太倉顧晞元（子雨）

如此亭臺竟寂寥詠歌人去鶴難招小橋流水門雙板夕照西風柳萬條千古知公輕謫宦十年老我尚吹簫東陽（歸愚尚書）舊節蒼涼甚衰草寒煙一例消

題滄浪濯月圖（并序）

滄浪亭成于蘇長史亦傳為韓蘄王故居後易為大雲庵庵僧文瑛修復之洎商丘宋漫堂中丞撫吳又新其故址亭之興廢屢矣丁亥夏郡人增其規制而補葺之湖山佳勝得復舊觀僕與衡鄉同

客吳下數年寓居去滄浪不百步輒往游焉游必有詩詩或存或不存暇屬衡鄉作是圖圖成適當月夕遂以濯月名之游無定時且不必皆月夕也並搜兩人前後紀游之什錄册中復題數絶以紀鴻爪云

春風吹水綠生波曲逕彎環載酒過同是軟紅塵裏住到來便覺會心多

選秋買夏互題牋鴻跡長羈感世緣賴有滄浪亭子在清風明月不論錢

夕陽漁艇入新圖沽酒人歸隔水呼一樹大桃數行柳此間便擬小西湖今春於水際新植桃柳

五十一

三吳自昔繁華地水竹城南舊隱家何處紅旌移柳外官蛙聲裏聽排衙吳中大史多游讌如此

名賢五百勒貞珉壁間置石刻五百名賢象也算須彌入轉輪付與山僧勤管鑰好花空鎖一園春

湖上騎驢髩有緣還從詩老借棲枝多情只有韓司寇修到叢殘裏穀祠中設韓蘄王象祔祀于蘇長史韓裏穀祠在滄浪亭後歲久傾圮近聞桂舲尚書有修葺之意

尚禪寺名遙聽打鐘聲煙水蒼涼畫不成欲問東陽舊詩社亂飛胡蝶亂啼鶯亭左有吉草庵昔歸愚詩老選詩處

長史風流五百年獨餘勝賞在林泉紀游留得新圖卷明月番番客裏圖

僧寄航以所繪滄浪亭圖搨本屬題

吴縣潘祖同譜琴

勝地名賢競說舊游鴻雪半模糊咸豐乙卯曾一游滄浪亭誰得北苑丹青更續南園耕讀圖道光癸未吴中歲歉先伯父功甫公倡為區田之舉文星佳持真覺見而說之為繪南園耕讀圖從此臨摹傳萬本豈惟題詠徧三吴一公清望延陵系唐詩僧靈一吴姓先世淵源記得無吴柳橋年文綸寄航之祖父也道光甲午與先少宰公同舉京兆辛丑又與先叔紋庭公同取內閣中書

寄六舟僧達受滄浪亭

鎮海姚燮某伯

古樹斜陽裊古藤名賢別墅住名僧畫苔綺院鶯新

宅佛社青蓮我舊朋花柳春光初地轉寂寥琴語夜
天澄上修不惜清鐘課貝葉鈔詩滿帶縢

同奚虛白游滄浪亭

元和張京度蓮民

荒堙明斷墻風吹枯樹亞窘步忽魚路滿地霜葉卸
瓦礫堆廢基當年或臺榭石壁藏佛龕一燈光暗射
有亭如鳥巢突兀松頂架苔花沿砌生溪流入闌瀉
緬懷濯纓人於此結精舍名高速官謗才大遭世罵
挂冠作浪游買山那論價滄浪水尚清世事已代謝
隔水聞漁歌夕陽催暝下蒼茫客忘歸衆星寒入夜

元和彭希涑樂園

滄浪亭懷古

院落春深遠綠筠曾傳子美結幽鄰雨閒風月供詩客一曲滄浪老逐臣片石釣餘紅漲暖高齋閒處碧蕪新子城日莫長吟望彷彿扁舟載酒人

滄浪亭枰石歌　吳縣倪淵半陶

滄浪亭邊逗夕陽古樹修竹何蒼蒼坦然平鋪一枰石苔封蘚蝕十九行流傳云是宋長史遭讒遷謫來吾鄉手談不少同心侶玩此世事聊相忘昔人一去七百載空留片石增荒凉忽憶當年宋天聖感喟坐覺塡中腸契丹西夏兩敵手爭道互劫須周防中朝籌畫仗諸老羣小讒謗何猖披浮雲蔽日蠅止棘黑白錯置堪嗟傷姦謀肆欲鋤善類一網盡矣連蘇王

朝局變後日淪弱不平勝坐彈棋傍想君愛奕頗有癖秋燈夜雨時相將牧奴之嘲每不顧野狐有譬辭何妨今來石畔重捫弄懷古轉使心茫茫便呼子美起對局却笑爛柯真荒唐

滄浪亭枰石歌　吳縣徐熺夢白

蘇仙性好彈棋戲石枰巧製鋪林際刮破苔紋別縱横落子翠清無聲膩玲瓏一片凝碧蒼月入文楸淨玉光人去局空歲幾更雨淋霜剝心難平

滄浪亭謁蘇長史祠是日與同人修禊於觀魚舫　長興朱紫貴立齋

流寓都因遷謫來詩人身世劇堪哀當時尚有歐陽

九詠到蟠桃苦愛才
喬木蒼煙秋入畫新詩美酒坐臨聰水禽會我蹲踏
意低趁斜陽渡竹杠

滄浪亭

地爲廣陵王錢元璙故園慶曆間蘇子美作亭于
水上　高密鄭文焯叔問

城南池館水風夕一雨殘荷秋盡碧慶曆猶餘遷客
亭廣陵無復前王宅古來名蹟多荆榛蘇翁好事豈
異人清時自有濟勝具佳地長託風波民推煙唖月
此何世吳儂爭詡藏山智尋常水石足清娱大好林
泉成活計我亦潔癖生胸雲故山荒緑不可耘得錢

五十四

但見漁樵醉辟地空思鸞鶴羣悠悠蓬海幾清濁況
復茲流在塵俗奔鼙將誰閱世情閒波聊可濯吾足
莫道隱人城市無尊前歌激白雲呼西風一夜菰蘆
夢更擬扁舟卧五湖

晚步滄浪亭同陳嵩佺太史作

同前

露衣細雨曉簾纖乳鵲聲聲晚霽占淺碧半灣遲鷺
浴落紅一片冷魚唫柳橋竹港通煙艇水閣雲廊掩
畫簾行樂不妨春盡日看君好句換吳縑

滄浪亭　德清俞樾蔭甫

子美昔罷官流寓来吳中僦屋住民舍炎暑憂蟲蟲

尋幽偶至此愛此一水通乃捐四萬錢買得地數弓
舊本孫氏園歲久埋蒿蓬稍稍修葺之泉清山玲瓏
遂令千載下過者懷高風嗟余一無似敢與先生同
文章與學問不足希遺蹤如何失職歸亦來稱寓公
寓廬苦偪仄無以開心胸安得五畝地不染塵氛紅
引泉作清沼疊石成奇峯所願嗟未遂奇蹟仍鵝籠
且復躡游屐來此披蒙茸振衣登危亭一覽秋天空

偕同人泛舟吳門夜泊滄浪亭四首錄二

長洲王韜仲弢

小泊滄浪側鄰船笑語聞聯詩多未竟中酒已微醺
思爲離鄉雜情偏與友殷昔賢曾此隱想像感遺文

其二

燈炧更闌後紛然酒欲醒去家原未久此路亦頻經
鄉夢如雲住人聲隔水聽歲華空復逝慚愧鬢絲青

游滄浪亭紀之以詩

寶山　侯唐吉寅伯

滄浪亭亦渺小耳千古留名何至此再三廢興震川
記衹重詩人蘇子美王侯第宅盛一時過眼煙雲存
有幾名賢五百畫可傳食客三千奚足情阿蒙生長
海東隅揭來憑弔情無已吳趨風俗清且嘉亭外讀
書堂邐迤維新守舊門户分一樣栽培天下士清濁
自取有名言濯足纓濯視此水

月夜登滄浪亭　丹徒　郭家駒　千里

孤亭獨上俯危廊晚霽松杉更老蒼蘇子不來禪榻冷一輪明月洗滄浪

滄浪亭懷古　貽文　嚴本中　位茲

我聞子美古之狂跌宕琴酒雄詞章故紙區區過亦小一朝被逐去廟堂青蠅非禍乃玉汝遺作江山文字主揭來姑蘇得地偏手斫荊榛闢苑囿草亭七尺名滄浪俯瞰清流魚可數春筆白菘夏紫莼呼酒高歌醉起舞自言下筆古為徒聊與歐梅聞旗鼓滄桑變幻餘千年翛然雅韻留人間池館低徊猶舊蹟山青水碧流潺潺暮春三月景物好沿溪迤邐人摩肩

就中獨有煙霞客步碕嶠首心悠然清風明月隨時有不假蘇侯四萬錢

滄浪亭　秀水錢載坤一

潑大雨過花洲新歐陽詩中尋好春章家韓家僂指塵龔明之云滄浪亭予家舊與章莊敏俱有其半今盡為韓王所有矣高林翠阜猶然真石為我几苔為茵暖香襲袂風生蘋當年一網收冠蓋黃文節墨迹觀秘閣蘇子美題壁詩有一網收冠蓋之句集賢之狂亦狼狽西陲用兵則大同狀而攻莫予奈遂令占反拔茅泰兗鄆鄧滁出諸外先生既放吳中居幅巾小艇來徐徐浩歌仰嘯亭不虛江東李白樂只且磨鑑不滅光有餘彼譖人者今何如

滄浪亭修禊同汪丈銘甫恭壽盧小鳬昌祚曹
曹村德馨徐石林燮典趙花雨大樟分得清字
仁和王乃斌吉甫
浴蘭時節天氣晴金閶門外聞啼鶯看花昨愛虎邱
好櫂歌今去滄浪聽昔賢偶所到亭亦千秋石勝地
以人重不與時廢興百年春光九千日逝者欲繫無
長繩前年習池逢上巳接䍦倒着醉不醒去年樊口
幽絶處流觴笑瞰寒溪清捲蓬身世迄靡定揭來又
賦吳趨行范公祠前拜石丈鄧尉山下訪梅兄是閒
風月價四萬青錢那惜囊中傾碧桃含笑玉蘭媚柳
眉舒綠麥脚青春雲駘蕩勸客飲春禽睍睆催詩成

五十七

眼中之人故鄉子浇酒能使魂磊平閒身幸不衰老病悦耳詎必簫管箏趙家天下誤花石蘄王亭子空棋枰過客但問蘇子美園林未許章惇爭名賢五百共一堂（亭左新建五百名賢祠始吳季札終國朝計甫草）要使後來景慕生元氣所在今古合忠孝為重富貴輕不信且看亭外水濁斯濯足清斯纓

游滄浪亭　同前

晴暄燕鶯忙春釀花柳醉游絲解引人絲竹自彈吹吳娃湯輕舟但説虎阜寺高詠何處尋荒亭草煙翠風月不論錢獨賞有真意

蘇州滄浪亭　醴陵傅專鈍根

滄浪原自在清濁不關渠亭近宜招鶴溪深可養魚
斯游興不淺懷古意何如物我俱忘適塵羈得暫舒

過滄浪亭書感　元和陳任公孟

勝地篇章昔已多行吟不記幾經過重來風景殊前
日一撫闌干感逝波往年屢作社集於此老柳絲絲愁鬢髮斜
陽惘惘掛林柯校書講肄渾餘事橫涕江河復奈何

次韻東雷九日滄浪亭　同前

柳老荷殘野色蒼小橋依舊跨回塘青山繞郭秋如
畫黄菊欺人鬢早霜可起詩魂呼子美欲成僧服號
滄浪只今莫作茱萸會且對孤亭酹一觴

可園獨游梅花盛開為賦長句

儀徵　嚴玉森　鹿溪

文襄左文誠表去已遠，萬雪衡雲來作花，疎籬密護斷人蹟，鐵骨横空羣鳥嗟。當年觴詠倏泡影，天山劍戟今桑麻。此花閲世将二紀，冷極無言聽晚鴉。衡山雪濤梅亦少，泉根幾樹微煙遮。戊寅冬居衡山。炎荒孤賞抱冰雪，乾坤一氣春萌芽。可園人散爾清寂，空廊不斷新霞雲。夜深脉脉来鶴語，門外時時喧馬撾。湘上何人吟水涯，黄河西北無悲笳。繞花千轉傷心極，白髪青門長種瓜。

獅子林　吳縣　張紹松　嘯泉

風雨釀春寒，阻我尋芳意。今朝天氣晴，杖策名園至。

迤邐曲徑通巖壑驚神異怪石槃松根淩雲結寒翠
一水綠成染倒影花光媚天巧與人工羅列爭奇勢
誰道倪君迂卻具過人智玲瓏盪心目玩賞不忍置
留連暮忘歸鐘聲起鄰寺

雪霽游獅子林聯句

錢塘戴熙醇士

奇境不在多吳珩所取惟險絕昔發蘇門舟戴熙未
及松園梟約伴春初游許乃裕共赴夙願切躡足濺
泥濘熙連袂互提挈園丁導行節珩遠客覓故轍雲
封添盤紆裕雪釋露屼嵲地窄勢鬱怒珩水曲聲鳴
咽跨磴堙露改熙穿洞氣候別杳然石樹隱裕谿若

眼界裂咫尺迷天梯熙靈怪劈地穴豕腹脹頑洞珩鬼臉幻凹凸挂猩千乳垂熙割雲一片截盪胸變奧曠裕誑目弄詭譎日鑄寸碧補珩煙棱遠翠子石髓風未凝熙山口月纔缺樹撐夜乂臂裕泉漱廣長古禿柏褪古黛珩病松支寒鐵幽鏡照面顏熙脩紳誤手扶遠塔卓霄漢裕迴闌駕虹蜺籐蔓驚蛇蟠珩松子看鼠竊岩阿不可窮熙屐齒何惜折勢拗一步窘裕眼饞雙足劣厂徑窅以深珩危亭圮猶設花石忽然瞑熙坐嘯聊以悅嶄岩極勾留珩煙霞轉飄瞥三墮復三登裕九曲疊九折如入魚腹浦珩神秘八陣泄如注羊腸坂熙天險五丁掣如李愿盤谷裕鬼神

競羅列如柳州西山 珩 態麗肆嚼嚙或如蝸旋房 熙
或如螳穿垤或躋如猱升 珩 或僂如蚓結始知一又
天百怪幻不竭 裕 又如頃刻夢萬事得盡閱依木相
牽連 熙 印沓恐傾跌歸途忽平坦 珩 想像猶兀軛倪
迂曾手圖 熙 米顛遺袵襭曠代邀今古 珩 真跡惜磨
滅獨此異境存 裕 猶挺高士節不覺身入畫 珩 絕勝
口授訣高懷波濤翻 裕 奇句日月揭解衣坐上歌 熙
把酒燈前說茲游亦偶然 珩 鴻爪印殘雪 熙

獅子林話別　陽湖吳鏞卓銘

驅車溥婁門梅風雨後溫天語煌煌在玄石龍蛇文
云是倪瓚地拜手挹清芬東園槩雲石西園槩石雲

六十

雲生青鬖鬔映水幻龍鱗似我胸礧磈迴腸蚴蟉紋
陸生思入洛抗志凌高雯添我一重愁寂寞畫牕芸
池荷如解意吹香獮見殷小橋話别處孤亭已夕曛

游獅子林　　　　華亭顧翰孟平

萬山搜出玲瓏石排空羅列真奇特畫手疊成獅子
形是獅非獅動魂魄雲林居士信高雅一點俗塵染
不得翦裁意匠出天然海内園林失顔色一峯高聳
一峯低渾似羣猊坐山脊噴雲吐霧動秋風煙霞闉
住幽居僻長嘯一聲萬竅鳴清風習習生頃刻々百
餘年歷刼過吳宫焦土連雲黑喬松古柏猶尚存精
靈呵護非人力摩挲古石舊題痕好趁情光染醉墨

一杯清茗滌煩襟雪泥爪印留鴻蹟

獅子林　　慈溪戎金銘古慎

柱折共工僵藪鏊混沌死心造絶傍依妙幻乃成此
五松如蓋張危巘特中起裊碧雙螺鬟剪青九連纂
迴梁抱龍脊斜岨銜鳳觜穿穴歸玲瓏補砌籍層絫
盤旋迷心神變化呈奇詭上忽高峯巔下倏幽谷裏
其狀類狻猊形似後神似布置奪天工空靈若海市
荆關善圖畫恐未喻其旨盤桓玉鑑池名頭呀呀歎觀
止

獅林

吳門詠古之一　　元和袁寶璜懷禹

鑿池疊石稱疏狂，清閟倪迂處女莊。買夏園開成小築，巡春輦駐錫宸章。香車晴陌招游侶，鄰寺晨鐘禮法王。回首舊游雲散後，更誰幽勝話滄浪。

獅子林　吳縣朱惠元楓隱

園林大好畫圖開，道是迂倪手創來。幸得東西衡宇接，儘堪蠟屐印蒼苔。相傳係倪雲林所建

獅子林十二詠和青邱韻

長洲沈清瑞芷生

何來青狻猊，偃卧霜林夜。得非鷲嶺頭，天風吹送下。獅子峯

峯前吐曙暉，峯下斂朝霏。踏破梧桐影，山僧午後歸。

含暉峯

天淨碧琉璃催起一輪月皎皎度寒林影漏前山缺

吐月峯

達摩面壁日懶殘煨芋時朗然大辨悟不待放參知

立雪堂

鐘聲散紺宇松下禪關閉白鶴飛一羣閒雲去復來

卧雲堂

聞訊到梅花春光漏幾許疏影月横牕默默不得語

問梅閣

悟徹最上乘軒内談經客客有禪喜心堅貞如此柏

指柏軒

窈窱園石檻室濛醮碧波緣知定水裏活潑游魚多

玉鑑池

梧葉金井落井底水花冷取煮碧羅春銀牀動脩綆

冰壺井

幾个碧篔簹月斜人定後風吹環佩聲蕭蕭響谷口

脩竹谷

霽後渴虹飲一飲暮後朝至今古澗下波影卧長橋

小飛虹

彷彿巨靈掌擘開古石紋屋中寒氣聚日夕迷煙雲

大石屋

獅子林

鎮海姚燮某伯

昔聞獅林奇，高與梵宮埒。阜地逾尋丈，摩天自巉嶫。
靈跡偶一經，神工嗟獨絕。始入道縈紆，少停情虧兀。
萬竅蜂絡房，匕盤蟻緣垤。空罅知下凹，迴磴翻上岊。
側竇光漸通，下步澗忽截。晦明互俄時，東西移寸轍。
久旋路每重，覆行遲疑別。勢危基賴安，奧窮境轉澈。
虛廊拂晴筠，平沼交文纈。夕景　垣沈，風林過鳥瞥。
流細生古歡，清閟渺高節。孤心何介貞，千載此蘊結。

五松園賦松三章　同前

亭臺都廢盡，兀兀五松存。巢有新鳥語，墻多老蘚痕。
風聲如水至，日氣與陰昏。百歲東都叟，掀髯讓爾尊。

其二

花月沸笙歌繁華瞥電過輸君離世立奚止閱愁多
賸有蒙茸蔦来　纆屈曲柯買山頻易劵奈爾舊人何

其三

山林無稱莬斤斧自相求大器将誰晦危生亦幸留
貞心天月皎壯氣海濤秋嶽觀奉時樹憑君當卧游

獅子林齋寓雜興　元和張京度蓮民

百年池館感滄桑全地猶傳古道場出屋亂峯横岸
粤梯空危石墜奇礓林亭稿說張三叟花木春尋黄
四娘我愛水西廳一角呼魚殘夜立迴廊
一春難得是新晴拾翠湔裙韻事并鏡裏明壯中婦
豔水邊珠袨麗人行倪迂入畫枯松在季迪題詩敗

壁傾惟有幽棲塵外客楞伽一卷注初成

同人游獅子林　吳江金黃鐘律初

獅林古勝地探幽入吳城園公迎倒屐為客啟雲扃一轉一境遷一顧一回驚廻廊嵌古碣樓閣聳蒼冥林花映日紅堤柳含煙青池中列巒岫欲渡隔滄溟晴波石橋臥上覆珠藤棚過溪畫山逕恠石天生成變幻猛獸伏利爪爭相迎猙獰不一狀松風假之鳴空洞鑿山坳昏黑晝不明褰裳傴僂下恍帶龍涎腥初入勢偪仄跪跪步還停漸進覺宏敞足底亦坦平偶爾一呼答四壁齊應聲不信人工就或疑擘巨靈日光一綫漏金碧耀雙晴華堂山之腹臨流兩三楹

到此一小憩，兀坐風冷冷。芒屩苔痕濕，布袍岩花馨。
喬木譁鼪鼬，寒潭下鵁鶄。緬彼倪高士，結構此園亭。
風流今已杳，歲月倏幾更。靈境一朝覯，使我心神清。
夕鐘催客返，薄靄疏林橫。欲尋來時路，曲折非前程。
始知一洞入，諸洞皆通行。同游興不淺，各各鬬心兵。
歸來風雨夕，夢寐苦相縈。儻餘買山錢，千金亦爲輕。

和西村從父游獅子林

元和彭希涑樂園

獅林我未游，讀詩境了了。昔聞迂道人，於此成林沼。
流疏震澤清，石破靈岩巧。仇池藏曲折，未覺壺天小。
鬼斧鑱空青，慘淡經天造。出門閶井喧，入門山水繞。

秋飛孤鶴迴春浴輕鷗漪幽谷隱濃花閒庭鋪淺草
拾級聞人聲穿空出林杪東西屢歧誤迴惑苦難曉
樂圃有亭臺滄浪足魚鳥非無諸構築未若此深窈
何時撰杖行探幽從問道光風佛面來無量春光好

游獅子林　吳縣吳興讓竹林

幼曾游獅林雖荒非俗物廢亭炊濕煙露苔緣破壁
五峯蒼老姿曲水清幽色名手所經營猶可得彷彿
客中過北人往往誇口談歸來函一過滿眼堆金碧
明妃事胡兒不如長門泣才人嫁廝養堪為蛾眉惜
方今長安富兒多風雅法書名畫盡入游伏窟

獅子林　長興朱紫貴立齋

一石成一峯衆峯併一石石石意態殊峯峯徑路關
堆垛藏玲瓏渾成寓襞績降下先陟高東行乃西轍
造意得諸先作勢取其逆丈石乍迎面尺波忽起曷
想常締造初醜恠不可擇一朝位置成靈境訝創獲
從知天機精不若地勢窄老僧知其然因材妙變易
胸中九州山眼底五畝宅縱横羅列中匠心極明嫿
我來當春韶雲根媚詩魄想先經營心至理在咫尺

游獅子林作歌　　德清俞樾

佛伸手化五獅子偶然游戲到吳市五百年来儼不
起至今嶄然成石矣我来攝衣登其巔奇奇恠恠言
難傳五覆五反看不足九上九丁游未全地既彎環

學盤谷水亦曲折成斜川可笑吾儕竟如蟻乃於九
曲珠中穿書生立論怕隨俗偏向美中求不足雖然
山勢喜空靈未免游蹤愁偪促蛇行匍匐伍出關魚
貫攀援鄧入蜀昌黎有言我能詰屈自世間何肯低
頭入山腹石兄聞而笑君言何謷謷米顛所見一拳
耳相對必具笏與袍何況千巖萬壑羅堂坳非上片
石堪論交請君來此一平視早已遊徧東岱西華北
恒南霍中嵩高君曾飽看新安大好之山水又曾驅
車遠度奉函殽試向此中尋取舊游處一丘一壑無
能逃更比壺公縮地好翻笑愚叟移山勞縱不敢下
伯督務人足侶亦宜稍折元章居士腰吾聞石言亦

六十六

點首憑欄啜茗不嫌久坐聽鄰寺齋鐘鳴疑是林間
獅子吼

師子林　順德 蔡有守 哲夫

有客胥臺歸語我師子林奇石甲天下疊寘尤巧心
直以數弓地幻作丘壑深非出雲林手孰其此匈襟
吾生有石癖聞之安可禁今日嫁吳門弛檐輒訪尋
但見錯楚間亂石支峇岑一覽已無遺淺率渾布碪
肇允陳迹改結構全殊今壁嫓一名畫復為庸工臨
不辨真與贋聞名徒仰欽世之耳餘輩珷玞混球琳

和汪小竺獅子林晚步次原韻　太倉 蔣銘勳 亦謝

名園仍傍市廛開聞道林亭半草萊欲發野花難問主已闌游興未成灰年前風月供誰賞刼後登臨遲我來兵火滄江史何似舊游如夢首頻回

病足初愈獅子林社集呈諸公

元和陳任 公孟

倚杖蹁躚蹋淺莎屢孤佳約惜蹉跎昔聞高士結邱壑幾見幽人來詠歌鷗鷺莫驚詩鉢響荷渠只對醉顔酡坐看白雨跳珠急回首東齋悵惘多 韋齋戊己四月矣

省園

舊為顧都憲沂鳳池園半歸滎陽相國家

六十七

元和　袁學瀾文綺

一園分作兩園春，此境幽閒過絶塵。放鶴風搖隣院竹，養鵝水長石池蘋。傳家忠孝簪纓替，閱世亭臺草木新。喜接紀羣同勝賞，佛香茶味笑言親。（陳順庵父子奉佛）

避暑皖公別墅（墅為程學啟祠園，曰惠蔭，疊石奇古）邀曉浦痛飲，越日曉浦詩來，揮翰奉答。時曉浦有調江甯推官之訊，冀其不往也

舫齋卧對皖公山，失喜詩人兩扣關。暑飲百觚傲河朔，秋吟四韻絶塵寰。巧逢亂世斯文賤，獨遇深交禮節删。琴淡自生山水意（琴淡生涼與舫中額語），幾時偕隱唱魚

蠻

游洽隱園　　元和　袁學瀾文綺

虎窟塵兵戰鬪回，名園重認刼餘灰。圖書散佚倪清閟（園舊為倪康訪宅），松石流傳社黨魁（晚明韓貞文先生名馨字幼明少有聲南雍黨事起幾罹于禍鼎革後隱居此園）。槐國衣冠成幻夢（庚申之變園為聽王府），雲臺勳績著奇才。千秋俎豆留吳苑，甲馬靈旗月夜來（此園今為程忠烈祠）。

憂樓不隔遠山青，往事閑尋草滿庭。三友名高爭綺角（韓幼明居此園時與鄭敷教金俊明皆為勝國遺老互礪名節沈宗騫繪洽隱園三友圖），半州豪去散譚邪（此園嘗為豪貴所居）。壺觴時集濃春賞，花石猶餘戰血腥。無限蟲沙沉浩刼，一盦香火奉神靈。（僧衡峯）

令為守祠奉香火

重游皖山別墅　長洲張榮培埶公

不到游蹤二十年，墜歡重拾渺如煙。樓臺繚曲還依舊，花木凋零卻遜前。試剔苔痕摹古篆，且邀茶話瀹新泉。此中雅有天台勝，笑我劉郎骨未仙。

偕鳳生鳳池游皖山別墅並呈吳劭甫園主　同前

共訪名園趁午晴，主人好客喜相迎。春光欲老羣芳歇，夏令將新衆綠生。味飽郇廚佚薄醉，歡聯陳榻荷深情。欣看蘭玉庭階滿，都是亭亭後起英。

再疊前韻答劭甫　同前

爲賞名花喜嫩晴，敢勞玉趾雨番迎。芳園儘啟無遮會，詩老欣逢太瘦生。聊學志和甘小隱，得交季札倍多情。啼鶯不把春留住，重倚雕欄數落英。

立夏日偕諸秉彝王仲驊游皖山別墅倒叠前韻　同前

園林春盡歇繁英，款客偏深地主情。劫換一枰消永晝，閒偷半日寄浮生。趨衙久嬾黄蜂散，入幕重勞紫燕迎。最是清談香茗熟，鵓鴣聲裏聽呼晴。

倒叠前韻似劭甫二首之一　同前

一庭蘭玉正含英，道廣能聯四海情。勝國龍頭推逸老，騷壇驥尾屬鯫生。落花香逐春流逝，布穀聲催夏

令迎天與名園資管領呼童著意課陰晴

皖山別墅課餘口占　同　前

名園消暑愛清幽聊作平原十日留片席琴書欣得地滿庭風雨似驚秋煩襟滌去塵三斗詩味分來茗一甌却笑南皮開盛宴競將瓜李侈沈浮

吳門過程學啓祠　松陵陳去病佩忍

作賊非賊官非官一身反側空盤桓江湖血戰總何事徒令八杰喪其元

壬申重五前兩日濂溪坊韜園落成曉浦有詩見賀即答時入秋將為滇中之游來詩及之　吳江金天羽鶴望

弓衣無勾且韜窮花藥孫亭石絶封格古書甯三犢載觴賓酒僅一鴟容生涯大好搬蠱鼠家食難為釀蜜蜂欲趁圖南裝未辨采芳携子荘秋節

游蔣氏復園

舊名拙政　　松陵朱逢泰柳塘

九曲紅橋映水清昔賢於此訂詩盟人行竹外驚松鼠雨歇林端轉谷鶯石壁摩挱看舊記危樓遐覽小吳城憑欄且莫催歸去夕照啣山一帶明

下榻復園旬日陰雨連綿未得遍歷勝處三月四日始開霽暢游竟日爰紀以詩　吳江顧虬青庵

七十

春風一櫂來吳門眼中花柳經村村復園主人雅好
客留我下榻當面軒西軒牕几極明淨市塵隔斷聲
無喧須臾金盤燦銀蠟殷勤召客開瑤尊酒酣笑向
主人道曷不移席游芳園主人語我始少待今宵無
月天昏昏花光須及向晨麗秉燭豈若乘朝暾夜闌
客散就牀卧牕前細雨愁無那十日五日不肯休便
恐殘春等閒過今朝屋角鳴芻尼急起視天忘披衣
初日烘花呈笑靨和風拂柳舒顰眉柳眉花靨示人
意迎人直過平橋西危峯數疊呈嶔奇晴川一碧明
玻璃高閣孤亭互即離朱欄畫檻相參差層樓更上
凌丹梯長廊窈窕煙雲迷斜陽忽已墜棲鳥爭相語

尚有奇勝未盡探餘興更約來朝補歸坐書牕聽涌
鼓短重挑鐙酌清醇輕風又作瀟瀟雨

立夏後一日遠香堂讌集　同前

雨後園林夕照微堂開文讌敞雙扉嘉賓四座金龜
佩着我中間白紵衣殘影尚翻階芍藥遠香初送院
薔薇回思爛醉濃春日已覺繁華過眼非　一月十九
日曾賞桃花于此堂

復園春霽　同前

釀春十日雨廉纖春色名園細細添晴晝強扶中酒
病畫樓高卷却寒簾柳絲婉婉牽衣袂花片零星墮

七十一

帽檐輕歲棲遲成熟客游魚飛鳥總無嫌

題復園嘉會圖　同前

嘉會蘭亭後西園與玉山將侯多逸興此事又人間雲集思羣彥風流見一斑文孫能歷歷畫裏指客顔

其二

傳家六十載什襲卷猶新太史木華擅尚書面目真予幼時以未識沈歸愚先生為憾今得于圖中見之看詩兼讀畫先友亦周親沈袁西先生于主人皆親串也為道分題處拈豪各有神

其三

幸下陳蕃榻居然入畫圖題詞客後進撫卷念前模徑杳元卿客詩傳穎士奴圖中合賓主僕從凡二十九人今惟詩僕朱商山尚

在
名園重展眺高柳亂煙蕪

喜方大章夔王子乘圻過訪復園
同前

春風無限好吹送故人來一笑愁城破重簾特地開
工詩寒到骨善病瘦於梅牢落方三拜何人識此才

其二

王郎風雅士經歲此重逢約畧還相識分携感舊蹤
山塘雙畫槳落日一聲鐘記聽吳娘曲春波如酒濃
去歲正月二十八日始識子乘於山塘舟次

復園觀荷
同前

水氣清冷花氣芳晚来隨意步銀塘露零淺草青蕪

七十二

濕月上平欄白石涼濯錦幾枝新菡萏滞人雙宿野鴛鴦便應移箇玻璃枕小籍蘅蕪夢也香

正月望後五日至復園　同前

去來剛一月已是隔年人又作名園客重探勝地春琴書各無恙花鳥自相親六載淹留慣都忘羈旅身

陶鳧鄉樑過訪復園留飲荷亭作　同前

佳客登堂鷺玉立新詩題壁生光華羨君才如李供奉折贈一朵青蓮花鳧鄉乞花以青蓮贈之

長城到眼怯相攻且折新荷飲碧筩澆得枯腸詩思活吟聲纔不似秋蟲

留別復園　同前

六年棲息一鐔寒，欲別林亭意渺歡已定歸期增惝怳，重尋佳處一盤桓，跡原無着成行脚，情不能忘類罷官，那更北風吹獵獵，山容水色帶愁看。

蕭條景色逼殘年，替主留賓欲雪天，敢說春風生杖屨，借地福地作神仙，束裝綠綺猶無恙，照水朱顏不似前，只恐桃源難再到，武陵人漫剌回船。

關心最是好春時，三徑常開日影遲，不遠客爭趨北郭，願輸錢比看西施，夭桃作態惜惜笑，蝴蝶成團款款隨，如此名園如此景，累儂難下董生帷。

此地名賢手澤留，煙垂霧接傍高樓（樓中煙垂霧接四字匾額為吳

七十三

梅村先生所題每因登覽欽前哲未敢題詩在上頭臨頓里連芳草合望齊門近女墻幽憑欄景物都堪憶臨别抽豪紀勝游

余既有詩别復園矣臨行設餞主人復訂明年之約即席更賦一律　同　前

前度劉郎猶未去殷勤重訂隔年期應知賓主終投分想為園林尚欠詩殘歲喜聞春到早是日為十二月十九日已於昨日立春寒梅似笑月來遲一言報與諸同好入座依然某在斯

三月三日之復園值陶凫鄉椺方集同人修禊園中即事二十四韻　同　前

朝來五雨風飛渡吳淞江推篷忽抵岸繫艇溪橋椿款關入名園隔花驚吠龍園中人大笑緣酒正瀉缸拉我坐臨池流觴水淙淙主人令蔣詡三徑喜足跫陶潛吾畏友牀下夙拜龐餘子亦同調臭味通蘭茳便進無算爵怒鯨吸奔瀧投壺矢策策催花鼓逢逢杯行令嚴肅談深語紛嚨酒半更移席登樓闢虛牕仰觀徹雲岫俯察窮鮮矼兹晨傳祓禊右軍序無雙眼前公等在望古詎肯降又手各成詠筆力鼎可扛鏗金與戛玉四座聲錚鏦繪圖屬吳生竹虛拂縑明夜釭蘭亭所未有別建騷壇幢而我媿才薄曹檜陋小邦未甘金谷罰覓句循畫杠窘急聊出奇險韻鬮

緣橦如和陽春曲雜以嘲哳腔定遭大雅嗤援筆心已懮

復園樓外菜花甚盛主人招同皂鄉小飲即送皂鄉之武陵　同前

一下南州榻頻開北海尊當春足佳日覽勝對遙村匝地黄金散憑闌白石温漫勞歌折柳有客黯銷魂

其二

魂弱不勝銷愁腸借酒澆飛揚同此志離索轉無聊樂府今三影游蹤古六橋去逢朱與郭湖上定相邀

朱鐵門春生郭頻伽麐時俱客武林

三月十九日吴竹虚履邵无咎縣魏霞城標共

飲園中即席和竹虚韻　同前

風雨相催春欲老賞春人亦漸華顛飛來燕子尋殘壘長出龍孫帶曉煙對酒當歌須卜夜新交舊友總忘年也知放手摶沙散且結尊前一晌緣

復園餞春小飲和韻　同前

厨開櫻筍簇鮮新一洗胸中萬斛塵賸有蝳衣縈柳絮并無花雨點苔茵放寬眼界都詩料署出頭銜是酒人莫更闘情春已去當筵且賞月如銀

復園壁上題有二絶句前首點畫工秀次首字徹紙縵而姿媚逸出玩其題欵知為廣陵閨秀同人以未覩芳容為憾余因次韻二首并原作

七十五

錄存之　　同　前

蕚綠華來人未歸，知他燕瘦與環肥。遥憐石滑相扶處，蹴損蒼苔一徑衣。

此間小住亦為佳，底事匆匆返鈿車。約略一聲長太息，從來傾國愛名花。

庚申三月晦日偕幼珊妹雨中游蔣家園作　　廣陵　蕭　珞　仲瓔

春光草草送將歸，細雨如絲絲正肥。却喜靜無蜂蝶鬧，不妨微濕薄羅衣。

同作　　廣陵　蕭　瑚　幼珊

聞說園亭此最佳，今朝偶爾駐香車。穠桃艷李漂零

盡閙到風前姊妹花

蔣園易主歌　　吳縣范來宗翰尊

踏青挑菜旭日晴，雜花滿樹羣鶯鳴。齊女門邊結隊去，其中亭館舊知名。探尋孰把洞天塞，滿眼風光隔咫尺。貼門紅紙寫行行，蔣家園付查家得。冶游裹足盡驚猜，迷卻仙源莫溯洄。野老躊躇不能已，為言往事動新哀。此園肇如稱拙政，嵐光池月交輝映。侍御先侵選物場（侍御王獻臣侵大宏寺基故造），相公繼占神仙勝（海昌相國陳之遴得之）。兩度從軍遼海邊，征夫何處問平泉。為陵為谷頻頻改，復起乾隆十一年（陳遣戍後輾轉歸於蔣氏改名復園）。樂安富盛甲閭里，為愛山林在城市。天教卜宅吉無雙，衆慶專城看鸛起（蔣子為平陽守）朝增月榭暮風廊竹樹千霄水溢塘宗伯書碑留記序（沈歸愚先生）名流擊鉢競詞章買田陽羨論千萬久遠貽謀符素願公子徵祖豈贈舟先生市義休燒券荏再韶華六十春嬉春士女集城闉黃花散漫鋪金地翠閣流連倚玉人不定盛衰又轉轂於斯歌者於斯哭舊德先疇彈指非丘山華屋傷心速君不見婁東祭酒詠山茶今昔依稀共歎嗟好事他年重過訪未知春更屬誰家

吳晉德招同張訓導千里飯拙政園

長興　朱紫貴立齋

主人亭館不輕開一飯今朝笑語陪新柳綠分橋畔

水殘梅白糝竹邊苔君從陶峴船中到我自梁鴻廡
下來各抱五湖三畝意名園相對轉低回
　拙政園春風檻戲示吳晉德
　　同前
鈎簾夕照四牕空曲徑彎環曲院通祇有鳳窠人到
處不留一路過春風
山情野意有誰娱人影衣香未可無簇擁花枝飛不
去朝來忙煞玉腰奴
　吳園　　江山劉履芬彥清
拙政山搽怨老梅百年池榭幾遺栽碧桃臨水才三
尺猶背東風滴淚開

七十七

吴園爲南皮相國駐節處撫今思昔系之以詩並畣月汀觀察四疊韻

歸安朱福清脩庭

相公罷鎮久居吴一幅春風侍坐圖楊柳小橋青箬笠梧桐院落碧紗廚憑君寫入生花筆使我重拈記事珠今日遠香堂畔立徒教鴻雪印名都

堂有楹聯係師相命撰陸鳳石書

用前韻戲東廣菴同歲速其入社以張我軍

同前

月裏仙人舊姓吴已登桂籍列仙圖摩挲金石常攜袖斷爛文章不入廚我有良朋沙割玉時隨上客履

銜珠釣游少小同鄉里忍使城郵射子都

月汀世仁兄招同文小坡孝廉朱脩庭觀察夜話出近作督和率爾操觚聊供噴飯云爾

吳　廣卷

滄溟穩渡揖天吳篋裏新携述職圖滿袖香煙杜陵句消寒美酒步兵廚多君手有生花管老我胸無記事珠一曲陽春難屬和行看紙貴比三都

五疊前韻簡榮虞臣尚衣

同　前

名園城北舊稱吳十景曾題上相圖（南皮相國有吳園十景圖）手掌絲綸勤補衮性耽林壑慣移廚（君常于園中宴客）無端見

七十八

獵思張袟余久不作詩故云有客探驪已得珠使節他年周
嶺嶠還應山水睠茲都

虞臣尚衣招陪寄鷗丈午飲九疊前韻

同前

摶沙何幸聚中吳詩社應摹主客圖雲樹人懷千里
月憶立甫貢三兩權使韮菘味壓萬錢廚圖壚促坐
溫如玉對酒當歌纍似珠時向此間得佳趣渾疑身
到帝皇都暖屋兩間極似京師

博按廣菴詠懷諸什因與本園無關故未錄入

張子青之萬制府屬題吳園圖十二冊

中江李鴻裔眉生

遠香堂

濃香旌節花勝地蓬萊苑堂中隱几人心與江湖遠

蘭畹遠香堂臨水一面

妙香通畫禪名花當佳客百蘭芳菲菲來作鼻功德

玉蘭院一名筆花堂

山茶遺寶珠木筆傳瓊杯停雲真吾師祭酒安在哉

王御史園成文待詔為之記待詔家亦有玉蘭堂

也國初歸于海甯陳相國中有寶珠山茶三四株

連理交柯吳梅村祭酒為詩記之

柳隄

柳浪接雙橋荷風來四面可似滄懷園近光樓下看

乂十九

東郎

伽藍化金谷成壞真一霎不見聽馬坊斜陽在高塔

拙政園舊為元大宏寺嘉靖中王御史獻臣侵其地以營別墅

枇杷塢

五月洞庭波低航壓高簍誰移一樹金東園供載酒

水竹居 亦作梧竹

十畝荷扶渠映此一弓宅時見柳彎腰還疑竹請客

萊花樓

樓中瓊樹歌樓外蕪城淚春風若有知黄金為布地

煙波畫船

樽開畫舫東月桂花樓西翩翩太常仙清齋醉似泥
五六月中于此作胡蜨會時方禱雨齋醮但食素
而已

芍藥坡

身退韶光永人祥花和氣宜傾婪尾杯媚茲春夢婆

月香亭

姮娥駕老蟾踏花作香塵公毋渡江去叢桂欲留人

最宜處

官梅宜鼎實不升桃李盤但許凌霄雀飛來伴歲寒

六月六日消夏第一集飲子青制府拙政園周
存伯閑太令即席畫紈扇遍貽座客作詩謝之

八十

同前

周侯畫筆風雨馳顛張醉素兼得之眼中那有荃與
熙空廚無煙日亭午我詩時作秋蟲語怪爾霜髭遽
如許名園勝日雙玉壺萬荷喧雨涼生膚翛然坐我
於江湖既醉尚書浮蟻酒更看周侯斬蛟手批風抹
月出花柳

乙亥春日僑寓拙政園即景有作

桐鄉嚴永華少藍

挽鹿相期賦遂初名園小憩樂何如爭誇謝傅東山
勝容得梁鴻賃廡居
曾以山茶得重名我來剛及吐繁英亭臺依舊枝柯

改想見蒼茫異代情
複閣環橋曲曲通清游宛在畫圖中自慚六法粗能
解欲貌平泉筆未工
柳陰路曲碧蘿蘿損却愁眉奈客何一樣春風舒翠
黛橫斜水面寄情多
遠岫斜陽淡有無半簾飛絮亂平無疏林新霽蒼苔
滑折得楊枝當婢扶
鈎連石棧忽登樓水木清華一望收此景最宜涼月
夜桂花香裏約重游
兒童遥指水西亭行過迴廊倦屐停翠竹連雲千萬
箇窺牕瘦鶴自梳翎

鬼斧神工叠嶂連槎材老樹不知年掃苔石上思題句此亦東南一洞天

拙政園歌

德清　俞樾　蔭甫

張子青同年前輩開府三吴駐節拙政園承詢斯園故事因作長歌詒之

銷烽息燧東南定定後東南非昔盛鸝坊鶴市半荒蕪吴下名園惟拙政名園拙政冠三吴遠溯前明創造初聽馬王公新卜宅衡山行詔舊留園園始明代王御史獻臣文衡山有拙政園記并圖昭代龍興開甲第海昌別墅人猶記泉石無端籍縣官流傳史屬平南壻國初為海昌相國別業籍沒後曾為吴三桂女壻王永甯郎舍百年依舊此樓臺三徑重為蔣詡

開吳三桂敗後此園曾為糧道署其後復為郡人蔣誦先所得因易名復園有復園嘉會圖見說
復園盛游宴屢招名士吳尊罍是時正在乾嘉際吳
會承事多勝事頭白尚書訪舊來風流大令看花至沈歸愚尚書即園中人之一袁子才大令亦屢至是園
自古園林有廢興又間
風月屬延陵春風秋月游人口只解吳園兩字稱吳
園花木還稠疊水竹平分王與葉後為武林吳氏所得是稱吳園其左右割為王葉兩園
王葉園中半綠蕪不及吳園盛蜂蝶癡蜂
醉蝶弄芳菲忽見漫空妖鳥飛淨洗腥膻消戰血重
看金鼓建牙旗暫駐仍蕭瑟欣遇安昌來建節瑣鋪
珠箔奉慈輿水閣風簾停宦轍我幸園中一再游聊
將往事數從頭作歌媿之梅村筆莫問茶花如舊不

八十二

游拙政園　　平湖屈𪗺伯剛

亭臺還值賓車駐舊燕如尋王謝堂一樹寶珠歌舞冷三春詞客鬢毛蒼銷沉花氣垣衣密小坐松陰茗碗涼説鬼莫須驚故壘鼓聲齋女又斜陽

偕宋季篠游拙政園　　長洲張榮培蟄公

幾日驕陽放老晴新荷一水透盈盈隨風蝶影聯翩過繞樹蟬聲歷亂鳴久坐亭陰消暑氣閒憑欄曲得秋情一甌清茗千竿竹不惹塵埃半點生

同黃頌堯顧巍成游拙政園並至臨頓路酒家小飲　　同前

名園深處愜幽尋滿座清涼暑不侵一朵紅蓮標獨
秀四圍緑樹補新陰茶香細領閒中味松籟時聞靜
裏音更喜吟期招飲去臨河水閣暢塵襟
朱綬青約游拙政園並承園主松濤留飲

同　前

晦翁招我復園游為愛荷香竟日留況遇主人偏好
客得消暑氣勝於秋閒懷小飲渾忘醉捉席清談足
解愁最是夕陽紅漸淡嫩涼一味占茶甌

和震伯游拙政園韻　同　前

不用詩囊負小童招來俊侶賞心同夢尋槐蔭清虛
裏香悟蓮花自在中老樹參天延古緑新妝隔水映

八十三

嬌紅名園畢竟多幽趣能使塵襟一洗空

五游拙政園感賦　同　前

遠香堂畔滿荷香一陣風來四面涼魚戲無心穿翠荇蟬嘶儘力曳垂陽山茶幸入梅村詠水榭誰窺柳氏妝（牧齋先生娶柳如是嘗藏嬌於此）一月游蹤經五度勝他三宿戀空桑

拙政園喜晤銅士有贈　同　前

名園小敘話桑田領略荷香又一年偏是催詩來急雨勝如柱杖聽飛泉半池涼氣清于水一縷吟魂盪作煙怪底東陽腰瘦損河魚抱恙尚纏綿

六月四日偕鳳生游拙政園忽遇天陰作陣黑

雲翻墨白雨跳珠煙靄還離如幅米家山水
洵奇觀也走筆賦之恐不能狀其萬一耳

同前

入園數步大暑去燒空赤日迴羲馭鳴蟬四噪萬木
噤荷香徹逗花深處驀地濃雲黑滿天芙蓉塘外輕
雷旋打頭忽放雨脚粗萬荷葉上聽鳴弦是時滿園
陰四合涼風捲地來蕭瑟竹翠松雲黯不分煙光水
氣虛相雅坐觀此景真仙乎依稀濯魄從冰壺如游
龍女靈虛殿如攬襄陽水墨圖四圍檐溜跳珠急闌
干繞遍臨風立爲耽幽賞入空濛雨花不怕沾衣溼
炎歊一霎滌茶甌雲散天青雨漸收賸有蜻蜓飛不

去夕陽紅挂柳梢頭

拙政園避暑　同前

雅有山林勝名園暑氣清茶瓜留客話魚鳥助詩情

虛碧松廊合浮青竹塢生荷風招四面幽寂破蟬聲

亭有額荷風四面

拙政園賞荷　同前

一縷清香一陣風荷花初放水當中亂蟬噪樹破空

碧瘦蝶穿籬璧小紅四壁亭臺疏入畫數聲簫笛遠

飄空此間雅有山林氣門外炎歊便不同

拙政園藤花歌

相傳爲文待詔手植　同前

白楊蕭蕭紅桐老吴宫人去埋花草迄今相隔近十年繁華猶説當時好偶探名勝話風流尚有衡山手植留紫藤滿樹垂垂發誰復看花到白頭海昌當日承恩遇規模彷彿平泉具嬌鳥枝頭時一鳴騁懷游目都成趣獨有藤花夾路開時牽蜂蝶過墻来紅氍百尺鋪歌席錦帳千重覆酒杯一場夢醒滄桑變花落花開人不見舞罷空思楊柳腰妝餘莫問芙蓉面幾許芳菲墮劫塵池臺寂寞倍傷神彩雲委地渾無主璧月當空不算春春秋雨度停游屐誰領花晨與月夕一代爭傳相國家百年猶記空王宅古藤一架摇春風瓏瓏結串花垂紅晴霞匝地輝千丈香霧漫

八十五

天溼半空對此奇花重於邑古來韻事多收拾碧潭曾詠李文饒花塢爭傳獨孤及至今相賞一年年賸有新詩付管弦只悵未入梅村筆留與山茶共鬪妍

拙政園瀹茗　同　前

偶入園林便賞心四圍夏木影沈沈清香一縷浮荷榭濃翠千重銷竹林小蝶晒衣輕墜粉新蟬曳樹亂鳴琴茶甌滿注消煩渴檻外風來暑不侵

拙政園　常熟楊　无恙

堂榭梧篁蹟半仍豪華曾此碎珠燈荒塍夢夢秋荷雨鏡影茶花夕照藤

吳鄉研太守招飲拙政園即席賦謝

陽湖惲炳孫李文

新陰猶是養花天，喜向名園預綺筵。廿載清風懷舊德（余承先德，又樂夫子見賞，受知最早），一時雅集步前賢。小橋流水春猶好，滿座飛觴醉即仙。多謝高情饒眼福，願從翰墨結因緣。

劉詠春約同朱古微、曹智涵及紫封上人至瑞蓮庵觀荷，晤仰慈上人，乘醉至拙政園，詠春賦詩，依韻和之　同前

避囂來佛地，豁目水天長。入座境逾靜，未秋心已涼。清談蔬筍美，淡意芰荷香。忽聽樵歌發，琅琅音繞梁（詠春朗吟朱希真樵歌數闋，聲琅琅出金石）。

拙政園與夢華堯衢冕士啜茗

貴陽陳夔龍筱石

高會當年集漢貂，到門今見草蕭蕭。松撐老幹穿危澗，荷擁枯根補斷橋。舊雨久同棋局散，好風不送酒旗飄。芳園尚有興衰感，忍向茶坊話四朝。是日閒話順康雍朝四朝故實，感慨繫之

過拙政園訪山茶花不得和梅村祭酒韻

吳縣潘觀保辛芝

園在府治東北，明王御史獻臣因大宏寺址創為別墅。海昌陳相國得之，在政府十年不歸，籍入為蘇松常道署，缺裁，復為民居，歸蔣氏，又歸查氏，尋

歸平湖吳相國亦未一日居子孫守之庚申後又
為公廨梅村先生所詠寶珠山茶為江南僅見者
不如姜自何年流連光景感慨係之因次其韻原
詩丹砂流沙並用麻韻無砂字以家字易之
大宏寺裏曼陀花嫣紅鬬雪枝交加萬古冰霜貝多
樹六朝金粉梵王家葉分羽葆曉含露花明火齊晨
流霞青驄御史愛游眺經營別業爭豪華滄桑轉眼
紅羊劫甲第重開說白沙不道樓臺無地起精藍改
作東平里承明出入侍君恩十載光陰若流水漫向
平泉看鶴頭旋遭遷謫貶熊耳道路爭稱獨樂園華
堂誰見尚書履花開花落幾經春護持敢與甘棠比

八十乂

從此名園易姓多有時荆棘時羅綺寶花零落知何
年粗俗漫山牘桃李延陵族望重甌東如燕營巢定
新壘風流擬似午橋莊蜂蝶爭狂鷗鷺喜功名忙煞
黑頭公奚暇看花傍佛宮好似靈巖山館裏年年花
草鎖春風靈巖山館畢秋帆尚書別墅尋歸南沙相國承平先不知兵事
驀地飛來劫火紅滿目蓬蒿怨狐兔淒涼門巷暮煙
中功成一鼓吾能説鵝鴨聲喧蔡州雪上將旌旗落
日高王侯棨戟英風發偶為蓴鱸憶故山亭臺重到
夕陽殷荒池水涸留荷葉瘦石煙皴認蘇斑舊時裙
屐知多少故家喬木難長保泉明松菊幸猶存滿院
飛花紅不埽歎息名株久作薪靈根埋沒隨荒草無

限空山耐冷花冬春閱盡青天老尋花此地露霑衣
寂寞惟餘柳絮飛待補畫圖傳韻事卷中贏得好春
歸

拙政園文衡山手植古藤歌

吳江　金天羽鶴望

秀州城中李唐舞蛟石竹垞據典強改名蛇蟠旁有
藤花一架氣清鬱詎如此藤拗怒直作蛟蛇看拙政
園中山茶僵且斧剩有西堂筆千朵攢入門在額壓
屋藤陰重筋張骨屈古蘚倉皮乾虬枝上天根絡地
五龍拘絞騰擲緣橦竿鮮英紫萼密綴千萬縷妍華
香勝披拂成妙鬘衡山高節古風調隔世想望齊鳳

八十八

鷺藝圃池蓮一往表清逸藝圃即今之裏公所在文衙前更着此藤萬古真氣完春來婆娑席地此觴客款倒坐卧地窄詩腸寬游人鼎鼎不挂眼枉跨寶馬馱金鞍名園忍付傖楚手偷閒塵外追清歡臃腫嬋娟妍醜不相蔽雖非孤松翳影長盤桓

早起拙政園看芍藥同伯秋

同前

初陽上屋山綠陰轉庭砌名園久無主花藥詡清祕境寂物態真詩心即物寄百舌語春歸門外斷吟轡吳宮美人出組練光照地月窟霓裳舞仙袂當風曳香清粉著辦露重花傾蒂花事艷豐臺芳郊蹴嘶騎

吳會金粉場兵鋒逃五季冷淡索天趣造化免嗔忌
懷賢撫古藤真氣一蟠際

拙政園　吳縣朱惠元楓隱

名園爛縵茶花放猶記梅村作詠年得賦遂初非易
事海昌當日未歸田

園在北街與新居潘儒巷僅一水之隔

拙政園觀劇易笏山方伯佩紳出近題詩夢鐘
聲圖醉太平四闋見示詞中目予為潘郎斑白
之覺不覺轉愧為喜即于座上戲成一絶聊自
解嘲　吳縣潘祖同譜琴

年來彫盡髩蒼蒼姓氏還沾寶墨香敢向江東誇獨

八十九

秀潘郎前更有周郎

拙政園藤花歌　吳縣　沈敬學習之

園為前明王御史獻臣因佛寺廢地所營别墅文待詔有圖有記其子以負博進錢歸徐氏虞山錢尚書曾居之厥後為陳為王為蔣為吳數易其主今為八旗奉直會館向之連枝山茶已不可問而門内老藤一枝蜿蜒如龍固數百年物也花時作歌用梅村山茶詩韻

闔閭城内多好花花花相對枝交加皎如班姬擣素練豔若句漏燒丹砂遂使青韶九十日金谷璀璨蒸晨霞拙政園裏古藤古獨標冷豔壽鉛華老幹豈撐

太湖石繁英亂落恒河沙斯園數典從頭起聽馬王公耀閶里再傳巨室若浮雲一擲名區付流水是時弱蔓已蒙茸庭角牆陰等閒耳曾看賞艷倒金卮曾見尋芳錯珠履後來嘉會圖復園（郡人蔣誦先得之易名復園有復園嘉會圖）裙屐風流盛莫比綠楊一樹有鞦韆畫閣三層綺羅綺當年花侈曼陀羅春風不鬬閒桃李竹肉方銷戰鼓聲樓臺早易將軍壘梅村集裏賦長歌海內流傳差可喜我憶後先兩相公（陳相國之遺雖有斯園全家謫戍遼左未一寓目南皮張相於赭冦平後撫吳實居之）恩威事異承明宮荷戈飽看邊關月開府爭趨旌節風豐沛枌榆客判白箭遼桑梓人批紅藏猱忽露花架底如龍欲攫歌筵中陳祠

九十

咫尺一株説陳忠烈祠有大藤頗古紫裘掩映酴醾雪我家洞庭亦有此羅漢寺前今艷發包山羅漢寺一株尤古横蔭數十畝斧斤不到老空山閲世原無淚血殷此地滄桑數易主如何依舊開斕斑辟疆而下名園少歷刼平泉幸能保九畝身横若結繩園丁花徑難為掃我歌既終别有懷吴宫莫問閒花草回黄轉緑事無定百年鼎鼎催人老戎葵同披紺色衣藤花應逐柳花飛年年罨畫溪相似春送天涯何處歸

重陽日偕拙庵游拙政園

吴縣元樹滋鐵卿

掩關忽報故人過欲往登高奈懶何把臂園林尋北

郭回頭花月付南柯空梁燕去香泥冷荒徑蟲喧蔓草多小坐漫深興廢感摩挲樹石且高歌

新秋謁悔菴九丈邀游拙政園　貴池劉慎詒慈甫

一夏疏慵闕起居新涼喜挹道顔腴寥天吟思來風雨公近有題葉天寥遺像及吳愙齋中丞牛頭山訪碑圖諸詩瀉露秋聲到竹梧鄰榭歌彈紛斷續偪場笑貌孰賢愚斜暉挈我危亭坐待送歸橈月滿途

冬至日丹徒趙蜀琴宗抃偕上海聊社友順德梁彥田永思東莞祁武垣正三水陳覺是鳴謙番禺趙蘭石元禮過訪約盧彬士同年文炳游

九十一

拙政園獅子林歸觴酒樓即席贈梁祁陳趙

元和陳任公孟

靜裏灰飛六琯蘆朝來門外聽騶呼神交得見今何晚吾道由來總不孤雪復園林泥爪印尊前譚笑古為徒嶠南自昔多名士欲往從之共趙盧

己酉上巳邀同人涉園修禊集蘭亭字

元和郭鳳梁季虎

視聽幽情暢興懷癸丑年觴流修禊日人詠暮春天蘭氣欣相遇竹風來惠然雖無絃與管亦足會羣賢

丁未上巳集同人涉園修之作

同前

小園魏紫暈花顋招我吟朋修禊來手執巨觥徵酒量毫揮華紙驗書才瓣香人謁右軍緣彩筆花香名士聞猶憶去年逢此日橫雲山館共銜杯

按李虎元和人桂舲太史弟夢老人授以筆遂工書飛白隸草名冠一時求書者日不暇給腕底敏捷嘗雨聰刻燭寸餘揮各種數十聯家城東涉園招集名流飲酒賦詩極盛年三十三卒

郭李虎重事修禊於涉園簡余詩時余尚留錢唐歸乃報兩絕句和其韻

吴縣 程寅錫 仲虎

西湖柳色牽人住負却隣園詩酒天歸夢一帆剛上

九十二

己背吟君句憶前年

瑟瑟春寒花事遲，一朝新暖換芳時。蘭亭我欲尋名蹟，不與同人較量詩。

曾欲東之山陰，因病遂返，故云。

寒日曲與郭別駕季虎同前

桃花如雨柳花雪，燕燕鶯鶯作寒食。東風隔夜偷一簾，一地香痕獨狼藉。涉園才人詩酒豪，愛春入骨春亦驕。桃邊柳邊閣春住，娛春宴春吹錫簫。錫簫吹得東君喜，特為清明閒上已。備裙挑菜舊風流，更許尊前補脩褆（修禊一本作修褆衣袂也）。青苔繡上闌干脚，紅繩繫冷鞦韆索。嬌車細馬辨游春，何似蘭亭理殘酌。一醒一

醉賺年華贏得風流莫太奢紅橋煙月楊家隊多許

宮人陌上斜

唐人每於寒食節集宮人斜作詩酒會

放翁生日第四集讌郭别駕涉園即用放翁北

牕韻

高風積鴈聲寒日下鴉背醉向重闌前合與菊相對
新秔况初熟珠色動舂碓平田若無收雪浪猶磓磓
郭郎好園圃哇頭足寒菜樽俎亦既具招邀集吟旆
文字飲落落動輒與古會上呼老學仙乃説詩三昧
北牕有同情何弗謝銀艾一笑問遠雲意氣真度外

園左數楹黄樹老新題北牕二字為額

閏月三日詩社第十集會飲吴鑑翁齋中午後至涉園徧覽諸勝

元和韓崇元芝

初晴人意舒朝光曜林旭會飲辰上已觴詠屏絲竹酒酣客忘歸逸興寄水木名園喜密迩一往騁游目入門風廊斜歷磴山徑曲漾碧轉孤亭數帆登傑閣俯瞰水四周遠抱城一角夭桃呈艷姿弱柳媚新緑林花及盆卉遠近遽芬馥冶春能幾時麗景看不足感往主屢易娱閒客來數同游各健步濟勝具清福徜徉泉石間絶勝抗塵俗

涉園

元和袁學瀾春巢

近水園林更面城櫓枝帆葉記分明卅年勝景虚尋

蝶數友春游入聽鶯池館舊營廉石倖兒童今識細侯名（園為陸閣亭太守所築今為郭鳳梁參軍賃居）雲煙滿壁游仙句春屬依稀住玉京

郭季虎自吳來杭以移居詩索和并道雪中游廬山及泛洞庭諸勝事時君即還吳

仁和　高錫恩　古民

指點平橋路幽人此卜廬本為魯望宅（園為陸閣亭太守所築）如入輞川圖堂上榮萱色園中燦鄂柎（君與仲兄鶴齡最友愛）團圞真樂事仙境擬何殊

怪石崎嶇列奇書部帙分臨池留妙墨琢句即殊勳繡閣能工畫（謂畫香娣夫人）佳兒總不群（君令嗣皆已能文）瑤琴閒

九十四

撫處榻畔貯涼雲

一別倏四載君顏漸老蒼飽觀盧嶽雪遠泛洞庭航
踪跡壯逾濶襟懷拓更強尊前縱高論逸思倍飛揚
大好西湖在端宜帀月游如何遽成別不復此句留
來往閒雲共蒼茫古蹟搜蘭陔勤孝養合與昔賢侔

奉命按察河南放調蜀臬以病辭僑寓吳門葺
城東舊圃名曰耦園落成紀事

歸安沈秉成仲復

不隱山林隱朝市草堂開傍闔閭城支牕獨樹春光
鎖環砌微波晚漲生疏傅辭官非避世閬仙學佛敢
忘情卜鄰恰喜平泉近問字車常載酒迎（時南皮師寓拙政園）

石公山人葺小園成詩翁覃溪閣學書其詩中寬字韻一聯為楹帖并次其韵蔣心餘程魚門吳穀人潘德園諸名公皆有和章一時傳為韻事此聯今歸耦園即用其韻聯句得三章

同前

清光門外一泓寒少藍地隔塵蹓夢亦安傑閣祕藏彝鼎古仲復小樓環顧水雲寬市防蜃氣翻鯨浪少藍我狎鷗盟謝豸冠雙管聯吟聊寄興仲復底須函宋作衙官少藍

指毫不畏指尖寒少藍几淨牕明斗室安舊句未妨新句續仲復詩腸好藉酒腸寬閒情鎮日催銅鉢少

九十五

藍讜論盈廷有鐵冠笑我杞人憂未已仲復空談捫蝨等稗官少藍不嫌城曲太荒寒仲復繞屋新篁竹徑安萬卷圖書傳世富少藍雙雛嬉戲老懷寬每思京國常依斗仲復為戀家山早挂冠自挈飣拌花底坐少藍嘉蔬侑酒問園官仲復

耦園訪主人不值縱游而返清士姪得句依韻和之　長洲彭翰孫南屏

一棹婁江去波搖鳥篆文詩情樂聲從春意逗三分邃谷迴橋水浮邱挹袖雲橫牕梅數點伴客獨殷殷

耦園用清士韻　長洲彭慰高訥生

金閶佳麗地，都被寓公分。風送樓頭觴（樓名聽觴）晴蒸楹外雲。杈枒藤適體（室有古藤屋）磊落石成文。春信寒猶勒，催花欲情殷。

沈仲復招飲耦園即席有作

高密　鄭文焯　叔問

丈人相見自青眼，尊俎能容一客豪。大隱由來歲年德，狂慭遨莫及離騷。未妨詩酒酬肝膽，甯拾侯王易骭毛。一笑忘年得真契，青松白石閉門高。

耦園禊飲即事　同前

鷗社頻年足宴酣，梨花吹雨又江南。林泉勝引耦園耦，觴詠嘉三月三。四座嵐光橫古雪，半瓢詩味瀉清

談未妨扶病營春事狂點風流一笑堪

題耦園所見巨石　同前

老狂詩骨秋錚錚酒澆肝肺芒刺生醉吸天風吹海立神囂夜墮芙蓉城俗眼未脫模棱殼猛看奇崛詫雕斲窒山真宰泣瓊瑤雷雨鞭龍放頭角

飲耦園放言　同前

火雲西沈迅商肅林於高館懸生綠天與詩人清肺肝老雨作秋十日足故人斗酒書見招醵飲兩三客不速花潭葉嶼紛離樓清涼坐我篔簹谷脆管繁弦促酒巡銀屏醉倚人如玉酣酣香吹沁骨醒釧動花飛波曼睩但能下鑿養空游不用繁蟬抵死促雲雨

荒荒渴夢多幽蘭白雪今誰續自慙弱質飲香名愁
對傾城一杯屬平生四海沈隱侯霧隱文章窺豹伏
會見龍象驅奔霆軒空一奮青雲躅袖中正有南風
弦莫饜東山舊絲竹

為沈仲復題明製時壺　同前

曲園書隱老壺東（曲園文題句在前其所著書有壺東漫錄故云）細辨名陶
小錄同我亦壺天一詩影（余僦居汪氏壺園吳士金彬為作壺天詩影圖）笑
從四大叩空空（四大名陶皆明代以博埴名者）
螺碧春香數洞庭鳳團聊可補茶經佳人佳茗元相
似（時壺銘有美人顏色鳳團茶之句）漫乞三漿玉女靈
荊溪老瓦詫雷鳴（余舊藏明季茂林壺腹大如瓠受水十合圍徑倍此壺）負腹

九十七

壺兄只強名名陶錄李大仲芳製一壺俗呼為老兄壺何似耦園清祕供一甌花乳泛春晴

舊說嘉名湯蘊之漸涵蘭鼎證心期狂生不分文園渴常憶清風飲德時

和外子耦園落成紀事詩韻

桐鄉嚴永華少藍

小歇才辭黃歇浦得官不到錦官城舊家亭館花先發清夢池塘草自生繞膝雙丁添樂事齊眉一室結吟情永春〻下春長在應見蕉陰老鶴迎

庚辰季冬許星臺按察招集同人壽坡仙於耦園之城曲草堂酒半潘季玉觀察高唱大江東

去響徹内室詩以紀之　同　前

消寒雅集屬良辰，玉局重聯香火同。雙塔題雲留勝蹟，一尊唱月問前身。知音海内惟難弟，憂國天涯有逐臣。解唱大江東去曲，髯翁疑是再來人。

途中見桃花憶耦園　同　前

茅屋疏籬曲澗東，數枝嬌艷笑春風。故園桃李應須憶，孤負花開一度紅。

秋晚耦園獨坐　長洲張榮培蟄公

偶從忙裏一偷閒，勝坐天然山水間（堂中有額曰山水間）。鳥語鞫鞠含雨澀，林客蕭瑟帶霜斑。圖書已逐寒煙散，池館猶存亂石環。繞徧迴廊還獨坐，西風落葉打松關。

過沈仲復中丞耦園有感

同前

巍巍門第訪東陽，松菊依然徑就荒。一角小亭餘鶴壽，三楹舊館冷蜍香。石橋有路橫秋草，水榭無人倚綠楊。四十年來興廢感，不禁回首話滄桑。

同友稚園閒眺

吳縣陳鏞竹儔

鳥向青雲飛，魚自清波躍。我心羨鳥飛，子亦知魚樂。

博按：竹儔爲吳縣諸生，忠厚仁慈，手不釋卷。客閩十載，了無所遇。歸隱于醫，自署門上曰「治所知病」，可謂不自欺矣。年六十四卒。著有抱膝吟。

依園并序

元和袁學瀾文綺

在閭邱坊巷為顧俠君選集元詩處今屬錢氏名息園建錢武肅祠中有妙嚴臺相傳為梁妙嚴公主葬所

名園春試踏青鞋探勝閭丘散酒懷喬木百年悲主換荒陵六代有香埋繞臺池水沉金粟礙路花枝罥玉銀秀野風流文讌歇華堂盛事訪詩牌

陌上花開依舊春地消禪磬翠苔新綠陰寂靜聚游客碧釀芳甜能醉人粉碓脂田歸蔓草畫帬紈扇擁香塵妙嚴臺上憑高望古蹟孫瑒宅已湮

上巳日過錢氏息園作

鎮海姚燮某伯

九十九

傖也多金窮土木改葺名園極華縛（園本依園故址乾隆時蔣楊二姓先後居之嘉慶十六年錢參軍鋒改築即以其地為武肅王分祠）游者訝為神仙宮嘖嘖從人誇眼福晴天上巳三月三閭邱坊巷吾停驂腰囊解納掃花費（凡游園者閽人索掃花錢少許始縱人游覽）隨例入門窮討探蒼苔屏風萬仞石粉色爐張玉鸞翮竹浮廊面不見根花過人頭但留隙紅罘四繚山心臺燕睇遠攝春翠來搖柳釵光作星動颭荷扇影如雲頳萬人海中十畝地古罽風吹六朝氣蕩人眼底治靡思拒我胸中丘壑意今年幾家園放春八門寶馬馳麴塵夕陽遮績夢後夢逝水誰感陳人陳茲園主人凡四易武肅王孫令所宅軒南奉作栗主祠斷礎凄

煙散瞿麥我持寸心為瓣香只一轉步生悲涼耳聽西院唱白紵鈿箏錦瑟筵方張排徊獨撫牆隅桂露葉浮浮濯吾袂十三橋下鴛鴦魂那管臨安杜鵑淚英雄豈逐豪華沈羈客別有千秋心明朝春去園芳老佳酒生芻來獨吟

獨游息園　元和袁學瀾文綺

韋娘梳髻出新裁貴主埋香有舊臺上日閒游羅綺感清明風雨有誰來

六朝遺跡水流香梵唄聲銷舊影堂人面桃花渾昨日有誰題句似崔郎

孫瑒遺宅舊踪淹春草荒臺訪妙嚴禪興寺在乘鯉坊舊為梁天監

一〇〇

時孫瑒故宅瑒曾尚主寺後有妙嚴公主遺墓向為顧嗣協依園今為息園屬錢氏賞遍園池還讀畫碧桃吹落雨廉纖與王曲池游息園閱崔子忠洗象圖是日游人極多

博按此首為吴苑春游時在己亥共七章今選其一

訪息園廢址　　同前

笙歌闃寂妙嚴臺宿雨春蕪長瓦堆六代繁華沉梵磬百年池館厭兵災錢玉碣斷童敲火秀野堂傾鳥啄苔惆悵名園成積莽不堪承福過墟來

偕任明經文瑛游息園

吴縣金蘭子春

曉雨歇殘滴煙光注衆綠閒游臻勝區吟賞陪耆宿

石竇呀然闊水檻繚而曲幽軒大樹當斷岸小橋續
娵隅戲澄陂孿夷媚晴旭豈期塵市中有此好林麓
三間天爵堂插架富卷軸畫燈騰煙嵐詩牌瑩珠玉
童移驪樂林客擁彈棋局居停果何修棲遲擅清福
園林雖未深點綴頗不俗古墓草青青誰與薦蘭菊
中有妙嚴公主墓

息園看花行　　長興　朱紫貴立齋

園為顧俠君季野草堂故址

春泥淨洗春雲晴深巷笑語皆春聲借人池館討春
去接籬敧倒花前行桃花李花無蹤蹟楊絲柳絲作
深碧石闌芍藥苞坼紅香徑荼蘼抽白花開花落

年年好祇惜看花人易老花開三月太匆匆人到百年終草草君不見妙嚴臺下春草平妙嚴臺上花枝明（臺下有梁妙嚴公主墓故名）春光不照下泉路游人弔古徒為情又不見東吳文學選詩客鐘鼓園林集裙屐舊井猶傳賈傅名誅茅已作蘭成宅人生賢愚何有哉伯夷盜跖皆塵灰且與同岑四五輩笑口自向塵世開欄街小兒不解事笑我嬉春日游戲豈知我有填胸愁飲酒被紈聊適意無言獨立花陰中花光照耀花氣濃喚起三春胡蝶夢祇銷一夜雨兼風

息園餞春復得三絕句　同前

簾卷東風燕子飛呢喃也似惜芳菲一杯婪尾空招

悵花自無言春自歸

閒尋芳草板橋西一曲明波照杖藜獨有杜鵑不解事夕陽影裏盡情啼

飽啜三杯穀雨茶閒聽一曲浪淘沙春來懶散無情思儘有工夫送落花

息園訪妙嚴公主墓

太倉　顧晞元　子雨

殘碣淒涼舊記梁一池煙水影蒼蒼蔓天位業歸禪定塵海鶯花笑世忙侵案蟲絲銷古篆迴廊鶴跡戀餘香晚鐘催上娥眉月曾照當年絕代妝

錄自太倉顧子雨道光時且飲樓詩選

甲申冬日移居皮襲美故里小具亭沼之勝顔
之曰秋綠園明年上巳家人於園中修禊仍用
癸未歲韻　　吴縣　吴嘉洤　清

陋巷深僻鮮客驂軒題味諫尋回廿今年相宅避城市地遠周北鄰張南慰情小圃差足喜日涉之趣粗能諳緋桃爛漫映碧水參差高下欹層嵐為渠慳囊屢一破時於花下謀沈酣徹嫌足音等空谷婦孺不辨諧清談但言古有祓除禮湔裙令復逢重三池流娟娟淨可挹家人娛樂非為耽劇思琢句寵臺沼繭枯緒窘羞春蠶抲心自揣何遽爾迴腸歷亂增如惔頗聞時事急籌運印綬碌碌人懷慚誰似賈魯竭智

計獻彼一得資臺參任非當軸徒發憤仰天空見雲曇曇韶華瞥眼已絢彩即景近若懷中探望晴須見杲日出携侶選勝吾猶堪更期風煖長宿麥溝隴溢水歸空潭

北園春遊即事　吳江顧虬青菴

春風着面如醇酒春色彿人如好婦春睡初醒來故人喚我尋春共携手菜花稜稜黄金鋪買得春光不去無玉勒塵生游客騎布帘風颭酒家壚風帘颭處勾心目聞道當壚人似玉拚解春衫抵鷫鸘醉來便借糟牀宿那知今日此門中零落夭桃花不紅緑蟻空勞浮玉椀紫燕未許窺雕櫳掉頭惘惘出門去陡

覺闌珊春已暮一般春色與春風却惹想心逐飛絮

博按北園在閶門内後板廠為蘇懷愚御史所建名蘇家園今皆廢為菜隴春時黃花散金游人羣集猶稱勝景云

三月初六日北園看菜花

吴縣范来宗翰尊

榖雨時初届聲停苦雨吟遥天開白日大地布黃金古寺游人熟名園拒客深當年相賞處喧寂感於今

壬申春仲亢倜卿樹滋招飲於藝圃與張偉甫鴻章及張師筠燮承潘麐生鍾瑞秦膚雨雲王嬾鶴廷鼎同集偉甫先有詩即步原韻

元和陸懋修九芝

徵逐多面朋應求有良友飲醇已心醉況真共杯酒多君感筵間此會良非偶夙聞張司業清詞壓蘇柳裙屐得叨陪愚蒙賴啟牖諸君盡雄奇棠作人文藪時月見叔度此心覺無垢鯫生抑何幸步此芳塵後詩腸歎久枯瑟縮思斂手見獵心復喜忽自忘其醜他時萬口傳畢竟知誰某把酒且眼前此腹先無負一笑作豪語君意然乎否陽春曲勉和聊答君情厚過此定成詩誓不為君詩所恐閑心兵興發或更陡不若向陳思乞分才一斗

滄浪原韻賦詩見貽依韻奉答

同前

倜卿筆有神，其迅若風雨。詩筒迭往還，肯讓蘇梅侶。
五律更精鍊，四十賢人聚。能事本無盡，少更勝多許。
入園一思古，幽情欲何語。往蹟雖已湮，文采若可覩。
因憶舊園林，屈栺試一數。或久歎零落，花石未能補。（謂寒碧山莊）或移作官廨，（謂瞿園吳園）或竟成荒土。（謂息園及桂馨閣）
獨此遺澤留，追尋首屢俯。白蓮冒一池，（吾蘇白蓮花純少，聞此自湘南移來）赤日欲忘午。
開軒面淪漣，還當勝場圃。心羨園主人，得入此室處。（謂吳君樹屏）晨夕閉户居，於止知其所。
更喜有鄰翁，（謂張君研香招同寓飲）隔籬可呼取。
先是麐生招飲未赴，至此亦以原韻索詩補贈

同　前

積陰遣不開蕭齋日坐雨故人趁新霽觀荷命壽侶方若壓網羈未同德星聚良由俗冐多不得比茅許君詩雖未讀度必有好語諸君各騁才連篇快先覩鐘呂既在前箏琵焉足數君意卻嗜痂催令一詩補因之索枯腸奈幾同焦土況逢謝宣城一見首先俯勉和君詩成人事又錯午清游客我續近可尋藝圃（藝圃白荷七月方盛）小隱雖未能亦知所自處及時且行樂庶幾得我所荷淨納涼時杜句斷章取

費韋齋肅政　樹蔚　招集藝圃觀荷席間有詩兼為張仲仁汪甘卿諸君六十壽不佞濫與其列

實五十九歲人也不可無詩依韻答謝

江甯 鄧邦述 正闇

高會名園豈偶然疑年喜藉錦篇傳半彫漸似穿垣
樹不染何如出水蓮壯日甘隨之武去中流敢著祖
生先也知一歲爭無幾甲子重稽只自憐
四座叨陪菡萏風（原詩為壽者五人）壽杯只合醉羣公易占
大衍原虛一禮溯肩隨許適同雌笑甲辰殊晉國窮
勞丙子說坡翁卯君（諸君皆丁卯生）且盡殷勤意我在潛龍
（余生年值辰）勿用中

藝圃圖

吳縣 范來宗 翰尊

姜萊陽給諫居此圖為惲壽平畫

十畝閒園別有春焚香却掃寄閒身清宵已洒銅仙淚碩果猶留舊諫臣

破楚門西落照寒濡毫貌出小林巒名園中第紛無數誰向圖中仔細看

諫草樓圖　同前

萊陽仲子增建吳期遠畫

古木周遭上拂雲高樓百尺倚斜曛黃門封事依然在有草何曾劫後焚

血灑丹墀命似絲珍遺殘墨數行垂千秋同調楊忠愍疏稿流傳日下祠（宣武門外有楊忠愍公祠刻疏稿於壁）

藝圃觀荷　元和陳任公益

園在文衙前為明文文肅姜貞毅故居今歸商人改作七襄公所

曲徑門深蹟未荒重來面皺照芳塘穿空雲木聳高節納檻風荷收夕涼寂寞池臺誰管領低徊尊俎小滄桑十年前吳穎芝丈屢約社集于此鷗盟聚散成追憶地主何須問辟疆

藝圃觀白蓮題壁　吳江　汪芑燕庭

喬木荒池都入畫劫餘重弔草堂靈賃舂隱士鄰皋廡拜杖孤臣泣敬亭萊陽姜貞毅舊隱于此鷗席自分菱葉渚蟬聲時度夕陽汀蓮花未許污泥染禁體何人學聚星

唐家園懷子畏　吳縣徐應雷聲遠

借問桃花塢新栽幾桃樹園中老樹根昔人箕坐處

其二

盛暑斷不出門外有車馬公卿排闥入躶體松竹下

其三

名士故逃名誰與共明月夜半聞叩門知是祝希哲

其四

漫應千金聘笑擲千金裝空手歸故園正值菊花黄

其五

不買青山隱却寫青山賣物外有知心人間徒問畫

過子畏別業　吳縣王鏊濟之

一〇七

十月心齋戒未開偷閒先訪戴逵來清溪詰曲頻迴棹矮屋虛明淺送梧生計城東三畝菜吟懷墻角一株梅棟梁棖桷俱收盡此地何緣有佚材

唐氏園觀荷　長洲黃省曾勉之

虛閣中天携酒攀芙蓉爛漫芳溪灣綠竹高浮翡翠羽白雲四結璚瑤山風蟬雕檻近人響霞露清尊傍汝間欲折秋風惜遲暮花前徙倚不知還

唐家園口占　張霈

一徑紙迷半草萊雙扉雖設鎮常開桃花滿樹渾無主惟有游人自往來

又　同前

吳宮花草傳千年，鷄陂鶴市隨雲煙。武陵桃源空想
像，此地築塢非偶然。偶來瞻眺百無有，但見野水環
平田。東吳才人踵相望，風流誰繼桃花仙。

桃花園宴　吳縣袁袠永之

靈雨晨復夕，新水滿陂池。輕鳧駭纖鱗，朱榴耀錦葵。
嬉遊悅令節，嘉賓咸在斯。暢然神飈至，暑氣清華榱。
芙蕖臨綺疏，菖蒲泛羽巵。圍棋開六博，既醉無愆儀。
遂獻參蕭什，還稱頻弁詩。嘗聞西園讌，佚樂甯異茲。

飲子畏小樓　長洲文徵明衡山

今日解馳逐，投閒傍高廬。君家在皋橋，喧闐井市區。
何以掩市聲，充樓古今書。左陳四五册，右傾三兩壺。

一〇八

我飲良有限伴子聊相娛與子故深密奔忙坐瀾疎
旬月一會面意勤情有餘蒼煙薄城首振袖復躊躇

檢齋　　吳縣唐寅伯虎

檢束斯身益最深檢身還要檢諸心鞠躬暗室如神
在恭己虛齋儼帝臨視聽動言皆有法杯盤几席盡
書箴遥知危坐焚香處默把精微義理尋

長洲高明府過訪山莊失于迎迓作此奉謝　同前

重茅小構向城陬杖杜何須顧道周題鳳在門驚迅
筆驅鷄上樹避鳴騶望塵有失迎車拜掃徑還期不
榻留莫道腐儒貧徹骨濁醪猶可過墻頭

社中諸友携酒園中送春　　同　前

三月盡頭剛立夏一杯新酒送殘春共嗟時序隨流水況是筋骸欲老人眼底風波驚不定江南櫻筍又嘗新芳園正在桃花塢欲伴漁郎去問津

除夜坐蛺蝶齋中　　同　前

燈火蕭蕭歲又除盤餐草草食無魚衰遲日月辭殘歷憔悴頭顱詠後車一卷文章塵覆瓿雨都踪蹟雪隨驢明朝轉眼更時事細雨荒鷄漫倚廬

唐家園　　吳江凌泗磐生

明宏治間唐寅宅今寶華庵家福按府志唐解元

宅在桃花塢後僅存六如古閣又有桃花庵改準提庵是庵與宅本非一處庵在寥家巷内宅在五畝園西今寶華庵即沈明生所構之唐家園也原志以長寧池諸勝屬桃花庵茲特考正

瀼東復瀼西垞南又垞北何處唐家園百城煙水錄
百城煙水成於康熙初猶稱唐家園若桃花庵天啟時已改準提矣

夢墨亭　同前

在唐家園下同

九鯉貺仙緣京兆為作引花管笑江郎夢還才亦盡

唐子畏乞夢仙游九鯉神夢惠之墨一擔終以文業名因作夢墨亭祝枝山允明有記載湧幢小品

檢齋　同前

檢勘平生過才名合退藏琵琶盲女唱宛然蔡中郎

桴庵瑣錄云秋香事實吉氏子冒六如盛名而得之事聞於六如謂生平知己無逾秋香因誤人自誤深自尤悔杜門不出讀近思錄者一月顏其室曰檢齋並賦其詩甯藩聘至遂復出佯狂以歸始課佛於桃花庵

跳唐樓　同前

卻聘棹頭歸跳樓避客俗彼哉莽大夫美新亦投閣

寶華庵　同前

在周孝子祠西本唐家園乾隆間僧禪林道心改

建有屋十餘椽水閣環池頗極清曠

水閣涵虚境環池畧彴横老僧談故事不記沈明生

沈時譽字明生華亭人工醫徙蘇得長𥦗池築橋

亭在松之著書之後府志謂順治初誤

寳華庵　　吴江　任艾生友濂

小閣臨池此讀書𥦗瀋垂鉺走鯨魚當年競説詩書

畫誰識千秋唐六如

寳華庵　　吴縣　楊引傳薪圃

才人故宅認無差改作僧庵號寳華悟到如如真不

動此心安處便為家

寳華庵　　秀水　沈景修蒙叔

六如參妙諦詩書畫通神雄藩不能餌佯狂乃全身
春風一瀑續桃花紅于人

寶華庵　　吳縣潘鍾瑞瘦羊

樹陰合深翠清湍環四周此境赴此畫亭午含早秋
讀書坐小閣六如皈靜

桃花菴歌　　吳縣唐寅伯虎

桃花塢裏桃花菴桃花菴裏桃花仙桃花仙人種桃
樹又摘桃花换酒錢酒醒只在花前坐酒醉還來花
下眠半醒半醉日復日花落花開年復年但願老死
花酒間不願鞠躬車馬前車塵馬足貴者趣酒盞花
枝貧者緣若將富貴比貧者一在平地一在天若將

三一

貧賤比車馬他得驅馳我得閒别人笑我忒風顛我笑他人看不穿不見五陵豪傑墓無花無酒鋤作田

桃花菴與希哲諸子同賦

同　前

石無刊刻古碩蒼名借平泉出贊皇合寘賓筵銘敬德從来沫郡戒沈荒屈原特立昭忠節王績冥逃入醉鄉付與子孫為砥礪豈因快適縱壺觴

傲吏難容俗客陪對談惟鶴夢惟梅羽衣性野契偏合帋帳更寒曉未開長嘯九皋風淅淅高眠一枕雪皚皚滿腔清思無人定付與詩篇細翦裁

萬疊奇峯一片雲纖纖鳥道合還分江山只在晴時

出笑語傳從别處聞遥望盡疑蛟蜃氣近來每有鹿
麋羣登臨未擬何時節我欲一探星斗文

準提庵八詠　　錢塘釋蓮峯超源

桃花塢

隝在桃何在春來感倍生野田芳草綠古樹夕陽明
世事空陳蹟人仙浪有名可憐紅粉面猶自見流鶯

跳唐樓

水雲早瀰地先達愛居樓高築平江上名因一跳留
六如先生跳樓避客軒牕環綠沼花柳接芳洲我豈[illegible]官寺投
閒老便休

度雲橋

橋接金閶路，時聞玉佩音。我無通世術，誰識度雲心。
來去不留跡，朝昏空復尋。江邊山外夜，寒集草堂深。

瘞文冢

乜子庵邊墓（準提庵亦名乜子庵），殘碑記六如。文章何日瘞，煙草有誰除。流水空嗚咽，浮雲自卷舒。人傳明月夜，光燭斗牛虛。

然燈塔

為問同觀者，生平見未曾。半牕寂闃處，一塔萬千燈。香靄迷金殿，清輝散玉繩。儼然從地湧，坐久不知層。

培蓮室

擬結東林社，還培曲港蓮。清香盈丈室，不藉散花天。

九品觀初就一生行始圓紅衣飛動處日鼓向人懸

擊竹軒

一擊忘所知更不假修持此語憑誰委香嚴是我師
臨軒無俗韻對客動禪思聲色威儀外非關耳目遲

醉月灣

水與月如是先生醉醒無夜臺應見覺春漲滿菰蘆
鷗夢光偏遠吟懷影自孤澄波涵皓魄曾不費招呼

桃花庵圖　愛親覺羅弘曆

吳中愛看吳人畫況是吳人畫最高世上祇期為散
木庵前疑復綻新桃松風寒處安茶銚石凍春深試
酒槽七字志懷頻見道愛其善亦懶為何況惡富非所望不憂貧二語不墮書畫

家習氣

甯云溪鑿興堪陶

桃花庵　　山陰　金禮嬴雲門女士

撩亂長門一琖燈準提庵院賸殘僧桃花死占仙源
福好色生參佛地乘醽酒婦人三了語韁名鎖利一
纏藤書生亦有冬青樹不獨唐衢哭六陵聞真墓在
橫塘此為疑冢
大羅天上竟無名浪飲何分酒濁清龍虎榜高遭鬼
擊鴛鴦塚小被人平碑留死友胡中議情迫窮交祝
允明踢盡繡鞋尖上土踏青時節拜先生
鴛鴦句云　九娘墓為上人所佔
九娘者傳稱六如姬人葬桃花庵後

桃花庵　元和方策靜之

不祀唐侯祀準提，分明此處住闍黎。六如居士家何在，遥指桃源西復西。

桃花庵　吳縣楊引傳蘄圃

桃花庵畔闢池亭，文祝均留一瓣馨。我欲招魂元墓麓，更將栗主奉張靈。

桃花庵　吳縣潘鍾瑞瘦羊

仙以桃花名，花向仙人擁。貞石鐫好詩，香艷世矜寵。才子今不見，有亭翼然聳。

桃花庵集句　長洲張雍珪桓伯

千樹紅桃蕊乍含張說　桃花塢裏桃花庵唐寅　長沙

不久留才子 王維 来與彌陀共一龕 蘇軾

桃花庵

吴江 凌泗磬生

在寥家巷明萬曆間僧旭建天啟間祀唐祝文三公象家福按祝允明撰唐子畏墓志云羅福後歸好佛氏治圃舍北桃花塢唐寅集桃花庵歌又桃花庵與祝希哲諸君同賦有桃花塢裏桃花庵及茅茨新卜築句老唐寅故宅不在寥家巷南則治圃舍北不指庵言宅尚在庵北唐家園園之北即章莊簡桃花塢故址故曰治圃舍北桃花塢園中或曾築室曰桃花庵著為歌詠非詠死後六十年僧旭所構寥家巷之桃花庵也志中按語未詳附

識於此
文祝生前契同龕俎豆馨子雲今地下追配哭張靈
楊君薪圃客夏題詩有更將栗主奉張靈之句秋
間逝

準提庵　同前

即桃花庵明天啟間楊端孝改今名

西方佛有緣東林子克肖同證六如禪各拈桃花笑

瘞文冢在庵北　同前

醬瓿何堪覆名山付一犁自從劉蛻後文塚又標題

唐劉蛻有詩冢銘

九娘墳在庵後

桃隝似馬塍荒墳剗花落詩弔白石翁并為小紅哭

金雲門女士秋紅丈室在錢塘武林門外西馬塍

南宋姜白石故居

才子亭　同前

在庵內康熙時宋公犖建

莫謂才招忌憐才為式廬當時梁相國異代宋尚書

天章閣

在庵內嘉慶間建

見道褒天語晤回倬漢雲會須重勒石一正祝元文

泗按閣中石刻當是乾隆二十七年壬午御題唐寅桃花庵圖七律若四十五年庚子題冊詩乃題

陳淳畫非題唐寅畫且在西山勝景册中敬繹四十九年甲辰南巡再題詩意必非城中之桃花塢不解識小錄何錯訛若此

桃花仙館　同前

在庵内嘉慶初唐仲冕葺同治間唐翰題脩

先生桃花仙使君桃花裔神聽桃花歌祖德桃花謚

楊忠節象石刻　同前

在庵内石志誤為繩武象

義士扶不去遺象有生氣鵑血弔殘碑年年泗州寺

蘆墟泗州寺有碑曰明楊解元殉節處寺東有忠節公祠上戊致祭

墨竹石刻　　同前

在庵內蔣醉峯畫石志誤作唐寅

悟得畫中禪一醉出新意不然桃花詩怎題墨竹戲

題詞仿桃花歌體用其成句者半

胡太守碑　　同前

出庵北土中

寥巷居手民王村虛墓石楞伽山人言閶曼父之母

桴庵雜記云唐六如課佛於桃花庵晚年悔其少

時所作瘞于庵之北戳表其塚曰此即唐六如之

墓實瘞文塚也

閒亭雜記云今好事者目為六如葬處且為胡纘

宗墓碑以實之若不知有橫塘王家材之墓亦奇

王芑孫淵雅堂文稿云余少聞長老議商邱宋先生修桃花庵事以為庵乃伯虎生平讀書處其墓別在橫塘而胡纘宗墓石出于是者疑桃花塢地當闔閭或當時刻工在焉刻成未立而遭變入土以故未三百年復犁而出爾是說也徵于鄒曼父之母之義也

泗按閒亭雜記好事者為是碑以實之然是碑出土時宋中丞親自臨察真贋之跡當時必有辨之者疑惕甫先生之言故老相傳為得其實

春日過準提庵　元和陳任公益

十日春陰闇雨聲，東風吹絮報初晴。煙光瀅浥如新畫，鳥語柔和有故情。宿業因緣詩負債（昔過此允作詩未果），舊游魂夢酒寒盟。孤藤僧院煎茶地，腸斷斜暉對落英。

廢園雜詠　沈均養真

落木蕭蕭一廢園，妙無風景耐盤桓。主人若識無中趣，纔見先天理數原。

蒼松翠柏自春秋，長使幽人佚卧游。金谷園中桃李艷，歲寒時節着花不。

廢園　吳江凌泗磬生

在沈家衕，明永樂間沈均宅。

歲寒後希文，落木先元歎。理數識先天，園名妙於廢。

蘇州府志沈均生於洪武建文間成祖登極隱居不仕精研宋儒之學躬行實踐於儒釋之界辨別尤嚴所居在閶門桃花塢至今其地猶稱沈家衖

識小錄云廢園在桃花隖明永樂初養真老人沈均遯迹之所有鎖煙亭鏡心池問香室環翠軒樓鶴樓諸勝

謝家福五畝園小志云廢園舊址國初歸我家乾隆初曾王大父怡堂公改建來燕堂賦雪草堂書葉軒諸宇潘先生曾沂功甫小集有過來燕堂奉先從祖奕楷公詩余先生治尊小學齋集先君子傳有自是每至蘇恆下榻賦雪草堂語陳先生希

二八

哲題額云來燕堂之東有紅柹一本盤鬱四暎主人闢堂構數楹顏其南軒曰書葉相傳紅柹係明代物歸我家時已枯復蘇又家福所居望炊樓即棲鶴舊址云

書葉軒　同前

本廢園基家福有小志

嘉樹溯前朝柹枯復柹實便學鄭家書直擬宣公柏齊門外陸宣公墓繪有古柏重青圖咸豐初我鄉陸雪亭司馬曰變得是圖徵題勒石

題五畝園用蘇集寄梅子明詩韻即贈謝綏之家福　吳江李齡壽辛垞

園在蘇城西北隅介閶胥兩門之中宋熙甯間梅宣義碑誌云漢長史治桑於此園以是名宣義築亭居之子子明判杭州與蘇軾同僚蘇嘗以白石相遺并寄以詩入國朝歸葉氏人稱葉家花園後鬻于潘咸豐庚申兵燹後屋宇碑石悉毀光緒十五年捐文昌宮輸香義塾郡人謝君綏之繪五畝園圖并述園中昔時諸跡徵題詠

士把天下志而忽歸閑門古人亦有之温公獨樂園此園屬梅氏世遠久無孫搵地得碑志惜不戴巨鼇偕此聊結構名乃因人尊大海通西東波浪掀后坤河山亦云固四隅誰為樊士雖在田里亦荷皇天恩

二九

相知滿天下二三誰弟昆詩成請賀君夜愔愔彈出疣琴聲（去年曾作疣琴行以贈）長夜哀弦時一鳴風雨遠天君獨渡曹娥江水此時清

荷花生日謝綬之（家福）茂才招集五畝園同坐十二人共七百二十歲

吳縣　亢樹滋（倜卿）

入門不覺笑顏開縞袂紅裙簇擁來七百廿齡人十二一時齊晉碧筒杯

倚徧池塘四望賒浮雲滿目蔽京華酒甜莫更談時事只恐愁他解語花

璃牕四啟畫簾垂不斷香風面面吹容我解衣憑檻

坐吸將清氣入詩脾

老來無事不頹唐舉到壺觴興便狂但祝主翁腰脚
健茱萸花裏醉重陽

同人游五畝園　　長洲沈修綏成

漢張長史植桑于此園是以多宋熙甯閶梅宣義
嘗葺寄茅廬居之梅塢雙荷花池更好軒碧藻軒
其遺蹟也宣義有石癖子子明官于杭與東坡同
寮詒以白石數升如芡可實枕坡得諸文登海上
者遂落拜石臺紹聖中章太師楶復闢桃花塢別
墅後遂名其里有旃檀菴桂香精舍走馬樓鬭鴨
闌漁家港楊柳堤諸勝明諸生呂毖鼎革後營小

桃原采香庵以隱乾嘉閒梅氏裔力圃獲碑碣數十種皆宋賢著纂又獲觀音峯百靈臺踰丈怪石也葉姓購其地園之仍宋明故稱為采石磯旌異也咸豐初鬻于潘光緒十五年潘棄其地為文昌宮因建奎星閣立輸香義塾焉先是明里人陳蒙築周孝子堂祀宋周孝子容道光中以周君茂蘭祔同治癸亥吳興程烈女季玉徇節孝子堂井中改名孝烈泉府乘謂季玉投環者誤咸豐庚申城陷熊酋掠朱氏婢欲犯之婢繩同居何媛媛之美乞自脫媒之女不可父率女及妻子並投井婢亦從之凡七人死事平合瘞其骨曰七人墓翁童媼

李傭斯園不喪寸土其力也故翁媼墓此至閔子梁高士張少傅等祠及唐子畏菴寶華寺咸謝文家福修葺時所益今春余偕程李常曹曉瀛王病禅朱南一陳君顴游其中夜過半始宿南一寓齋歌以志勝會姚丈孟起示以圖志徵余詩即以應之

江南一夜春風驕吹余直上桃花橋美人三五隔花語五色欵唓隨風飄我來一笑美人喜為言思子朱顔凋名園咫尺勝同選素心朱子歡招邀是時花街

日正午眼笮一寸嘗徵貓嬌女向日各矜寵蜂蝶不敢輕相撩園為張公種桑地踵增栽得花妖妖亭臺

參差妙結構花竹歷亂添芳韶此身直疑廚煤裏萬
香狼藉金鑪燋我疑先施采香處佚民棲託餘芳藹
楚騷蘭營寓忠愛花草不夢吳宮嬌我疑少陵寄茅
處宣義解組耽耕樵陶公地偏在心遠萬人海内非
塵囂我疑阿章拜石處坡仙氣誼傾朋僚珊瑚零落
睍梅丈拜君嘉惠珍瓊瑤我疑京兆走馬處萊畦錯
雜攙花蕎黄花散金燿繡陌傾城士女停鸞鑣我疑
天隨鬭鴨處一闌晴緑波漻漻紫菱不花水如鏡鯢
桃漁港譁春船我疑謫仙捉月處石磯苔髮青鬖髿
宣和御石采不到支峯艮峯空岧嶤雙荷花池傍碧
濼花開國色　如二喬我游較早荷未蕊珠露不覿荷

槃跳一輪秋滿桂香沸黃雪萬斛香如潮我游尤早桂未粟小山偕隱誰相招子真仙胄闔梅塢冰天雪海香逌逌軒閑更好補修竹綠君環佩來清瀟霜娥綽約倚寒翠亭亭玉骨衣冰綃我游太遲悵不見翠羽竹外飛翛翛梅魂桂魄呼不醒荷葉細碎游纖儵羣芳蓓蕾不同日對邢思君心怊怊我思冥罣本一氣暄涼燥濕融天窯化工拘墟疆界畫弗令四敘陰陽調衆芳從此城時令瓜戍瓜代同征徭匹如邢譚各遠嫁莊姜顏影情無修唐花有法我將試烘梁頊刻花垂條花皇冕鎏大王會十友卅客咸同寮英華洩盡物難久脂液一涸根株焦花妃瞋余惡作劇姊

三

姝弱質生何聊始知化工惜花刀不徇衆好除霜飆
吾曹對茲意良足桃原桃塢花嬌嬈霞蒸雲爛錦繡
海翁媪汝督園丁澆望中密紅間疏綠輕陰漠漠無
鳴蜩誰昔當壚嬝娜女幾輩笑擲金鳳翹雪膚花貌
早黄土一隄楊柳猶纖腰世間無物可牢固況蕖粉
魅臙脂妖汝花娟娟柳濯濯柳額未久還花雕慈雲
法雨憑佛力歷劫不共曇花消旃檀寶華鎖香火柳
姑花姊香潛燒堯雲談空歛玉和廣長舌吐青蓮茁
何嘗彼法即卿法我舌不學豐干饒一卷桃花炫心
目六如幽憤憑花銷達人誰能爵祿豢腐鼠僅足投
饑鴉疆藩禍脫智兼勇在位未必輸餘杭千秋知我

豈文字才子識解真超超書生為神杖忠孝靈旗颯
爽風飄飄屋山舟沈宋不國孺子無復延宗祧越公
乃先信公死去布事操羞張遼宋明孝子漢高士僅
殊時代同芳標叢祠環拱閔子廟絳節翠蓋紛來朝
秉彝初不限男女閨賢馥烈懷蘭椒々人墓鄰孝烈
井姓名何必苕華琱尤難何程抱香死珠沈璧溺人
垂髫周家太姒二南化漢女雜佩誰能要紅樓綠牕
富貞淑陰教良亦由翬褕文昌宫開瓣香祝碧煙霏
篆縈蘭橑文星參錯照吳會奎星閣上横魁杓我聞
文昌本奎宿一十六點星文昭奎譌作魁始何代肖
像近謔疑山魈彣彰取士得失半品類往往殽鸞梟

一三三

紫陽昌黎亦科目德業萬古垂雲霄重瞳天子方御
宇神其慎簡登夔皋欲端士習正文體毋過棘澀毋
輕佻景星燿太宰味廟廊典册需翬僑真儒出處異
流俗鶴鴻軒翥鸞皇漂文甘避俗手携雪空山獨奏
冰弦么世輕名節重科第見短或者猶僬僥功名富
貴本荒忽鹿夢淩亂迷紅蕉豪門侵奪廣池苑花木
轉瞬成芻蕘斯園卉石樹賢烈譬諸喬木緣陵苔登
臨餘晷復憑弔吾時意氣淩雲軺一花當浮一大白
媄童并未肩團瓢豪情萬狀陡蕭索酒膽瑟縮詩腸
楞陳生好酒尤愛客花鋏笑指青帘搖金龜買醉賀
監效換酒不吝千金貂須臾僕夫舁缸至月上不必

珠燈桃雙荷池邊式歌舞蕩漾碎碧驚文鰩水妃踏
波出偵客風鬟小影明波描玉山亂噴枕機石仰視
萬里天寥寥太白翻然一空碧慵窺玉女蓮花驍手
持宮袍覆我體曼聲歌我游仙謠視公揚帆采石夜
風清月朗誰良宵仙之人兮彩雲裏依歌而和吹瓊
簫美人扶醉扶我起滿衣絳雪香飄蕭麗譙紞如鼓
三下時平不警邊城鎮何當鉏茅傍園住餐芳飲淥
無昏朝我戀桃花不歸去碧峯雙點孤皋堯露桃花
下起言別詒椒視爾顏如妝欲別桃花不忍別花亦
亂下隨歸橈落花流散美人影思君十里空波遥
寄懷五畝園主人謝綬之 家福

一三四

吳縣　吳中彥　曉滄

吾蘇由來稱善地，善堂林立多設施。普濟（有男女兩堂）育嬰及清節，代賒（施棺恐喪家不願要，故美其名曰代賒，日後子孫有力可以原價繳還堂中）代葬靡不為。君家種德非一世，勤勤懇懇施恩惠。仰承先志不敢忘，少年心即存利濟。由近及遠行吾仁，愈擴愈大愈精神。感動天下好善者，樂輸助賑救饑民。西晉毘連直東豫，全活恒河沙數人。浩大陰功不可量，秀才已具真經綸。各省大吏皆傾倒，願見顏色中心好。似此奇才不多有，剡章屢屢忍入告。惟君謙讓不自居，吾行吾志非望報。上書力辭軒冕榮，絕跡侯門不肯到。韜鋒歛鍔望炊樓（君自題樓名），讀書養氣樂優游道心堅定名心淡終南捷徑非吾儔年來又築五畝園教養儒孤籌脯修筵請名師主講讀章程釐定密還周閭之不禁心欽折我郡義塾如虛設廣平舊有六義塾耄老充數作塾師徒有其名無其實前年謁力重整頓捐廉添設經塾會文兩上塾刊發規條歸一律師宜勤教弟宜遵月月察課分優劣令誦宏規愧不如官樣終非真讀書我已衰邁智慮短亟思退歸賦遂初何日同君重聚首追隨唱和詩與酒見投一紙告知心天涯悵望蘇臺柳

賦張氏園亭一首乞彈民和

常熟龐樹階拂雲

一三五

臨安舊刼早成灰，玉照新添石井苔。疑是調冰公子至（是日有少年數人擲球為戲），恨無明月美人來。曲中儘有姜夔譜，江上何須袁紹杯。空抱鹿門棲隱志，漁歌還杖楚騷寸

上巳後二日偕彈民韶九退閣及可盦叔重游張氏園亭可盦叔為圖以誌退閣詩先成余與彈民繼復有作 同前

春至如駒隙，古人秉燭游。令我已老大，不游將胡求。興來異夙約，二三偶命儔。行行出閶門，微風稍颸飀。新柳如喚客，長條攀吾留。惜未具一觴，負茲曲水流。往讀白石詞，玉照四序收。姜張不再過，豈況梁杖鄒

露電如是觀象教同冥搜前游虎邱時忽焉如三秋
姑用託圖畫庶識此生浮

退闇逸霄拂雲无恙諸君同游虎邱攬冷香閣
小吳軒諸勝晚游張氏俞園觀梅共飲功德林
次韻退闇之作　平湖屈伯剛彈民

撥殘榾柮已成灰出郭尋春步印苔梅信猶因寒意
勒山峯先現好客來暮城煙民仍樓閣疏筍新炊伴
酒杯可惜計然書未讀安巢空羡庚郎才

偕退闇重游俞園復飲功德林次前韻　同前

看花心事未全灰又踏春泥雨後苔風已不寒容久

立梅如相識笑重來潮音妯娌三依佛是日功德林有誦佛會蓮社詩人一舉杯我亦禪酥知味好問橋十里邀君才君持佛茹素十餘年惟未戒酒

上巳後二日翁園補禊逸霄作圖退闇題詩先成拂雲繼之余亦有作　同前

園林不可贖坡公傷籍没狻猊半刼灰倪迂神已闕故家喬木盛焉亡空存骨俄然現樓臺頗似異軍突瞻彼瓦礫場畚鍤成耕垈信知地運移不覺興焉勃君看梅杏花綺麗圍香窟餘事栽樫柳十年多蔭樾生計既已饒堂構謀貽厥主人富千金抱甕長搰搰及茲桃李辰無遮盛門闕我曹世外來相攜挈負屨

佳會除不祥哀吟若搖兀游賞未厭頻直造無報謁
翼然登孤亭適興逾遷越近矚錦千層遠攬青一髮
多謝耕煙翁佚托上雲月寫入縑素中神采增煥發
以彼看花人一瞬嗟飄忽留此翰墨緣勝樹題名碣
吳中多畫師勝集風流歇素壁試張之過者咸咄咄

翁園社集贈張醉樵　同前

艾草通池護短垣種梅地僻似桃源才華棣萼難兄
弟生計瓜緜賢子孫連歲花時曾蠟屐滿堂詩客更
傾樽春寒乍退催香雪未厭頻頻出郭門

張醉樵雲譙昆季及猶子鶴年招宴翁園園為
張氏新闢中多果木在閶門外余家橋西

元和陳任公孟

芳圃悵幽棲春深謝豹啼柴門饒野趣流水得天倪樹色四園合酒壺行處攜勝時招客賞問訊小橋西

其二

桑麻兼果蓏畦町似天然繁實收梅杏羣蠶隔市廛堂宜花萼映座有竹林賢好景還堪憶園桃紅正妍

同鄧孝先蔡師愚管君謨汪貫一重游張氏翁園　同前

三五卓芸逢苔蹊勝短童石獝蹲李父林鬱熟曹公怒草抽秦碧危落墮漢紅舊題詩句在憑記倚東風

偕簡敬絢文游留園

吳江柳遂辛初

金碧樓臺照眼來，溫馨裙屐儘低回。美人一散詞流盡，竹影松濤暮靄催。

游留園和辛初　吳江陸明桓簡敳

樓臺如夢客重來，裙屐招邀又此回。可惜留園留不住，夕陽暮靄苦相催。

游劉園　震澤徐世勳藻涵

路出閶門外，名園築野塘。（劉園今名留園）清蒼新竹木，寒碧舊山莊。奇石當軒聳，危闌映水涼。百年三易主，惆悵繞迴廊。

游留園觀蘭花會　吳縣朱惠元楓隱

一三八

香車寶馬出金閶蘭花會開舉國狂留園門内人頭動挨肩擠背如排墻粉香有時雜汗氣髩影間逐飛蓬飈老幼妍媸態不一紛紛都為看花忙堂中列罍約數十疊寄累几分低昂若者素心若荷瓣嘉名揭櫫難其詳游客雖多真賞少略加諦視已他翔醉翁之意不在酒舊句吾欲哦歐陽喧闐擾攘日欲暮虎山鐘動催昏黄游女既去客盡散庭前真可雀羅張嗚呼吾聞蘭生在空谷不以無人而不芳自從移植在盆盎如檻處鳳效處凰罝小何能遂發育地遷又復難為良好事携歸置密室按譜裁灌費周章支幔既懼風日捐置水又防螻蟻傷藝蘭者恒以沙盆儲水架花盆於其上

愛之愈殷害愈烈往往中道多殀殤偶見一本花蕊異數莖索值千金昂居奇年利等市儈貧兒暴富願堪償知此愛蘭實褻蘭不如棄置山澗旁牛羊樵牧過不踐潤以雨露晞朝陽自由既復生意足根蒂深固枝葉昌待至春來嫩芽茁香風依舊彌山岡騷人採之紉為佩靜女夢作宜男祥不勞灌溉謝培植壽與天地固久長

游留園　青浦王德鍾玄穆

名園三載別新柳已成圍雨後鶯聲滑雲根日影微幽泉寒自語眠鶴倦難飛寂寞林花發悠然物外機

游盛氏留園　吳縣沈敬學習文

閒騎款段此探春，問訊山莊易主頻舊為劉氏寒碧山莊荒廢已久
林木都因名節舊，樓臺遞與歲華新。藤花絡石蜂成
隊，柳絮度橋鶯結鄰。聞昔亂離荒廢久，頹垣斷甃水
粼粼。
林亭無處不增妍，勝踞郊坰地自偏。煙暈海棠宵醉
酒，露零池篠曉開篇。畫船人指千章木，金谷羣嬉三
月天。收拾奇礓高百尺，向時門外立多年冠雲一峯向植墻外今圍入園內

留園　吴縣　吴興讓竹林

自古吴兒不解愁，煙花風月似揚州。卅載承平樂復
樂，名園處處游人游。昨夜琴聲調悲惋，雍門一曲腸

堪斷洞門沈沈健兒守一園春色出墻柳陵遷谷變
等閒事緣野平泉復何有北望長安烏夜啼故宮禾
黍已離離月明星稀鵲繞欄飛南何處棲

歸舟過花步里劉氏舊園

高密　鄭文焯　叔問

秋館珠燈曉夢拋過船花影水雲交樓臺長得棲賢
主未信空林有燕巢
叢桂團圞月露飄幾人曾預小山招淮南去後無丹
鼎莫枉仙才守寂寥
近水名園蹟易新後堂綠竹借流塵酒醒客散閒花
落門外青山是故人

一三〇

帶水林陰欲暮時芙蓉新發舊亭池百年謝墅風流
地可待重來看奕棋

初夏游留園　長洲張榮培蟄公

風光屈指放將離一日清游樂不瘦隔水紅欄饒畫
意接天綠葉勝花時亭陰氣爽閒方覺杯茗香濃醉
始知我對名園增悵觸幾回涉歷鬢我絲

留園觀盆梅　貴池劉慎詒慈甫

盆盎何來絕世姿真成癡骨裹妍皮天生標格難親
近雪月山深一夢之

己未重九日蘇州虎邱登高兼游盛氏園林得
詩四首示同游周言聲世講姪昌琛子昌豫

貴陽陳夔龍筱石

霸業銷沈虎氣收蘇州舊稱行省今則夷為縣治夕陽明滅又登樓雲飛畫棟成新構冷香閣落成雨打烏蓬憶舊游往歲來游均值風雨茲行喜晴作客青鞵仍故我昵人紅葉已深秋盟心詎是生公石老尚癡頑學點頭

重尋春夢幾人知秋水長天又一時風雨不來誰送酒下車晤陸蒓伯即約至宴月樓共飲江山如此怕題詩魂埋香土真娘墓碑卧荒煙短簿祠不向吳中專一壑典衣空辦草堂貲

絕磴攀登敢告勞平生結習付兒曹羇棲祇合携宗武謹飭惟應效伯高坐上參軍妨落帽言聲携一暖帽自題帳

一三一

前走卒已分旌此來竊恐劉郎笑一字慵題九日糕

蘇紳劉雅賓諸君適在冷香閣款客

寒碧重經客興閒滿園秋色正斕斑池中水漲鴛初浴欄外雲深石不頑園中石筍林立均數百年之物三徑晚香吟白菊十年舊約負青山十年前與杏蓀宮保有買山結鄰之約臨軒何限蒼茫意直為佳時強笑顏

吳門游後半月因事重過邑亭遂覓前舟作竟日游即示天梅諸子 四首錄一

松陵陳去病佩忍

西園游盡復留園纂跡時時印夢痕最是一叢紅芍藥有情無緒綰吟魂

約管君謨西園觀魚為風雨所阻

吳縣　吳興讓竹林

一夜風兼雨，寒如十月天。春歸芳草外，人老落花前。
聞鳥心微定久不聞鳥聲，今日正有鳥啼，而家人喧嚷，可惜之至，觀魚約又愆。
一游客易得，笑我未忘筌。

獨游西園效陶四言　同前

病軀苦喧，步出城西。一離市壥，體氣已舒。禪園小憩，
心曠神怡。水流花放，魚躍鳶飛。活潑潑地，一片靈機。
西方何處，化城在斯。西南諸峯，黛色霏微。日暮興倦，
長嘯西歸。

西園

番禺　葉恭綽玉甫

放生魚鱉知感若得氣池臺尚鬱然為想西園圖雅集幾多樓閣香寒煙西園割而為二風景尚佳池魚甚夥鱉有大如盆者

偕吴鳳池游西園感賦

長洲張榮培埶公

一角園鄰選佛場水亭前後跨虹梁放懷濠上尋魚樂倒影天空看鳥翔經典幾時馱白馬刧灰此地洗紅羊舊游十載重回首花外疏鐘盪夕陽

過徐氏園桂馨閣即景成歌

鎮海姚變某伯

洞房窈窕雲母屏新葉密拭琉璃青窄襟暗媚葉叢
燕脆語偷泄花梢鶯花梢暖日一抹橫闌干在底烟
自冥燕外風飄水沈氣鶯邊人唱山香聲金釵玉璫
廊上下蝴蝶隨之飛不停我來獨倚最高閣繞閣萬
條春翠晴雙桐出篠一千尺其高遠頡闔門城城根
酒樓客眼醉望疑霞色蒼無賴誰知賴紅爛霞色勻
樂下布瓊雞英妙結古艷寫羣怨別含春緒芳余情
壁間畫柱銀鴈箏靜息中抱秋潭泓欲將余情寄挑
撥恐檢羣怨來糾縈江山千里極駘蕩蕩為此閣簾
波清重簷複路一切綠隔波搖漾成蘺蘅波影客裔
人娉婷頗疑帝子狎湘女九華鳳扇交霓旌落日過

牆天晚晶鄰庵乍有疎鐘鳴鐘催車馬六街散月出
樓臺百丈渟我亦歸去園門扃屧痕滿徑飄露星露
牕松色鮮相媚星榭鶴語琴能聽

桂馨閣　元和袁學瀾文綺

春晚游人惜景光雨濠亭觀會流觴橋穿月洞移香
屧石縐雲峯坐靚粧廿四番風花信息十千美酒醉
家鄉綠陰芳草行吟處猶戀闌干倚夕陽
濃陰深護牡丹開路轉青雲濕徑苔園有青雲路石坊燕蹴
飛花風觀閣人歌折柳雨池臺紅橋翠嶂開圖畫脆
管清絃勸酒杯一架紫藤香霧密春泥滿屐醉忘回

虎邱過李合肥祠堂不入

松陵陳去病佩忍

桃柳疏疏密密橫歐西亭子乍經營春風若早噓南
園此地應祠李秀成

塔影園文讌上沈宗伯歸愚先生二首

丹徒郭家騶千里

盤敦森嚴張一軍恰憑鶴澗聚同羣橫塘踈柳青油
舫黃絹新詞白練裙星聚江湖招勝侶人來花徑慰
停雲相逢合上生公石共話前緣到夕曛

皓首丹顏別帝閽東南壇坫典型存百年半度兼仙
骨千古文章一酒尊勝地風流傳鶴氅何人聲價重
龍門敢誇末坐相如賦迢遞詩筒索討論

孫氏隱歗園

鎮海姚燮某伯

過墻淡黄柳，側眼看春人。裙屐復今日，年華非去春。
桐花白團扇，茜葉紫泥裀。高座傳滬酒，醉歌聊及辰。

其二

翠栝蜷屏石，虚堂面石開。畫廚生朽蠹，琴尊上初苔。
遥夜青天月，誰斟白玉罍。風流孫曼叔（謂淵如觀察），絶跡弔龍媒。

其三

别院打流鶯，飛來攪落英。撥花尋茗氣，背竹聽釵聲。
露磴春蕪縟，蘭臺午日晶。有人坐欄角，低唱踏莎行。

其四

不知水氣深水底繚青岑横黛若相怨邈合清淺心
蘋絲為畫箔桃葉助雲陰留得陰陰幕巢他雙翠禽

其五

青戟美人營匝總荷萬壑鴛鴦迎榜出翡翠躡煙行
武子有新廟（園在虎邱山麓本孫武子廟其裔孫陽湖孫氏拓基建園）闔閭無城
指麾春女隊憶昔教吳兵

其六

石盡出斜門繁花列瓦盆鶴坪皆玉色鹿棚有香痕
息指長廊好陰光密樹昏孌孌雨蝴蝶轉轉牡丹根

其七

人倚萬竹上高樓對酒樓酒香吹雨過樓影入江流

江上生蘆葉煙邊隱白鷗待伊蘆葉長此地定宜秋

孫武子祠 并序　元和袁學瀾文綺

在虎邱山浜舊為一榭園後孫淵如觀察改今祠一亭翼然迥立臺表下臨清池背負魯山饒有幽致

兵家秘洩十三篇龍豹韜鈐教戰傳鼙鼓聲銷金粉陣孫墩大塚遍荒煙

破楚門前動暮笳風吹祠樹起神鴉承平紅粉無兵刼廟口焚香笑折花

一榭園弔孫淵如先生　太倉顧晲元子雨

西風影裏倚危闌傑閣峻嶒路曲盤修竹當門雲影薄枯荷捲葉雨聲乾談經人去虛堂靜埋劍池空夕照殘憶到五松園外路石城煙柳共荒寒

淵如前輩招集孫子祠

遂甯張問陶仲冶

孫祠雄秀陸祠清同借山堂隱姓名笑我憑闌聊射鴨與君賭酒又談兵蒓鱸舊約真能踐花月閒緣最有情流水年篙山一角向來原不羨公卿

孫祠雅集圖同趙甌北雲崧范芝巖來宗雨前輩潘榕皋奕雋戶部范葦舲少府將于埜明經作　同前

一三六

五十將衰忽少年，龐眉三老坐樽前。聽從閒寶談遺事，笑看蓬壺醉散仙。有酒在杯休學佛，無功當世合歸田。難逢曹霸丹青手，一點靈臺莫浪傳。

甌北先生小駐虎邱孫武子祠，同榕皋、船山于野葦舲携尊雅集 癸酉 吳縣范來宗翰尊

館閣因緣接後先，杖朝杖國服官年。甌北年八十七，賤齒七十七，榕皋七十四，船山五十 看公無量真稱佛，餘子能頑亦仙。是雲夢尚堪吞八九，幡桃佇見熟三千。四圍嵐翠檐前撲，此會名山豈偶然。

金烏騰躍照林隈，掃盡陰霾待放梅。吳語蜀音今日共，詩箋畫稿立時裁。白頭故老談天寶，赤手孫郎想

霸才（祠本一榭園淵如觀察續加手造）後日視今猶視昔且留佳話
付將來

一榭園　同前

臺榭無多倚夕曛園連塔影鳥聲聞吟詩裙屐三春
集入畫林巒一角分纔得玉清瞻上相（園供呂祖像）又思
金甲奉將軍（時改孫武子祠）重來莫問誰為主且向闌前看
白雲

丁巳夏日移居西塘漁隱小圃偶成律四首

吳縣　袁廷檮　又愷

路轉楓橋有敝廬竹林好卧復移居（與舍姪同居）常依喬
木思餘蔭籍寄閒身讀古書開徑還宜栽杞菊結鄰

只合伴樵漁，却離闤闠囂塵。斷門外惟停長者車，童丱曾於此釣游。手栽梅樹已成蚪，將驚雪色侵華髩，忍使光陰付逝流。白石清泉非樂恵，寒楓老桂易悲秋。徘徊最是傷心處，午夜青燈竹柏樓。

五硯樓頭日再登，藏書萬卷盡籤縢。牕中遠岫青連幌，檻外新禾翠滿塍。夜半鐘聲來月榭，江干人語雜漁燈。林塘日涉生幽興，漫詠田園几獨凭。

當年摩詰此棲遲，壁上刊留絕妙詞。北海琴尊誰繼美，衡山圖畫尚遺思。（園為王文盤溪故居。王文工畫，師法文待詔，沈歸愚先生題曰小傳。雪館壁有西塘雅集詩，先兄為刻石。）同袍不少羊求侶，閉戶惟將許鄭師。夙夜果能通一藝，傳家亦可愜心期。

漁隱小圃十六詠　　同前

楓江草堂

誅茅楓江上，沿江構草堂。夜鐘出古寺，春水通横塘。
編籬學老圃，不憚灌花忙。

五硯樓

先澤在硯田，經訓是留畬。灌溉茗穎發，筆耕信非虚。
閒憑面平野，樓中看荷鋤。

吟暉亭

孤亭對初日，幽砌露未晞。離離見寸草，融融樂春暉。
低吟東野句，零淚沾裳衣。

夢草軒

一榻近池塘獨卧布衾底忽聞魚夜躍棖觸披衣起
年年春草生謝夢今已矣

錦繡谷

藏春錦繡谷春深花始繁罌粟開且落芍藥階前翻
誰占十分春花風廿四番

銀藤簃

閣邊架小屋簷繞銀藤枝暮春花璀燦宛若珠簾垂
月色相掩映夜坐吹參差

水木清華榭

晴光泛秋水空籟振林木翠羽集復翔文魴戲相逐
臨流時抱厀得句在延目

洗硯池

舍後有清池池清可洗硯綠縠縐千層冰輪沈一片
風吹翰墨香青蓮生水面

繫舟

不泛五湖裏惟將書畫裝虛牕不受著止水自生光
堂坳一杯滯寂寂綠楊傍

柳沚徛

柳沚水清淺橫石即為徛樹密鳥聲喧溪流花影移
前山有佳趣行歌復徘徠

小山叢桂館

叢桂發天香衆芳漸搖落築館山之幽高會此酬酢

不慕招隱士喜得文酒樂

芙蓉徑

木末搴芙蓉騷人寄幽思湘江秋露繁晚霞映霜翠
今傍野人廬遠徑增清媚

挹爽臺

素嶂立如屏蒼巖淨若埽雨過清覽觀雲閒盪懷抱
橫琴曲未終飛鴻入晴昊

稻香廊

朔風吹寒雪四野田鋪玉長廊望農人白屋飯蒸粟
回憶稻香時辛苦胼手足

漢學居

古聖微言絕漢儒詁訓明仰止鄭北海禮堂集其成
我欲捃秘逸何時慰平生

紅蕙山房

良友貽紅蕙（蕙為鈕君非石所贈庭有四面松乃小停雲館故物）山房易嘉名
秋風始吐花色艷香偏清蒼松今有伴發我思古情

戊午三月十一日小圃牡丹初放宴集玉少司寇（昶）錢少詹（大昕）潘農部（奕雋）蔣司馬（業晉）段明府（玉裁）及同人賞花以是日也天朗氣清惠風和暢分韻予分得天字

同前

洛陽聞說花為田奇花一朵求千錢姚黃魏紫久不

數紛紛新種名難殘去年有客中州至載歸百本裝長船拔取其尤植小圃開當春暮初晴天東風蘊釀逞妖冶旭日照曜何斑連相對憑闌動清興重聯佳會開芳筵回思金粟燦林谷又見錦繡堆堦前坐中二老是吾師後堂高足隨彭宣謂玉介人徐淡如羣賢袞袞仰山斗鄒枚鄭服差齊肩飛觴不用申酒律分題自愧無酥煎吟成秀句奪山綠醉餘豪氣凌雲煙花若有知更含笑枝枝舞弄春風顛人生快意恣游覽不然佳日空虛延波流墻角月漸起蕩漾花影生淪漣白髮簪連連袂去沿塘簾捲看神仙獨我重傾白玉盞對花醉倒花前眠

吳門園墅文獻卷四

勾吳　范廣憲　君博輯

春日游吳中諸家園林用東坡和子由踏青韻并序

元和　袁學瀾　文綺

吳郡東南一大都會其間民俗之靡麗風物之清美讀廣微吳地記士衡吳趨行可知已玆自承平日久閭井繁富豪門右族爭飾池館相娛樂或因或創窮沃極侈春時開園縱人游賞車騎填巷陌羅綺照城郭恒彌月不止馬余嘗值春暮偕友朋辦杖頭錢蠟阮家屐遍覽詩家園林之勝惟時東風扇和流鶯在樹香衢塵漲有女如雲園外繚以

粉垣趁市者張幔列肆瀹茗以待來客傭夫擔豎
無資入游羣聚植立以觀雜沓粉輿數百鴈翼魚
貫以進喧聲潮沸粉黛若妍若媸目不給辨延頸
鶴望不見其後入門則肩摩踵接頭不得顧衆擁
身行園內金碧陸離目奪神炫臨其臺則巒翠參
於雉堞西山之奧氣若可挹焉躡其閣則蛾綠充
於雕欄南部之煙花可平視焉更有銀塘碧沼轉
水成瀑驚鴻往來於橋上文魚游泳於波間或投
餅餌觀其唼食以為笑樂假山疊雲鳥跂蟲結俔
迂南垣之遺製於是乎在水邊林下人賣糖餅玩
具泥孩紙虎並擬諸生兒童爭集投錢如雨輕薄

之子隨逐少艾如蜂聚花曲廊窄徑肇阻其行圍親鄉澤約指斷釵男女定情密贈遺於牖間往往而有日晚人散蔗滓果核擁積礙履遺鈿墮珥園丁拾歸產致中人其繁盛也如此然詢其始末或曰向曾屬於宦室嘗以事籍入官者或曰向曾鬻於豪族以子不肖旋歸於他姓者或數年易一主或數十年易一主每至荒蕪不治魚鑰守門鬼嘯狐啼闃無人跡轉成邱墟其後復有人興起之則今之樓臺歌舞鶯花士女皆昔之頹垣斷井蔓草煙榛也嗟夫豈盛衰之理固如是耶抑土木足以致殃耶大抵豪貴子弟習睹奢靡服鮮騁肥萬錢

二

下箸不知樽節遂至喪家故君子之居室也勤儉以率之斵椽則戒刻桷則譏督之肯堂肯構使知稼穡之艱難田園牧養閉門足養生之具斯百世可久耳余以寒素之士以六籍為笙簧以百家為園圃採野芳罶溪鮮無羨乎山珍海錯也曝茅檐風竹簟無慕乎層臺廣榭也優游林藪未嘗隨紈袴兒於羅綺叢少尋佳趣茲乃鋪張遊事不憚煩言者蓋猶東城父老目睹開寶繁華每樂向人道之使後之遊者知持盈之宜慎而耽樂之不可長也耳

潑火雨霽無纖塵吳王城郭花柳新到處園林魚鑰

放啼鶯喚出鈿車輪妙嚴臺下埋香地踏青有女來西鄰約伴閒登桂馨閣曲池漾碧雙鴛馴謻廊宛轉通帷闥華粧平視難回瞋屏山盆樹工點綴疎籬欄住鶴與麕金閶亭館盡歷遍如夢清明河上春來朝鼓枻虎邱路還采江蘋賦洛神

擬陸士衡吳趨行 并序

昔陸平原著吳趨行夸都邑之繁盛美土風之清嘉文德武功不可殫紀顧意主贊揚而於規諷或有缺焉今吳郡兵燹之後殷阜逈不如昔而風俗侈麗則有過之爰仿原作體仍其韻不襲其言蓋以黜華崇實者俾端本務云爾

三

燕趙多奇士，京洛多名謳。都會盛文史，不如歌吳趨。
擅弓言物始，請自泰伯起。端委治巍峩，荆蠻挽頹波。
閱世至季子，清風流瀾阿。文教所暨訖，蒸黎矢弗過。
顧陸著繁衍，俊及揚休嘉。迄今數千載，日月感遊波。
秀良亦足貴，無如競紛華。金箭地產富，第宅天衢邇。
粵人一炬後，結習仍綺羅。馥馥揮廣袖，灼灼含春葩。
歡樂誠未已，豈識憂患多。行路有餓莩，粱肉誇豪家。
君子貴遠慮，涓涓成江河。滿盈必傾覆，言之淚滂沱。
務本在崇儉，苦口陳此歌。

擬陸士衡吳趨行并序

長洲沈修綏成

吾吳土風清嘉誠有如平原所云者顧相文以僞相偏以靡儉非惡名轉謂嗇鄙蓋錮于習尚者舊矣隨波逐流寧所究極物各有本導則斯返詩賡山樞書鋧毋佚示儉于禮責在夫士暇日讀平原是行未能忘言雖效其體不泥其詞非敢矯其先碩亦欲以清嘉之舊還諸吾吳云爾

勾吳隸荊蠻開國從讓王延陵徙瓛轂武城儀宮牆夷風沐禮教髡俗蒙文章嵩芬一以闢騶蓋遼相望富春此都會炎井丁衰涼武功駭已鄞文績攀高光祖孫代英叡孤尹家賢良八宗鳳騫翥四姓龍超驤所嗟茂藻飾馴致蕪彝綱四時輟素節三叙咸韶陽

四

亭樓櫛城野鞍馬崩衢莊瑶珠冶顰笑娵旦都帷房
嘉喪十天產筵酌彌年粻臧輿習紈繡星現憎軒裳
德花宣雨露賦斡非冰霜中禁自貞固表絢誰久長
日窮歷虞谷旅倦返故鄉憶貧庶保富揆變恒綏常
娭春勿靈嚴宧夏毋山塘淑源户詩禮阜本人農桑
童耆淑伊奭鬟妾談成康清芬蘉蛇匠嘉蔭覃葑闇
鄒來景行切或以吳趨儐嘅馬企雍札穆然游炎黄

名園　長沙張百熙

君不見姑蘇城畔名園裏複道迴廊何邐迤錦石秋
花絢爛香山亭水閣參差起主人未知誰姓氏但道
高官殊濟濟吁嗟乎漢家離宮罷不修重惜民力憂

民憂主人豈不感明詔更購良工製綺樓同治十三年詔罷圓明園工作

游吳城諸園　古滬王宗羲鶴僧

留園競綺麗怡園多古樸綺園足閎敞胸中具邱壑吾堂滄浪亭勞塵此焉濯遐哉蘇舜欽高風懷緜邈

題怡園歲寒草廬呈顧艮庵先生　吳縣汪芑燕庭

眼中突兀見此屋洗盡浮華還古樸手種梅花共歲寒鐵榦杈枒連柏竹名園妙構參畫禪大千界現一粒粟亭榭由來爵位如立名節在培林木庭前蘿荔衣繚垣石筍嶄嶄露頭角屋後五峯位置宜偃蹇奇

五

醜互起伏坡仙琴館通修廊瞰盆池皺寒綠年時裙屐冶春游香車寶馬來不速雀屏璀璨鶯語喧似妬春人好妝束詞句天衣集無縫姜張周柳驅使熟髻猷久聞匕子名靈光巋讓先生獨囊者城南盛文社把臂欣逢夔一足道光戊申與令子夔伯馮中之朱現生結文會山林徵雲近壻鄉讀書燈影識都穆隱侯落拓沈潤齋丈興公貧孫滌如矜許渾如玉在璞何圖家破名未成橫江螳賊紛青犢三年戢影西山陲刼外逃名託張祿鄧尉諸山瀕太湖香雪濛濛屯萬斛詩編甲子倣義熙隻鷄斗酒招近局兵燹初洗敝廬在家具無多理歸躅别業穿築勝引入閒門不厭頻剎啄虬柯一白春温

瞰茶鐺篆裊殘英馥彷彿坡老松風亭絕勝處士孤山麓疎影暗香協律難乚字詩吟步堪學吁嗟乎士大夫以官為家幾人能享林泉福脩然宦海賦遂初目笑傾身障錢簏萬卷書並匏庵藏九老會從髯圖續暇日倘舉梁園尊我願撫絃奏五曲更期隙地拓數弓一鋤寒色栽松菊

星臺招游怡園時牡丹盛放

長洲彭慰高訥生

嫩綠成團倚畫欄生香點染入毫端客歲曾以綠牡丹徵詠並集名手藻繪成冊又逢上巳尋芳日來向名園放眼看孤鶴不嫌蜂蝶鬧錦棚為護雨風殘殿春紅藥階前滿幾朵

含芭勒曉寒

艮庵屬題真率會圖卷七首

同前

圖凡七人顧艮庵文彬吴愉庭雲勒悟九方錡潘養閒曾瑋沈耦園秉成李香嚴鴻裔與余也

真率齋中載酒過閒雲天際意如何往來人似沙鷗熟更比城南雅集多

三人辛未生同歲（余與艮庵愉庭同歲）惟有怡園似少年太白百篇供斗酒閒情時泛米家船

雨罍軒裏古香浮（愉庭所居室名雨罍軒）不數雖公與鴈侯餘事荆關多妙理淡煙涼月五湖秋

南園風月結比鄰香巖北郭幽偏理釣綸栩園滿地棠陰人羨憩碧潭蒼石兩家春

鯉對聞詩學有原和羹世澤鳳池園平戎績偉多餘慶早見孫枝邁愷元養閒曾以學詩圖索題閒已有孫十九人

旬宣遺愛徧三吳節鉞天南大澤敷歸到匡廬無別夢登高悵詠插茱萸

我本滄浪舊釣童而今衰白已成翁數椽老屋堪延客分付園丁種早松

怡園

清泉王之春爵棠

茅亭西畔曲廊東邱壑從心結構雄一草一花春醞釀半山半水石玲瓏地饒風景賓為主詩寫天機拙

七

亦工莫道尋芳芳信早梅根疏雨柳條風

上已獨游怡園　古吳潘敦先叔重

蘭亭觴詠話前因綠水名園大好春園中新拓荷池一自蘇臺麋鹿走石闌荷徧不逢人

寒碧莊前淺草蕪晚香堂上夜啼烏冠雲峯與山茶樹誰寫風光入畫圖

山林鐘鼎太平時各有園林足自怡怡園主人題西園雅集圖句歎息梓桑功尚在何人酹酒拜崇祠

游怡園有懷　泉唐陳　相蝶仙

西風無那惱人懷一畝蒼苔綠半階儘説顧家園子好不堪提起護龍街怡園

入門風景太淒其殘雪瀟瀟壓竹枝小小洞門圓似
月阿誰亭柱更題詩坡仙琴館
奇石傴僂似老人古苔斑駁困風塵坡仙已去焦桐
死還有何人解賞音石聽琴室
波光塔影兩參差南雪亭邊小立時燕子不歸春已
半斜陽閒煞好花枝南雪亭
石橋曲曲水灣灣三面湖亭兩面山倚檻坐僧一池
水歡容不照照愁顏藕香榭
梅花如雪繞吟廬鐵笛吹來笑故吾若把寒梅比肥
瘦阿儂還不算清癯梅花廳事
蒼松黃葉擁孤臺六扇文窗面水開十曲危欄憑不

八

得滿天風雪撲人來　澗曲松陰

松花亂落鳥無聲傑閣登臨感慨生但說雨山眉嫵好如何不見畫眉人　松籟閣

雨間屋子小於舟止水無波靜不流儘有谿山竹風景片帆何苦去揚州　舫齋

八月西風下井梧翠毛么鳳恨何如生憎墻角如鈎月照上窗紗一半無　碧梧棲鳳

舊時月色尚依然敲斷金釵散綺筵不怪雲英無處覓如今舉宅也成仙　舊時月色

絳霞洞裏綠成陰語燕啼鶯没處尋幸是繫鈴人去了不然揉碎惜花心　絳霞洞

婆娑雲外小勾留，一點秋心合做愁。巖桂高枝休折取，好花須揷美人頭。雲外婆娑

迴廊繞徧待如何，山水無情人歗歌。我愛桃花勝兒女，旁人不許更摹挲。繞遍回廊

歲寒松柏見貞心，留得焦桐爨後音。莫把平安問修竹，沈腰消瘦到於今。歲寒草盧

山頂危亭四面開，層層石級凍苺苔。叮嚀莫唱滄浪曲，我感滄桑一度來。小滄浪亭

午月既望偕黎里黃沅芷、邱壽人放櫂吳門游

震澤徐世勲瀛涵

怡園

問訊尚書里來尋顧氏祠亭臺新畫稿檻額昔賢祠

鳥語一林碎荷香四座披獨游情已愜況與故人期

游獅子林用元郭麟孫游虎邱韻

吴縣　吴恩熙　菡青

入門忽驚駭四面疊峯嶺飛從何處來獨闢靈奇境一鏡澄波光千林散煙景巖壑分向背水石含動靜幽洞激清籟怪壁矗孤影磴空鳥道盤路怯蟻封騁我今結伴游爽氣願同領一俯復一仰步步欲回省雲煙起尺幅陰晴換俄頃峭捫薜荔牆巧奪轆轤井古寺鐘韻幽（園前為獅子林）斷橋澗聲冷處淡物始輕真趣興尤永迢遥數百年為唤雲林醒

題東畬張翁獅子林圖長卷　并序

東畬翁名應均字星纏元和人兩中副榜以四庫館謄錄得四川瀘州州判後署馬邊廳事以終養告歸嘉慶三年卒年六十七善寫山水初得富陽董相國指授悉師法之後稍變自為一家此卷作于乾隆辛丑以授其第二女適陸氏氏克家之外姑也道光丁未四月會試報罷出都取道陵縣起居于友壻張典史官舍出此授余蓋藏弆七十年矣外姑語余云吾嫠老無子孫思南中不得歸吾父子孫閩今亦罕存者汝寶藏此畫。不啻使我兩家猶有人也既謹受之抵里門訪翁自跋云先繪一圖付寺僧昆峰者已無可蹤跡又見韓東生文

十

鈔云翁嘗以所藏惲南田撫倪高士獅子林圖贈
呂峰則跋中未之及也展玩增歎輒題二絕句
元和陳克家梁叔
老筆南田共散亡煙雲陳跡易情傷百年鄭重山門
鎮獨有人間敝篋藏
初開蘭若地平分往事能談更幾人畫裏獨留全勝
在芳園想像翠華春

獅子林　元和袁學瀾文綺
九曲峯巒訪舊遊啼鶯林際喚春愁石飛雲氣迷苔
磴松瀉濤聲過佛樓池鶴倒窺人影立蘋魚仰唼髩
花游傾城士女咸來賞笑說倪迂畫意幽

戊辰二月廿二日同張筱峰先生查蕉坨劉拙安元鐵卿子清杰同游洽隱園獅子林至晚而歸　　同　前

清明纔過春日暄招邀舊侶尋名園少年慘綠（謂蕉坨）叟須白僧房瀹茗坐笑言起登山亭望桃李天氣晴和風日美跫然屐響出迴廊前度劉郎兼元子有約携琴乘輿來相與憑欄賞紅紫城外西山照眼青撲人朝爽俗塵醒萬家屋瓦魚鱗鏃遠樹含煙接杳冥墻碑新勒容徐讀洽隱高情渺難續金屋藏嬌事已空忽驚虎張鑾刀鞘（此園曾屬官家後為逆酋所據今為程忠烈祠）泰運重開兵劫消明裏馨薦靈旗肅意行同上酒家樓把盞

臨風閭井裯喜得承平生齒聚昌豐士女集遨頭綵
陰路轉潘儒巷奇石獅林分寶幢洞逕横穿九曲珠
苔梯攀陟勞升降墨跡欹斜壞壁詩籠紗無分胥塵
絲犖峯翠挺蒼官笏松化雲根擁桂旗水偃虹橋夾
菱鏡往來倒影鷺鷥映蘋魚仰唼髩邊花蝶蜂趕趁
明粧靚老入歡場感歲華前塵昔夢散風沙幾箇晨
星欣聚首清談坐到夕陽斜歸去柳絲吹滿路勝境
難忘屢回顧倪迂畫稿妙天然邱壑玲瓏具真趣

乙丑三月廿七日同子杰游獅子林

同　前

拙政山茶摧作薪滄浪亭觀飛灰塵師林獨有神物

護奇石自得天真趣記經冦亂閱四載到處鏖兵井
邑改蘇臺麋鹿走荆榛此間道構依然在分別東西
水旱園滿城士女賞春喧可憐物是人非故舊事無
從問鶴猿洞壑崎岈通九曲沓磴行穿圭竇倪綠蘿
掩映徑旋螺天光一線明巖腹探幽入地陷深坎聳
身忽又登平陸陰陽顯晦寒暖殊踵頂上下相接續
笑語微聞不見形隔垣彷彿山重複魚鳥風雲八陣
圖迷途進退嗟維谷巡環莫出範圍中但覺峯巒森
簇簇眩目奇觀變態多恍疑五嶽真形縮豁然一旦
步平隄綠柳紅橋覆水低方塘照影驚鴻度倚檻間
談共聽鸝亟賞倪迂工布置頃教城市成山谿妙解

荆關皴劈法嵐景宛同圖畫携胸中邱壑相印證掃苔潑墨爭留題詩情與石並庯峭搜索其突窮幽蹊花間酒醒隣鐘動滿閣松風林鳥啼園旁畫禪寺中有松風閣舊名五松園今松已枯萎

四月七日同人集飲元鐵卿家復出游師子林

同前

小集壺觴讌祥符古寺隣素交逢石友游事記吳均座遇石梅生吳清翁示虎邱游記歸燕巢新補盟鷗席共親師林花笑日酒罷出尋春

林壑留真趣當年駐翠華畫圖倪瓚石風月狀元家池滌侵橋柳衣香勝洞花巖陰逢舊識啜茗話蟲沙

丙寅三月五日同家人游獅子林過畫禪寺訪

洽隱園　同前

露桃煙柳媚清明難得春逢上日晴綠遍園林芳草色傾城爭出踏青行

蘭雪堂傾草作堆畫禪寺裏磬聲催游春爭問潘儒卷為訪倪迂疊石來

百家亭館狀元家洞壑玲瓏徑曲斜碧沼紅欄漾人影蘋魚仰唼鬢邊花

落英舞蝶滾成團到處園林放客看借佛游春尋古剎松風滿閣坐盤桓

撲蝶尋芳載酒廚花蹊犖确倩人扶吳儂喜得承平

十三

日來看春風士女圖
踏青羅襪涴新泥蜂蜨團香路欲迷一段春愁飛絮
外夕陽人影各東西
獅林小憩　故山游跡詩十五首之一　吴縣亢樹滋　倜卿
叢爾園亭竟擅名數弓占斷闔閭城高人品自千秋
絶妙手文無一筆平怪石長松饒古意疏簾清簟愜
幽情林鶯見客如相識幾度尋春到此行
獅子林　對南　徐文錫　韶符
春巖淡晴嵐窈窕瞰靈鷲歸然闤闠中著此數峰秀
嵌空天欲穿壁立土不覆陽崖風日暄陰厂水雲漱

石骨鬱增峻皺瘦復透漏自非造化鍾一一鬼工奏
偶來林下游一境一奇覯意所不到處真宰誰能究
撫景趣彌間搜奇日以富濤聲松際來談說起清吼

次和鄒鐵樵大令同游五松園之作

元和韓崇元之

名園歷四朝遂擅吾土美逶迤入曲巷疎曠忘近市
峯峯各異態蒼翠撲窗几洞壑相鉤連巧匠不能理
入山何必深幽僻稱居止維則古道場彷彿舊壇址
當年手種松想見攜鴉嘴惜哉歷塵劫枯影卧池水
有客感舊蹤聚散渺難紀勝景豈久留清游忍負此
作詩追亡逋結交念終始

獅子林圖爲畫禪方丈映月題

同前

筆精墨妙暗門劉圖爲劉彦冲寫淡寫林巒意匠幽獅子窟中時打坐一蒲團外五松秋獅子林一名五松園

雪窗蘭草巨然山破墨淋漓不可攀映公兼精六法一代名僧居勝地又留禪藻滿人寰

游獅子林

吴縣秦敏樹散之

高士有倪迂性存山水癖手奪造化工累此萬端石蔚然林壑幽一一峯巒積上樹五蒼松秀色拂天碧下隱百竅寘妙寫天地賾邃徑鬱紆迴複道勞行屐玲瓏却紛糾白雲穿又隔來游興不虛曲折引詩魄

幽悄古人心，厚重古人蹟，滄桑永不移，百代非過客

獅子林　海鹽朱炳清小泉

獅林與虎邱，吳門名勝同，虎邱邱郊坰外，獅林城市中。一誇大王穴，一留名士風，或謂雲林巧叠石誇神功，豈知朱德潤、趙善長、徐幼文共築碧玲瓏。昔屬畫禪寺，拱護梵王宮，今為黃氏園，園名號九松。碧峯狻猊踞，肖象何奇雄，對面石勢阻，回頭路忽通，如穿九曲珠，旋繞勢嵌空，如逢八陣圖，變化形無窮，故路忘出入，新術迷西東，同游偶分散，音聞人不逢，變幻開地脈，神妙奪天工，一池璇源蓄，怪插青芙蓉，上下相顧盼，各各皆改容，人嫌多詭氣，我道闢鴻濛，詩情與畫

十五

理悟此閒心胸

游獅子林　松陵朱逢春柳塘

獅林檀吳城深得圖畫致携策並尋游趁此春初霽
累石成層巒鑿池分水勢喬松嵌石根疎竹間蒼翠
平橋迤邐通幽逕浮煙靄屈曲造孱顏突兀更奇怪
雨過尚聞聲滴瀝流泉細行行洞愈窄凹凸路難記
緣上却如下入内忽游外登降步履艱駭此咫尺地
性癖痼煙霞當懷買山志台嶽路迢遙卧游惟圖繪
兹乃假勝真點綴歎靈異妙詣想雲林題詩誌幽思

重游獅子林　同前

携杖重尋洞室幽十年不到儘淹留撐天奇石成靈

獸拔地喬松化逸虬下上層梯隨勢曲東西沼水合
源流倪迂去後誰圖畫聊向空亭醉酒甌

師子林記游　婁縣楊蓀光古醞

吳市喧闐不不耐乃於闤闠求山林相國別墅鄰梵
寺門楣棨戟何沈沈小橋流水忽殊俗到此不覺清
塵心翠巒玉筍自高下逕路紛雜勞追尋腹竇僅容
魚貫入斷齶相望聯嵚岑中或如厂如突碣或如濯
足隨流深下穿水穴更奇絶紅闌干外傳清磋咫尺
隔以尋丈勢壺中九華猶踠涔頫闉倪迂弄狡獪奇
蹟留此連軒屋師子神通至廣大邱壑信可羅胸襟
在昔翠華幸江左標題真趣聆玉音天章照耀卻兵

十六

火豐碑矻立留璆琳園丁瀹茗相告語此時已苦冬寒侵每逢春和車馬集樗蒲竹肉鬧醉醽我聞此言重乾笑俗士豈後知登臨且具袍笏一展拜米顛狂癖我堪任

獅子林　閩縣　李宣龔　拔可

入山恃志膽勿為雲所欺果登姑信峯我心猶自疑乍陟若無路攀騰遂同躋一松倚一肩居高竟忘危石筍森門限俯窺如立錐瞬息海三變銀濤湧風枝大力負屓屭宛如支林龜咫尺清涼臺氣氳誰是非坐位莫敢爭拍手天四垂欲呼採蓮船峯名茫然無篙師

拙政園

元和袁學瀾文綺

今年屢踏園中翠前度人稀花正開紅紫紛披亂無數石邊獨立賞亭臺此日游人集羅綺撲蝶流觴臨淥水清絲脆管發歌場鳴琴妙妓皆穠李時有羣芳琴會珠喉宛轉遞新聲風送飛花拂鈿箏平泉甲第頻更立金屋啼殘舊日鶯人間勝景不常好尋花須及春光早前遊已換後遊人一度看花一回老金丹難駐鏡中顏滿徑紅香堆不掃四百樓臺九十春北園煙雨迷芳草

戊戌三月廿八日顧清卿游拙政園

同前

十畝名園啟畫圖，尋芳鶯燕偶同途。香塵淺印弓鞋
小，多事春風捲卻無。
相國池臺映綺羅，百年喬木厭笙歌。舊為海昌陳相國之遴別墅，後籍入官。
花枝艷似唐韋曲，天氣清如晉永和。
園側誰家廢苑荒，重門深鍵閉春光。朝來幾點催花
雨，天棘抽綠上女墻。園之東偏有廢園，清池喬木，花石玲瓏尚在。

游拙政園　吳縣金蘭子春

一場懡㦬闇然休，依舊名園我輩游。花竹經營前宰
相，徃苻竊據偽王侯。斷階斑駁餘膏血，淺沼嶙峋露
髑髏。試問隝南老槐樹，興亡閱歷幾春秋。

重過拙政園　長興朱紫貴立齋

月榭風廊得再窺夕陽影裏客來遲無人亭榭山茶
老有恨簾櫳海燕知蟋蟀籟空黃葉滿蠨蛸户冷碧
苔滋舊時草長鶯飛日共許尋春到習池
紅塵那有地行仙猨鶴中宵應惘然自昔園林同傳
舍於今樹石又平泉已枯荷葉難為鼎未老苔花賸
有錢我向回廊久延眺昏鴉一一下松巔

重陽日偕拙庵游拙政園

吴縣元樹滋　僩卿

掩關忽報故人過欲往登高奈嬾何把臂園林尋北
部回頭花月付南柯空梁燕去香泥冷荒徑蟲喧蔓
草多小坐漫深興廢感摩挲樹石且高歌

拙政園尋春故山游跡詩十五首

同前

幾回折簡集朋簪勝地羣將北郭探簾幙日高花艷艷池塘風細柳毿毿衣香扇影春如畫燕舞鶯歌夢正酣自是昇平饒樂事幾生修得住江南

拙政園山茶花用吴梅村原韻

吴縣馮應圖小尹

梅村詩内山茶花兩株當日稱交加今來又值一百載春風歲歲飛丹砂寶氣遠涵東海日殊光直射西天霞寶氣珠光兩園結卿雲五彩生光華根種若非資佛力安能刼歷恒河沙恒沙浩刼從何起當年住

近婁東里兵戈離亂盡身經十年聞見隨流水亂時無恙只名園傳說行人猶在耳（房屋多毀園為偽府故免）園中游賞彼何人黃巾長髮金龍履更起高樓入九霄臺築姑蘇猶莫比那知風月宴名花只識笙歌鬬羅綺可憐富麗好池臺昔屬王陳今屬李（謂李秀成）海上天兵動地來四郊烽火森軍壘梟鳥金誅巢穴空流鶯晚集歌簧喜先後住者中丞公中丞均出明光宮本是百花頭上品自然雨露逐和風紫薇鈴閣應同盛芍藥當階合並紅不比平泉閒草木自開自落一春中園邊老人為余說陽和從古催霜雪自從克復幾年來花樹常常加倍發我聞獅林假石山天陰雨濕腥且

十九

殷（賊匿假山洞中多被搠死）洞中野花亦間發，根株清血常斑斑。又聞劉園草木少，樓榭亭臺半不保。枯松朽柏十一存，滿階落葉無人掃。滄浪風景更淒清，高低瓦礫無芳草。拋棄城南孰問津，夕陽流水春光老。數來名勝一沾衣，羨此花開燕子飛。萬朵千枝長爛漫，韶華長住莫教歸。

十二月二十日雪中偕筱泉、智齋、梨村游拙政園

騰衡　李學詩　希白

誰初此地闢綠野，畫棟珠簾鴛鴦瓦。富貴風流又一時，汝卻當年古蘭若（采風類記載拙政園故大宏寺基也明御史王憲臣侵以爲園）。燕語鶯歌春正酣，春風如客花如曇。豪竹哀絲興未

畢六博輕擲亦太憨幾經桑田變滄海古藤盤屈色不改曾聞待詔親手栽有端午梅題碣遂令斯園生光彩老樹參天孤雲寒小橋曲曲紅闌干怪石硌砑暈苔蘚石洞陰冷煙蘿盤來游恰值風雪候梅花幾樹冷香透隱約前立姑射仙肌膚盈盈豐神秀笑我不早學長生鬚眉蒼白面容皺歸來忽忽如醉癡獨坐小聰數清漏

嘉平二日偕程學圃丈吳稺樵姊共游拙政園

古吳潘敦先叔重

行行曲折到城東劫後園林入畫工異代江山吳祭酒春風杖履葛仙翁學丈年七十五稺丈年六十九小橋岸嘴嘶融

二十

碧殘雪枝頭蕚破　紅顔祝年年腰脚健支硎鄧尉徧
游同

正月初十日偕穉樵游拙政園

同　前

一灣緑水繞東城齊女門前迤邐行柳葉含眉隨氣
轉梅花笑口索人迎山塘時日留泥印崧嶽今朝祝
降生是日穉丈生辰半日聽香深處坐天然畫意與詩情

拙政園聽評話　常熟王朝陽飲鶴

憔悴江臯吳祭酒名園何處看山茶寶珠色相成空
幻賸有垂楊噪暮鴉
一曲哀絃未忍聽熙朝舊話夢零星吳都花木門興

替白髮當年柳敬亭

游拙政園感賦　諸宗元

衡山手植藤猶在太息山茶花已枯數易主人憐水竹還令狂客念江湖一亭可上石作齒萬蕊飄香梅有鬚獨惜名園長倒置竟如扃篋守明珠

游寒碧莊　吳縣金蘭子春

奇峰羅列樹蕭森葦盜多年聚綠林雹閃旌旗終殄滅風流裙屐又登臨硬黄四壁鐙椎鬧寒碧雙池洞壑深前度劉郎來也未桃花開遍畫陰陰

游寒碧莊　吳縣吳嘉淦清如

劉郎意氣人中豪專擁擁節麾旌旄十年游宦不逞

意歸来築館臨蘭臯歌臺舞榭徑深邃玉簫金管聲噭嘈園成揮手騎鯨去畫閣重樓鎖　霧留與嬉春載酒人芳時鈿舃盈衢路轉瞬昆池換刼灰地生荊棘遊狐兎不見䆫前有落花卻看池上吹飛絮方今宇内欣昇平海中張網殲蛟鯨還鄉尋樂得真趣障袖拂拂春風生往日搖鞭度紫陌譜出新詞敲瑤席衣香人影去匆匆爛醉狂歌拓金戟今來滿目歎荒涼晉苑吳宮景不芳惟有文章千古在柳家猶賸讀書堂

乙丑四月初二日偕吳丈清如潘子馨生泛舟游寒碧莊

元和袁學瀾春巢

春風吹綠閶門樹，扁舟重訪東園路（園為明時徐太僕冏卿名泰時之東園，今為劉蓉峰觀察名恕所得，始改今名。恕性喜石，中有十二峰）。錦市推成瓦礫場，瑞雲石冷眠狐兔（東園中舊有瑞雲峰，為南宋朱勔所遺，踹布防環之）。依舊桃花發滿墩，劉郎游迹渺前度（寒碧莊在閶門外下岸花阜，其地有桃花墩）。憶昔琴裹返粵西，菟裘歸築傍清溪。高陽池館暄歌舞，九曲亭臺醉客迷。平生雅抱奇重癖，揮金筆畫太湖石。十二峯闌闌寶䆫，福地鄉環洞天闢。無邊風月會賓朋，撲蝶流觴聚裙屐。屐子聯吟雅集圖，一番鼓吹羣芳席（園中歲時每春必集名妹為羣芳曲局）。可惜豪華景不常，送祖船散十房莊（園近地有十房莊，為明尚書徐履祥宅，徐富甲三吳，長船浜即其泊船處）。賬鈿箏挂壁縈蛛網，飛燕銜泥上畫梁。風風雨

雨流年換九十韶光驚過半往日紅顏變老衰況復
滄桑經世亂廢池喬木厭言共清歌隔院愁聞按揭
來載酒共尋春巷陌荒涼少四隣頹垣一逕通花阜
斷井千家息戰塵萬卷堂空成蔓草落紅堆砌絕香
輪緣波想像驚鴻影不見從前拾翠人

泊船湖田游寒碧莊　同前

湖田煙草綠艤櫂尋芳苑曲折循頹垣巷陌空繡幰
瓦堆鳥雀喧重門畫深健紫花開遍園蜂蝶採香嬾
綺牕半零落繁華春不管池臺騁遠矚拂袖和風暖
盛時集珠履金樽酒常滿富貴樂忘憂歡娛日嫌短
雕梁歌舞塵儵被驚蘚斷玲瓏瑞雲峯棄置賞識罕

蝸篆緣墻碑苔痕上高館游情憶去年吟詩失前伴去年與吳清丈同游于此獨立望林巒無人更蕭散

偕同人游寒碧莊　同　前

弭櫂泊湖田取徑訪寒碧入門臺榭荒春風冷游屐燕泥落空梁蛛絲罥壞壁笙歌絕繁響羅綺渺往蹟當年闢此園雅入山林格墻嵌百種碑庭列三品石厄運遘兵戎勝游異疇昔吾來恣幽討放浪窮日夕紛華理難久光陰駒過隙憐他胡蝶花閒堦閒寂寂

過寒碧莊　同　前

黄葉聲中記問津平泉轉眼草鋪茵盛衰事訊壁閒石來往客嬉池上春待放鼠姑將嫁女雙飛燕子做

家人只憐叔夜園亭破何日經營更一新

丙寅三月偕友游春雜詩十四首之一

長洲潘鍾瑞麐生

轉棹沂山塘七里過其半煙水去徐徐艤櫂行柳岸
湖田舊風荷久作青紅爛斷垣見奇峯拔地卓天漢
問訊寒碧莊視此峯近遠閉門積莓苔空堂無几案
扶疎仍柳榆高下自樓觀奇石周庭隅割取壺中玩
摸碑走循牆想見重文翰雅集羅琴尊好花四時看
幾經粉蝶尋都付蒼鼠竄紫艷閉蔓菁滿園風物換

自湖田至花埠寒碧莊畢

偕吳清如文春巢袁子泛舟遊寒碧莊登虎邱

沽飲酒樓而返得詩二首　同前

煙雨盪寒碧春風吹不還重携裙屐來看小溪山
靜與鷗通夢閒無鶴守關鶯花庭院在秖見石孱顏

其二

如此尋詩地徧無賣酒家移船勞借問撫景憶繁華
溪店開春甕軒牕近水涯斜陽醉歸去拂袖滿飛花

春盡日游寒碧山莊　長興朱紫貴立齋

玲瓏臺榭小巖阿略有峯巒掃黛蛾一片落花飛絮
裏赤闌橋上酒人多

欲共詞家賦殘春柳陰小立意逡巡一池絶好菱花鏡只照明璫素袂人

劉光珊屬繪東園訪石第二圖并題

寒碧山莊昔為余師劉竹濱先生舊居饒泉石花木之勝園東有宣和花石綱所遺冠雲峯叢有民居數百家繞之雖大力者不能徙竹師乃於園東築樓觀之曰望雲也咸豐初余從竹師習六法頻登斯樓老友葉調翁曾作東園訪古圖今彈指五十餘年竹師調翁墓木拱久矣庚申亂後園歸盛冠雲峯前之數百家亦化為荒煙蔓草惟此峯巋然獨存盛氏復購得之爰闢園墻規進之劉君語

石素有石癖適寓園中知余寒碧舊弟子索繪東
園訪石第二圖并屬題長句以識盛衰顯晦之感
時壬寅重九前二日也

冠雲之峯宣和道玲瓏瘦透如雲垂萬瓦鱗鱗堅護
持歷刼不磨天亦私寒碧老人不能移築樓對之日
哦詩我昔從師曾見之奇礓突兀猶可思滄溟又變
桑田時紅塵頓露嵚崎姿名園重關位置宜老梅稚
竹相追隨劉郎嗜古尤好奇寄書更索訪石辭嗟余
垂暮猶塵羈盛衰顯晦同堪悲何日東園得一窺石
如能言石應知還當與石坐花　醉月話舊無嫌遲
留園　清泉王之春爵裳

二十五

槎枒古樹亦爭新不信吳宮跡已陳刼後樓臺成變
格雨餘花草潤芳塵地因幽靜留過客我得閒游即
主人分付蘇臺門外柳風流好綰再來春

留園蘭社寄懷震伯

古吳潘敦先叔重

留園香草別經年雅集重逢倍惜憐宿植靈根滋九
畹嫩寒新柳未三眠正宜詩酒聯吟會待放清明上
塚船相約停橈同一醉春風二月杏花天

留園觀蘭即事　同前

徧插金閶細柳枝軍門褒鄂仰丰姿那知鎮守吳中
地也想行吟澤畔時廿四番風看次第大千世界之

窮期人生行樂尋常耳我佛拈花笑我詩是日釋家為觀音誕

留園蘭社口占　同前

名園舊蹟石林留曾記童年撰杖游此日冠雲峯下立落英芳草動人愁石林小院為留園舊跡幼時侍先大夫游到此已止今東西兩園及冠雲諸峰皆後來展拓

瓊筵逐隊坐飛觴蜂蝶雙林欲醉香知否詩翁已仙去黃壚無復話滄桑園中遇雙林姊妹而淡翁新作古人

游留園感懷詩　泉塘陳栩蝶仙

劉家園子壓姑蘇路出閶門西北隅不解吳儂緣底事家家池裏築浮屠

曲曲迴廊路路通幾重簾幕卷西風欄杆不用珊瑚

斵自有斜階一抹紅
鏡檻玻璃六角明石牀斐几小書城分明絕似桃花
館少個吳儂讀畫聲
歌塵凝滿玳瑁梁軟繡簾遮小洞房一自吹簫人去
後舞衣閒疊女兒箱
細網蛛絲逗碧紗璇牕低護阿誰家迷廊曲曲長闌
鎖閒煞一株紅杏花
小篆新書別有天我來便是少遊仙如何一帶緣谿
路不種蘆花只種蓮
纓絡珠燈敞畫堂海楠精舍好迷藏垂簾不用薰香
坐自有芝蘭一種芳

小樓窗檻出花梢薄醉登臨酒半銷東面虎邱西面
塔寒山四處是楓橋

靠山依水築欄杆小立橋亭怯袖單昨日斜陽今日
雪一般樓閣兩般看

竹籬茅舍雪精神老鶴無聲意頗馴好幅畫圖添个
我梅邊吟瘦一枝香

欄杆靠暖酒初醒碧幔深圍六角亭愛煞一雙金孔
雀居然為我肯開屏

冠雲奇石瘦磷磷幾載風霜練此身昨夜老仙題字
去古苔駁落補煙雲

小亭臨水綺牕開鏡面波光絕點埃試問年年清若

此玉容曾照幾人来
不數珠闌與綺寮梅花香裏月如潮書生到此無奢
願願借留園貯阿嬌

留園　海鹽朱炳清小泉

憶昔入劉園怪石森當門池館游人少苔榻饑鼯蹲
碑版晉唐萃古人之精魂摩挱認蘚石拂拭捫粉垣
亭榭半欹倒綠陰如海屯今來園變名雅游裙屐喧
珍禽囿籬樊異卉媚牕軒陳設矜富麗幽邃無復存
廿二年逝水遠夢徵有痕滄海變桑田一園何足論
仲春上澣陪任寄鷗中丞師及諸同人飲於留
園五峯仙館席上賦此呈盛旭人年丈

陽湖惲炳孫季文

奇石移從瀛島中或坐如虎卧如龍深山大澤久湮没精氣乃與造化通主人得之快欣賞清樽美酒華筵敞座客同聲歎神物一笠擎倒巨靈掌是日雨霽癡雲間長風浪浪天上来梅花明月雨清絶花枝在手月在杯有美一人顔如玉清歌唱出廻鸞曲琵琶斷續三雨聲百觴累進意無足座中二老年最高矍鑠是翁人中豪（奇師年六十有九旭人則七十八矣）掀髯一笑濡大筆浩如滄海生風濤人生快意賴有此百年游戲聊復爾杯底同銷今古愁筵前已盡東南美石上題詩醉語顛置身合在蓬萊巔攬衣獨起舞長劍更欲狂歌

二十八

倚九天

留園偶作

閩縣 李宣龔 拔可

隔雨望斜日，間鴉有短長。荷漪吹濕髩，石響送涼璫。
客去空携手，詩成獨繞廊。向來異懷抱，喧寂等相思。

游寒碧莊

吳縣 元樹滋

弭櫂泊湖田，取徑訪寒碧。入門臺榭荒，春風冷游屐。
燕泥落空梁，蛛網冒壞壁。笙歌絶繁響，羅綺埋往跡。
當年闢此園，雅入山林格。牆嵌百種碑，庭列三品石。
厄運遭兵戎，勝游異疇昔。茲來重幽討，放浪窮日夕。
紛華理難久，冷淡情彌適。憐茲胡蝶花，背人開寂寂。

九月八日滄浪亭懷古二十四韻

秀水朱彝尊錫鬯

滄浪有遺亭勝蹟今始到疎籬六枳楗小徑一僧導古墻聳寺樓暗水接官漕怪石長差肩平林或妨帽因而葺北碕歷歷見房奧石枰雖無存宋毛珝滄浪亭詩濯纓人去水空寒事屬明時欲問難日暮客歸園館閑鷺鷥飛上石棋盤自注子美故物惟石枰存草庵猶可造中丞我老友山水敦夙好於焉翦榛莽復此濬潭隩暇日携賓僚曾不擁牌纛春留露相駐暑便接䍦倒畬田課耕稼浦禽恣啄葩游觀民胥豈悅弟神所勞湖州謫司馬賦才本雄鷙詩逼梅歐陽文亦師訓誥賢相所館甥孔壬生嫉媢舉事偶不慎衆口逞狂譟故紙錢區區乃誣名士盜茲事近千年識者

二十九

尚憤懊哲人貴自勝林泉遂遐蹈南陽招不去止用尺書報雜花修竹間風月任嘲傲斯人洵可懷曠世我心悼朅來謁祠屋思以渚蘋芼落景溪橋還商飈遠吹澇

滄浪亭　吳江金文城宗仁

曲逕清幽碧樹遮空亭鳥語落松花石橋一帶春三月半是青帘賣酒家

滄浪亭　丹徒張學仁治虞

春流抱雲林雨過滴寒響楊柳雨三家門前曬魚網翼然見孤亭石磴攀蘿上緬懷罷官人此地成清賞閒鷺棲棋枰落花聚畫槳予亦思濯纓翛然動遐想

滄浪亭 并序

元和袁學瀾文綺

在城中郡學東吳越時廣陵王錢元璙池館其近戚中吳軍節度使孫承祐亦築園其地慶曆間蘇舜欽行之傍水築亭曰滄浪後為章中公所得園林之勝甲於東南建炎後為韓蘄王所得由元迄明廢為僧居釋文瑛復建滄浪亭於大雲菴旁近宋牧仲中丞益增修之其名勝遂永不廢矣

錦樹蒼涼春色改古埭長流濯纓水鐵券虛存霸業空詩家偏得危亭在廣陵當日雄分藩經營卅載開名園疊山輦盡太湖石鑿沼直通銀漢源十四州亡劍光冷繁華散逐雲煙影相國東門芳草愁狐貍夜

三十

哭欄前井集賢蘇子瀛洲仙來此偶泛菰蒲船崇岡
清漣繞花竹交柯喬木橫蒼煙徘徊喜遂卜居頤四
萬輕擲囊中錢買此無邊好風月鷗沙片席時醉眠
倏忽塵寰鬪龍虎一擻竟奪章家圃翊運堂高氣象
雄樓臺特起將軍府物換星移世幾遷平泉變作梵
王宇草綠南園胡蝶飛陌花誰唱香車歸蟠龍古礎
叢斑蘚春去游人款户稀歷觀興廢真彈指富貴榮
華只如此鵂鶹隨雨嘯黄昏鬼燈夜向墻根起蘄王
祠碣生青苔都官亭榭歆塵埃縈情幸有綿津老重
向滄浪除草萊永使名區屬長史年年傾國青花來

南園覽勝　同前

三月二日同家人游南園大雲菴雲陰欲雨人蹤寥寂遂入三景園小坐出登滄浪亭謁羊元保祠還叩西道堂復往郡學訪落星石及廉石風雨欲來隨即返棹

步訪南園舊蹟遺陰深喬木蔭清池蘋波綠繞舜欽宅煙柳春濃羊守祠隨處閑關僧避俗潛行林密鳥催詩牡丹開盡游人少郡學東頭碧草滋

三景園飲茶　同前

園臨滄浪水門對滄浪亭游春集裙屐香塵走畫輧沈公舊講堂今植花滿庭沈歸愚尚書講堂後廢今改為茶肆後面為花園綠盆栽小樹環繞如圍屏茶煙裊竹裏彈詞靜可聽

閒來瀹茗坐酒客醉為醒餅賣街頭壚牡丹插座瓶
南園芳景妍踏翠多娉婷撲蝶傍花叢丰姿關尹邢
此地年年到垂楊依舊青

游大雲庵　同前

老梧參雲翠色深池中石塔影懸鍼虹橋接引游人
跡經藏留傳古佛心曇雲釋談禪開鹿苑香山遺稿重
鷄林春風桃李南園路出色花枝共蝶尋
古梧蒼然不計年草庵名尚著梧禪蝶旋徑轉滄浪
水龍藏經傳釋梵天泉味綠香茶灶大竹元青梟塔
輪煙驚鴻倒影池塘淥游賞春風結靜緣

羊太守祠　同前

南史宋羊元保為吳郡守廉素寡欲去後民思廟
在烏鵲橋南俗誤為羊叔子祜因辨正之

烏鵲橋沸管弦元嘉賢守廟猶傳千家墮墮淚虛遺
碣借用叔子事一代清名著選錢德政去思羊祜後笙簫
報賽麥秋前衣冠優孟歌廉吏孫叔官貧宦績全每年春晚廟中演劇彌月

丙寅三月朔同潘君麐生暨子清瑞游滄浪亭

同前

連朝卷風雨南園春已深幽人趁新時滄浪共登臨
雉堞露遠山曲徑通禪林溪水涵淨綠濯纓清塵襟
僧寮其香茗清談諧素心亭碑偃灌莽枰石苔衣侵

三十二

古塔消瑞光臺榭燬兵祲隱蹟追長史風月任縱擒
買隣錢四萬讀書涌自斟騘盤野蔓青高逸傳至今
勝地頻易主駒日馳駸駸風流彩雲散芳池涸蹄涔
豪華倏邱壠惻愴雍門琴亂後重經行畦菜黃布金
闃寂三賢祠瓦礫積庭陰雲堂亦衰歇鐘梵渺遺音
興廢感疇昔憑眺發長吟

南園昔盛日桃李逞芳姿禪龕香市鬧裙屐聚游嬉
流鶯雜笑語林花艷錦帷錢吳留古苑喬木蔭清池
亭館溯蘄王勳紀墻閣碑紅欄護宛轉蜂蝶舞參差
題詩會冠裳觴詠牡丹時名優炫桃冶顧曲情爲移
笙歌一席宴費過中人資其旁五柳居改創吳賢祠

沈公舊講堂彈唱盲女詞春暄車騎盛耽樂忘歸遲豈知沉浩劫蕪穢成荒陂世界本淳塵翻覆更局棋回頭覓陳迹繁華渺無遺城闉闍芳草幽鳥啼高枝過墟逢故老話舊共吁嚱

同子杰登滄浪亭　同　前

瀠洄積水抱孤亭草木猶餘戰血腥歸苑鵶添枯樹葉濯纓人對遠山屏萬千世事更棋局五百賢碑散雨星不見樓臺風月景雙橋寂寞柳垂青

和許達甫人日游滄浪亭謁蘇長史韓蘄王遺像

獻歲椒盤溷俗塵南園憑眺寄閒身亭臺風月詩仙

三十三

宅香火因緣古佛鄰鐵券勲名虛事業梅花消息報
新春看山驢背清涼士合伴浮杯讀史人

游滄浪亭謁宋緜津中丞遺像　同　前

滄浪傾廢百年中賴有商邱起復功池館重開煙月
景經綸遠繼白韋風西陂魚麥承恩澤南部煙花作
寓公（公有西陂別墅禹之鼎為繪西陂魚麥圖朱作垞作西陂魚麥記康熙時御賜宸翰西陂二字并魚麥堂扁）耽戀濯纓歸路晚塔尖遙指夕陽紅

戊戌三月十六日同蒙泉游南園看菜花登滄
浪亭入三景園聽說禪傳　同　前

初春步南園隄柳綠禾垂正月閶赴正誼書院嘗同蒙泉游此今來春
已爛桃李逞妍姿禪龕香市集裙屐聚游嬉流鶯答
笑語林花映玉肌言登長史亭細讀墻間碑紅欄俯
澄沼魚戲藻參差留題多搢紳觴詠盛當時名優一
彈衫費過中人貲笙歌繪昇平民瘼鮮置辭園中多陶雲汀
流滄浪蘇故蹟俱遷移昔日五柳居改作吳賢祠園旁
陳芝楣兩中丞聯句赫奕縣津翁塑像蒙塵緣宋牧仲中丞遺象尚在風
五柳居舊為茶肆近梁茝林方伯改作吳中五百名賢祠石刻存焉沈公舊講堂今彈
盲叟詞園為沈歸愚宗伯祠中有沈公講堂今廢為茶肆世界本浮塵頻更
局上棋回頭盡陳跡過去無復遺茲游恐易忘聊以
紀我詩

三十四

己亥三月九日同顧奕齋晚步滄浪亭有懷故友蒙泉陳子感賦二章　同　前

四圍水竹淨塵埃，幾度尋幽踏徑苔。鄰笛咽愁花欲暮，酒壚感舊首重回。前游人去山河渺，勝地春喧車馬來。紈扇畫帬行樂處，綠陰轉眼遍亭臺。

相攜瀹茗坐前軒，橋上驚鴻笑語喧。己丑年與蒙泉舊游事往事已隨飛絮盡，閒愁空對漾波翻。年深花石雨生鮮境，寂輪鈴風與言。欲溯錢吳尋舊蹟，迷離煙靄綠南園。

同作　長洲顧益金奕齋

莫問韶華去若何，重門長日掩青莎。春風自逐歡場轉舊雨偏從空谷過載酒喜尋垂釣渚携柑爭聽濯纓歌柳絲花片紛如許收拾奚囊好細哦憶昔鶯啼草長天伊人曾共此留連元龍意氣成千古蘇子亭臺又一年白髮更誰憐短鬢黃壚有客聳吟肩何堪聯袂經行處早見春林起暮煙

滄浪亭　吳縣金蘭子春

城市擅幽勝彎環十畝塘孤亭幾興廢流水自滄浪庭竹戛涼雨澗花燃夕陽徘回未能去得句寫清防

甲辰正月十七夜偶至滄浪亭　元和陳克家梁叔

上元已過少游人良夜無風興獨乘一歲已看初鈌

二十五

月六街猶有未收燈誰家絃管清流響此地亭臺冷似冰欲喚豪吟蘇子美共來橋上曲欄憑

過滄浪亭廢址　吳縣 吳恩熙 菡青

城南舊游地亭構已全荒前澗自流水斷橋仍夕陽有情買風月無主感滄桑大雅不可作詠觴懷漫堂

丙寅三月偕友游春雜詩十四首錄其二　長洲 潘鍾瑞 麐生

好春只三分二分倏已過命儔不在多行歌藉唱和迎人高樹光新綠淨難唾屋撤菜畦長散金補垣破天依城闕圓地放南園大清磬出精藍闌根脫塵堁環居水半灣俟門增一箇斐此乞茗供隨便參蓮座

揮毫見腕力，不嫌粉壁涴。何必疥以詩，重來笑王播。初一日同袁子春巢暨其令嗣東僕游南園，憩大雲庵旁小院，老僧闇深工書。

震川昔作記，云地無定名。亭或變為庵，庵後還為亭。滄浪水長逝，大雲流不停。因念王壯愍，發闕勞經營。落成建牙去，於茲祖餞行。忠魂儻來降，風月仍清明。英雄老骯髒，詩客終飄零。高阜數稜瓦，斷礎盤蔓青。登眺送斜日，愴然懷古馨。來朝看山去，更約揚吳舲。尋滄浪亭感王壯愍公庚申重修事

滄浪閒眺　故山游跡詩十五首之一

吳縣　亢樹滋　惆卿

灌木千章水一灣，滄浪勝概傍禪關。名區自古因人

重逐客何時化鶴還郎壑已迷游釣地壺觴空憶鳳
鸞斑廢興不盡人間事輸與亭邊風月閒

滄浪亭懷古　吳縣秦敏樹散之

涼颸動高林蕭瑟城南路雨後客獨來水鳥忽飛去
孤亭悄無人寒蟬聒深樹小憩讀鮮碑悠然起遥慕
緬昔蘇學士遭讒此流寓宏材世不用風月發幽趣
文章濁酒澆泉石高名附彈指乂百年濯纓水如故
圓荷葉搖風老桂花滋露詩魂何處招黯淡斜陽暮

登滄浪亭　清泉王之春爵棠

山光水色隔疏櫺明道堂高靜不扃石補蒼苔生積
翠竹搖春雨滴空青詩人結構當年溯孺子謳歌此

地聽濯足濯纓皆自取徵懷好與工斯亭

滄浪亭贈乙蓮上人

吳縣　汪芑　燕庭

芳甸絢朝暉晴野春盎盎城南尺五地步屧遂孤往
貴戚舊池館殘滅委榛莽遺址弔霸才破寮瞻古像
長史昔讒謫樂茲境高敞構亭俯澄川觀懷謝塵坱
風月樽不空煙波舟屢榜林陰軒户静山氣巾裾爽
嘯侶梅歐陽題詩寄幽賞汨汨榮辱場羇身等羅網
一朝得自勝高情邈雲上摩挲幼婦碑弔古心悒怏
當途尠風雅典型詎知倣村童事樵蘇鄰婦拾栗橡
喬木撑煙平修竹緣徑長游儵動清漣野鳥弄圓吭

三十七

廊空夕陽影覆綦忧可想松風吹子落猶聞石枰響性本暮簪高刻此高山仰避世東皋子息機漢陰丈甯思五嶽游破費屐幾緉手揖滄浪僧結廬許我儻

夜夢玉滄浪亭作詩醒惟記頷聯足成寄蓮公

同前

斷彴通幽境頹垣護曲廊魚跳池藻動花落石枰香禪榻永清話吟齋延夕陽平生無熱夢多在贊公房

散步滄浪亭大雲庵流水居諸處有感效白

吳縣　馮應圖小尹

散步即散悶悦目乃悦心悶散心亦悦曠然愜幽尋初沿滄浪曲再游祇樹林南園地清曠東風天晴陰

古寺大雲閑禪居流水深游人昔稠密獨客今沉吟
況乃舊宅近豈免新愁侵回思生死别泣下涕沾襟
舊居離滄浪不百步時時往游一草一木無不
流連亂後宅毁滄浪亦不常到到輒凄然

同前

不到城南又一年滄浪流水故依然干戈非復初平
後亭榭翻思未闢前滿匝霜痕衰草地半含風色夕
陽天豈徒憑弔堪流涕往事傷心總淚漣

滄浪口號　同前

野寺村橋六七里城南風景看如此垂楊餘緑晚楓
丹新月初黄暮天紫

三十八

偕汪稚琢吳樨樵兩丈游滄浪亭追和曾大父韻　　古吳潘敦先叔重

一碧滄浪水，高風不可期。清涼塵外境，蕭遠畫中詩。曠代興亡感，名山事業遺。古稀二老者，杖履樂追隨。稚丈年七十二，樨丈年七十一。自在斯真趣，拘牽反誤期。汪星臺君寓滄浪亭，屢訂不果，是日不期而遇，並荷引游。穿林勞引勝，捫石讀題詩。風月無邊賞，亭臺勝跡遺。濯纓清可鑑，孺子許相隨。稚丈携一孫，余挈二子。

嘉滄浪亭廢址　　海鹽朱炳清小泉

屋圮怪石峙，橋留寒淥渟。荊榛瘗枯骨，徑没少人經。借問採薪者，云是滄浪亭。阜哉蘇長史，不與權貴倫。

泡影悟宦海幽夢落寒汀清風明月夜浩歌激青冥
紅羊小刼後鯫生來問津兔罝蔓草碧鴝鳴喬木青
有亭仰流型無亭亦秀靈有亭興無亭一樣姓名馨
世祿侈廣廈丹青輝窓櫺一朝兵燹燬繁華春夢醒
始知不朽業千古惟文星城隅落日度寒色滿林坰
孤游非區迹賞廢倍凝神白鷗知我意孤影立伶仃

偕李毓甫家紫仙游重建滄浪亭謁五百名賢祠　同前

烽火孤亭圮蓬蒿曲徑荒高懷子美好好句憶歐陽

其二

重見軒牕秀依然竹石涼文星原不朽區迹此滄浪

三十九

斗北隆名重江南德教覃敷符羅漢像地湖大雲庵
異代淵源接同堂道法參吾家星使跋屐齒此幽探
先叔祖虹舫閣學道光戊子督學江南五百名賢像刻有跋語

滄浪亭題壁　吳江周麟書迦陵

子美滄浪一壑專堯臣永叔記流連蒼茫重向空亭
立恨我遲生九百年

滄浪亭題壁　諸宗元

有竹有水石此園以廊勝何來打碑人氈墨聲相應

南園　鉅野王禹偁元之

天子優賢似有唐鏡湖恩賜賀知章他年我若功成
後乞與南園作醉鄉

南園　新繁梅摯公儀

長洲茂苑足珍材牘買前山活翠栽客土不疏承帝力幾多臣節共安東

長洲茂苑占幽奇巖樹珍臺入翠微園李露濃山色秀徑桃煙暖一香飛月臨夕樹鳥頻遠風揭珠簾燕來歸弭蓋暫歡成結戀斜陽憑檻獨依依

銅山蘇舜欽子美

西施臺下見名園百草千花特地繁欲問吳王當日事後來桃李若為言

與周元明游南園　晉陵胡宿武平

一遍芳菲欲滿林回塘過雨曉未深紅妝珠珮交花

影白馬春衫度柳陰向老追攀多強意隨時風物但
驚心眼前百事輸年少猶解因君放浪吟

周元明

漫爛花時錦繡張無端下馬繫垂楊山亭水閣笙歌
地合與行人作醉鄉

南園　　開化程俱致道

王子池臺跡已荒年來華構壓高岡長林不破千山
月老幹猶含九夏霜便覺平泉冠東洛還依綠水記
南塘蝎廬都好通幽徑岸幘時來一嘯長

南園　　元和袁學瀾文綺

挈伴南園幾度游年年來此散閒愁落花啼鳥催春

事畦菜墻桑愜野謀擔榼誰家喧上塚憑欄有客賦登樓錢吳霸業今何在賸有崇岡繞碧流

風迴紫陌菜花香掃墓人來酹野棠（一作寥落西池放野棠）教墻九推扶黛耜（春日郡守祭先農壇于南園）酣春十隊鬬虹粧赤闌古院森喬木（古赤蘭相王行祠在南園）白足荒庵鎖夕陽（福城諸尼庵為裕撫軍禁逐所）莫問揖青亭舊蹟寒蕪已徧鶴棲堂（尤西堂水哉園已荒廢惟棲鶴堂尚存木兩句一作欲問八亭三間址寒蕪一帶繞滄浪）

綠水環亭竹萬株流杯遺迹未全蕪（一作滄浪遺跡未全蕪）杏花春雨詩詞景人影衣香士女圖掃地病僧閒退院呼晴野鳥勸提壺林間獨醉眠芳草高韻於今尚憶蘇（醉倒惟有春風知蘇子美集中句末兩句一作經營卅載窮工巧只付清游一晌娛）

城南來往香花人故事猶聞話近隣隙駟光陰憐夙昔磨牛踪跡踏陳因樓臺約畧傳藩府甲第依稀記相臣木石無端勞貢取當年曾此困吴氏風閣雲亭渺舊基祇餘喬木陰清池蘋波綠繞弇欽宅煙柳青濃芊祜祠往事已隨飛絮影閒愁空惹好花枝醉鄉日許游人乞白馬青衫賭賦詩

人生倘促實堪哀那不登臨笑口開澹澹夕陽明雉堞依依春草上鷄臺爽鳩前樂難重問（一作前游客去山河渺）隙駟流光豈再來（一作勝地花濃車馬來）且覓高陽舊池館（一作且覓蘇梅舊池館）相攜同盡此深杯

南園游春　同前

桑畦菜隴間頹垣寥落民居幾户存鶴老松枯堂構圯無人重問水哉園

瞿園車馬聚喧闐不到於今十六年舊日亭臺今易主春來景物尚依然

池臺匝地擁香塵半雜屠沽半市民臨水隔花亭一角華妝時露美人身

梵宇琳宫到處開春風裾屐聚城隈菜花純作黄金色引得游人逐隊來

布金地暖接滄浪蛺蝶穿畦作繭黄歸路袖攜花氣滿春衣不必更焚香

茶室臨溪蔭柳煙大雲庵對菜花田俯窺橋上驚鴻

影瞥眼風花過卅年昔在乙丑歲與陳子蒙泉至南園觀郡守祭先農行九推禮還至滄浪亭大雲庵側臨溪茶室門蔭垂楊軒窓映綠傍有小橋時有游女往來余與蒙泉憑欄吟眺各有即景詩事隔卅年蒙泉又歸道山回首前塵惘惘如失矣

看花定慧趁新晴五百賢祠取次行紅日半輪銜遠堞南園芳草不勝情

按定慧寺蘇公祠即辟疆園郡守蘇公以捐賑餘銀所建五百名賢祠在滄浪亭陶雲汀中丞所建故友陳蒙泉嘗寄余札云日來風日暄妍索居無事日與嚴戊卿或看花定慧或踏翠南園出門隨所至而休焉昨偶步南園一探好春消息徘徊久之遠眺落日火如車輪亦如蘋實濃雲潑墨相映

瞬息銜山因歎駒隙光陰至此尤速回顧綠楊幾樹眉眼窺人作嫩金色若有若無新燕掠波似有定巢之意聊述之以鼓雅人踏青之興云爾

偕楊竹谿表兄南園游春

同前

城隅踏翠香塵湧油菜花開金遍隴偶逐春風汗漫行親戚相逢游興勇綠樹迴環流水居魚鼈放生無怖恐大雲庵裏女燒香綺羅合隊鈿與擁滄浪隅岸見亭臺柳媚桃嬌於荷寵郡學黌宮氣象尊文才南園聲華重園林到處鳥啼煙寒日幾家人上塚杜鼓錫蕭賽會場紙錢麥飯棠梨壟綠鬢華年愛冶春紫

陌輕衫來接踵隨意杯盤隨分酒醉看落日紅霞捧
一隄芳草戀忘歸贏得閒愁千萬種

三月十九日同潘雯齋閒步南園

同　前

綠陰春已晚潛步南園址荒陂蔭喬木斷汲浮芳芷
訪古滄浪亭留連濯纓水冷落三賢祠板橋欄柱毀
尋芳綠雪軒殘花亂紅紫沈公舊講堂茶煙裊窓几
閒行幽意愜行跡避塵軌林昏雨氣塞野曠風聲起
怡情拾香草前游失彼美無聊坐茗談禪鐘出煙裏

游南禪寺旁小院贈闇深長老

同　前

己公舊院據兵戎亂後空門更覺空坐有墨池能遺
興立無錐地不嫌窮書禪遠繼長沙老壽量參同實
掌翁掃地焚香忘世事常清淨守佛家風

同沈筠坡兒清瑞雲華游流水禪居　同前

放生池館淨無瑕士女閒游語笑譁柳岸魚跳呑施
食水軒人雜賣清茶蔗漿餳餌春場擔粥鼓禪鐘梵
釋家輕卷塵封僧外出深房靜鎖一庭花

游赤蘭祠　同前

赤蘭相王姓桑名湛壁周敬王時吳王闔閭築城
城下有蛟龍績用弗成神以烏薪千艘下之上乃

四十四

竣土人祀之為赤蘭將軍

十畝叢祠闢菜田築城功紀敬王年園開桃李成春景利括錐刀算榷錢祠為榷使署中胥吏所繕修石丈玲瓏天祿獸花神綽約藐姑仙花神廟新葺蛟龍也欽重淵蹟俗隸何多聒近前是日游多隸役

無梁殿　同前

在開元寺明鄭貴妃用錢二萬萬建甎閣兩層以藏經卷

憑虛不用棟梁村運甓功成紺宇開七女宮樓森寶地九蓮菩薩布金臺西來白馬藏經典南極紅羊辟火災三百年朝餘蔓草貴妃遺構崔巍

輦載黃金布施來淩雲八寶湧樓臺琉璃色爍鴛鴦瓦摶埴功倖柱石材度架三乘傳貝筴陶甄萬竈熱松煤靈光終古巋然在不遂香萎化刼灰

開元寺　同前

香刹盤門路春餘靜綠陰篆煙濃石像花雨散祇林酬願愚民俗無求卧佛心帝青傳法鉢僧寶擽塗金

流水居　同前

綠闇南園路平橋跨鏡川禪居環碧水高柳映青天席散看花局燈傳授戒筵飛潛機活潑魚鳥得生全

報國寺　同前

零落青鴛舍荒苔春草深民居煙火雜佛髻蘚苔侵

衰旺形家説清虚梵唄音寺礙撫署風水明末改低三尺遂以不振僧貧衣百衲無戀契禪心

麗娃鄉并序　同前

在吳縣南宮里其地連甄胄水接通波風着清嘉俗敦禮讓一陂香草尋芳時見美人比户笙歌結佩相逢歡子舞白紵唱吳歈令節佳時羣游聯袂臨水隔花湔裳撲蝶腰肢背後髩影風前傾國傾城呼之欲出昔杜少陵詩吟多麗趙眙儀鄉號溫柔覺肇錫嘉名惟此閭為擅美矣

訪艷南宮里鄉名記麗娃笙歌羅綺月金粉苧蘿花淪儹珠量斛行遊界擲車春晴香水賦羣集浣溪紗

其二

山入夫差苑江流桃夏宮地當吳會際人在畫圖中

鶴市梨花雨魚橋柳絮風十洲三島境仙俗畧相同

南園散步　吳縣元樹滋 侗卿

樓臺高下接重重滿眼鶯花夢正濃春色迷人人不醒夕陽影裏一聲鐘

南園風物本清腴此際腥羶夾路隅不識誰家年少女三三五五禮耶穌

歲晚南園閒眺　長洲彭慰高 訥生

三冬龜圻隴頭泥徧擊靈鼉雨澤遲擊艇老漁挂疏網還巢寒雀踏枯枝江村米賤呼庚癸茅屋霜濃飼

豆糜有携粥飼貧户者辛歲生涯人盡拙荒畦幾見麥苗滋

純庵招飲席罷南園晚眺次碩庭韻

同前

陰寒閉柴關跼蹐愁難展快兹風日清郊原恣流眄
吾廬不數武徑隨流水轉柳弄柔條黄屐印晴泥軟
孤村人迹稀遥山黛痕淺雙橋跨通波獨樹剩蒼蘚
郭外布帆飛時驚隔籬犬卓卓鶴棲堂何處訪楣扁
草際一拳石摧殘僅而免榮悴亦何常蒼茫難詰辨
久立澹忘言不節力差勉歸途寫清景急把枯毫吮

南園　吴縣　吴國椿

南園故址宿草蕪野色雲光雨模糊山鳥格磔萬籟

靜數椽茅屋入畫圖（模黏二字恐係模糊之誤爰特改正）

可園獨游梅花盛開為賦長句

儀徵嚴玉森鹿溪

文襄左文誠袁去已遠嵩雪衡雲來作花疎籬密護斷人迹鐵骨橫空羣鳥嗟當年觴詠倏泡影天山劍戟令桑麻此花閱世將二紀冷極無言聽晚鴉衡山雪薄梅亦少泉根幾樹徵煙遮（戊寅冬居衡山）炎荒孤賞抱冰雲乾坤一氣春萌芽可園入嵌爾清寂空廊不斷新雲霞夜深脈脈來鶴語門外時時喧馬撾湘上何人吟水涯黃河西北無悲笳繞花千轉傷心極白髮青門長種瓜

南園　吳縣錢辰秋潭

倚城雲樹鬱蒼蒼，流水小橋花自黄。老屋三間名士畫，橫山一角美人妝。村中日暖幽禽語，陌工風薰細草香。覓得誰家好泉石，遺蹤莫問廣陵王。

南園　長洲尤侗悔庵

二月桃花開，三月菜花盛。游人聯袂来，啼鳥發春興。我亦南園叟，獨把長鑱柄。

和金東雷南園閒眺韻　元和陳任公孟

東廬（東雷所居）示我南園句，回憶湖濱比屋居。卻道籬邊秋色好，杖藜要訪讀書廬。

低徊六十年前事，舊夢迷離敦與溫。光緒初余家蹴居帶城橋髫時散學恒往南園嬉游記得南園風景美，水環城郭樹環村。

晨至五畝園賞荷口占呈主人　吳縣亢樹滋　侗卿

為賞池荷趁早涼，迎人花氣遠相將。鏡中翠袂徐徐展，剛是佳人整曉妝。

愛傍迴廊曲折行，畫簾高捲暑風清。祇憐老眼模糊甚，蒂綠邊紅看不明。

東山聲望競相誇，門外常停長者車。誰識年來瀟灑趣，四時飽賞滿園花。

長至赴綏之五畝園　同　前

五畝園林五畝池深居最是此間宜開軒水石饒幽致繞徑松篁挺秀姿雅集西園曾入畫君繪重陽雅集圖名流北郭例工詩連番置酒勞相召酩酊拚同醉一鷗

五畝園林五畝池常年文物渺難追蘭亭梓澤空千古曲徑迴廊又一時到此每深濠濮想別來常動茝蘭思遲遲好待陽和轉滿擬移樽就故知

寓五畝園即事

長洲葉昌熾鞠裳

恒沙等是一微塵何必園林問主人宋梅宣義章莊簡至元明以後屢經易姓丙舍草書新舊帖廊下有湖州丙舍碣皆國初諸老題今又為潏澤園午蘭花態淺深顰悠然濠濮從莊叟安得神仙起子真我亦浮游聊寄客隔墻笛韻可為鄰書室墻外即厝棺之所

池臺蕭瑟隱菰蘆山色登樓望有無廣夏本宜絃誦
地暮春如泛羽觴湖翟泉出地餘蒼鳥梵塔摩穹自
赤烏報恩寺浮圖在燕語空梁人不見謝公別墅弔黃墟
謂亡友謝綏之學正

游南園同秦雲有作

吳縣汪芑燕庭

嬉春裙屐自年年春到南園景倍妍霸王河山銷鐵
券詩人風月買青錢漫悲吳越興亡史且學歐梅唱
和篇喬木荒池都入畫濯纓亭畔儘留連
文章大塊貺吾曹跳出名場意興豪春水河橋花鴨
腴夕陽樓閣紙鳶高裙腰綠襯平蕪草衫影紅欺野

四十九

峰桃好句奚囊收不盡天涯有客敞征袍謂朱萬卷
南園為廣陵王元璙舊圃中有流盃旋螺亭亞于
滄浪之景王禹偁元之宰長洲時無日不携客醉
飲嘗賦詩云他年我若功成後乞取南園作醉鄉
今園中大堂遂以醉鄉名之大觀末蔡京罷相欲
東還詔以其園賜之京即以詩贈親黨云八年帷
幄竟何如更賜南園寵太師堪笑當時王學士功
名未見便吟詩元之之詩不過寓意耳京遂以無
功名誚之元之雖終為黜臣其名與天地同不朽
京居相位二十年又尊師垣之尊至今雖三尺之
童唾罵不已其賢不肖何如也

南園銷夏　　太倉顧晞元子雨

一番疏鑿闢榛芳遠翠濃于畫幾層縱飲近邀池上月鈔詩偶借佛前燈興來結夏尋鷗侶舊憶行春過馬塍穠纖笑人忘觸熱何如此地試敲冰

南園席上　　同前

別墅城南記晉公後先憂樂古今同乞湖曾攬江湖勝挽俗終期風俗通潭水情深和酒綠平泉境遠息塵紅園林金粟開芳社引玉深慚句未工

五十